.

Jüdisches Leben und akademisches Milieu in Braunschweig

Braunschweiger Beiträge zur Kulturgeschichte

Herausgegeben von Gerd Biegel und Angela Klein

Band 2

PETER LANG

Frankfurt am Main · Berlin · Bern · Bruxelles · New York · Oxford · Wien

Gerd Biegel / Angela Klein / Peter Albrecht / Thomas Sonar (Hrsg.)

Jüdisches Leben und akademisches Milieu in Braunschweig

Nellie und Kurt Otto Friedrichs

Wissenschaftliche Leistungen und illegale Liebe
in bewegter Zeit

PETER LANG
Internationaler Verlag der Wissenschaften

Bibliografische Information der Deutschen Nationalbibliothek
Die Deutsche Nationalbibliothek verzeichnet diese Publikation in der
Deutschen Nationalbibliografie; detaillierte bibliografische
Daten sind im Internet über http://dnb.d-nb.de abrufbar.

Umschlagabbildung:
Ehepaar Nellie und Kurt Otto Friedrichs.
Vorlage im Familienbesitz
und mit freundlicher Genehmigung
von Prof. Dr. Christopher Friedrichs,
Vancouver/Kanada verwendet.

Gedruckt auf alterungsbeständigem,
säurefreiem Papier.

ISSN 1864-287X
ISBN 978-3-631-61614-7

© Peter Lang GmbH
Internationaler Verlag der Wissenschaften
Frankfurt am Main 2012
Alle Rechte vorbehalten.

www.peterlang.de

Inhaltsverzeichnis

Vorwort

Gerd Biegel

Im Jahr 1998 fand im Altstadtrathaus in Braunschweig eine Gedenkfeier statt, bei der in seiner Rede der damalige Oberbürgermeister Werner Steffens die Überzeugung zum Ausdruck brachte: *„In Braunschweig wird Nellie Friedrichs nie vergessen werden"*. Anlaß war die Erinnerung an Nellie Friedrichs zu deren 90. Geburtstag, einer bemerkenswerten *„Jüdin, Braunschweigerin und Amerikanerin"*.[1] Die Trägerin der Braunschweiger Bürgermedaille lebte von 1912 bis 1937 in Braunschweig, studierte an der Technischen Hochschule Braunschweig und emigrierte 1937 mit ihrem späteren Ehemann, dem Mathematikprofessor Kurt Otto Friedrichs in die USA. Dieser erhielt die Ehrendoktorwürde der TU Braunschweig und war Mitglied der Braunschweigischen Wissenschaftlichen Gesellschaft. Das Ehepaar Friedrichs bewahrte trotz aller negativen Erfahrungen eine persönlich enge Bindung zu Braunschweig. Zum 100. Geburtstag von Nellie Friedrichs fand in Braunschweig 2008 ein Ehrensymposium unter dem Thema *„Jüdisches Leben und akademisches Milieu in Braunschweig"* statt, bei dem vor allem die gesellschaftlichen und universitären Bindungen des Paares im Focus stand.

Mehr als 100 Braunschweigerinnen und Braunschweiger hatten dabei besonders herzlich Familienmitglieder und langjährige Freunde von Nellie und Kurt Otto Friedrichs als Teilnehmer empfangen. Aus Anchorage/Alaska waren die Tochter Liska Snyder und Enkel David Snyder mit Frau und Tochter angereist, aus Augsburg kam Dr. Michael Friedrichs mit Tochter Barbara, aus München Gertrud Parisius-Bingel, mit 90 Jahren die älteste Freundin von Nellie Friedrichs sowie aus New York Suzan Kress-Goldhaber, Enkelin des Vorsitzenden der Jüdischen Gemeinde Braunschweigs in den 1920er Jahren. An der Spitze der *„Familiendelegation"* und zugleich als Referenten konnten die Veranstalter den Sohn und Historiker Prof. Dr. Christopher Friedrichs aus Vancouver/Kanada willkommen heißen.

Die Beiträge des Symposiums wurden von den Referenten freundlicherweise für diese Publikation zur Verfügung gestellt, mit der ein besonders interessantes Kapitel der bürgerlichen Geschichte Braunschweigs beleuchtet wird. Dabei geht es nicht primär um die Biographien von Nellie Friedrichs und ihrem Mann, sondern um deren berufliches und gesellschaftliches Lebensumfeld, das in die Untersuchung einbezogen wurde. Daß ein deutscher Professor wegen und mit seiner jüdischen Braut 1937 die Emigration in die USA wählte, dürfte eine außergewöhnliche Situation unter den vielfältigen Lebensschicksalen während des nationalsozialistischen Terrors darstellen und die besondere Bedeutung dieses Tagungsbandes ausmachen. In den Beiträgen werden wichtige biographische Momente sowie zentrale Sachthemen untersucht und dargestellt. Eine ausführliche Biographie zu Nellie Friedrichs muß einer angestrebten Publikation und Auswertung ihrer Tagebücher vorbehalten bleiben. Einführend sollen wenige biographische Eckpunkte in den Kontext einer Hintergrundskizze der Landes- und Universitätsgeschichte jener Zeit eingebunden sein, die Nellie Friedrichs und ihr Mann in Braunschweig verbracht haben.

Nellie Hortense Bruell wurde am 3. September 1908 in Lyon geboren und kam 1912 mit ihrer Mutter nach Braunschweig. Hier wohnte die Großmutter in der Wilhelm-Bode-Strasse 11, der neuen

---

1   Nellie H. Friedrichs, Erinnerungen aus meinem Leben in Braunschweig 1912 – 1937. Braunschweig [3]1998 (= Stadtarchiv und Öffentliche Bücherei Kleine Schriften 32), S. 3; zitiert (Vorwort und Einführung) NHF-Tgb. mit Seitenangabe.

Heimat von Nellie und ihrer Mutter. Nach dem Abitur 1928 am Lyzeum, heute Gymnasium Kleine Burg, begann Nellie Friedrichs im Herbst 1929 ein Studium an der Technischen Hochschule Braunschweig, um Volksschullehrerin zu werden. Unter ihren Hochschullehrern spielten der Pädagoge August Riekel und der Soziologe Theodor Geiger, dessen wissenschaftliche Assistentin sie wurde, eine besondere Rolle. Deren Wirken an der Hochschule wird in den informativen Beiträgen von Dr. Hans-Ulrich Ludewig und Prof. Dr. Herbert Oberbeck gemeinsam mit Nicole Holzhauser beleuchtet.

Auf dem Braunschweiger Bürgerball am 4. Februar 1933 lernte die Studentin den jungen Mathematikprofessor Kurt Otto Friedrichs kennen und sie verliebten sich. Der Bedeutung von Kurt Otto Friedrichs für die Mathematik und als Mathematiker widmen sich die Darstellungen von Prof. Dr. Herbert Mehrtens und Prof. Dr. Thomas Sonar. Da Nellie Bruell aus einer jüdischen Familie kam, bedeutete ihre Liebe unter den politischen Bedrohungen der Nazizeit eine große Gefahr und das Paar emigrierte in letzter Minute 1937 in die USA. Kurt Otto Friedrichs nahm bis 1974 an der New Yorker Universität eine Professur wahr. Er war einer der bedeutendsten Mathematiker des 20. Jahrhunderts. 1980 erhielt er auch die Ehrendoktorwürde der TU Braunschweig. Prof. Dr. Michael Wettern stellt in seinem Beitrag die Braunschweiger Universität zur Zeit von Nellie Bruell und Kurt Otto Friedrichs in den Kontext des dunklen Kapitels der Universitätsgeschichte während der Nazizeit sowie die Vertreibung von Universitätsangehörigen zwischen 1933 und 1945. Auch Riekel und Geiger verloren ihre Ämter und gingen in die Emigration. Doch diese Ereignisse waren nicht isoliert, sondern die Vertreibungen deutscher Hochschullehrerinnen und Hochschullehrer in jenen Jahren standen in einem gesamtdeutschen Kontext, den Prof. Dr. Rainer Nicolaysen aufzeigt, wobei in allen Beiträgen zahlreiche neue Erkenntnisse aus aktuellen Forschungen vermittelt werden.

Nellie Bruell und Kurt Otto Friedrichs lebten in Braunschweig in dem Quartier zwischen Paulikirche und Wilhelm-Bode-Strasse. Es war ein angesehenes Bürgerquartier, dessen Geschichte am Beispiel herausragender und bekannter Familien Prof. Dr. Ernst-August Roloff anschaulich beschreibt, insbesondere das Miteinander jüdischer und nicht-jüdischer Familien. Nellie und Kurt Otto Friedrichs haben ihr ganzes Leben eine enge Bindung an Braunschweig bewahrt, das sie nach dem Zweiten Weltkrieg mehrfach besuchten. 1980 hatte der frühere Leiter des Stadtarchivs, Dr. Manfred Garzmann, eine Veröffentlichung von Nellie Friedrichs *„Erinnerungen aus meinem Leben in Braunschweig"* angeregt, die sie anhand ihres Tagebuchs verfasste. Dieses Tagebuch, das sie über 70 Jahre hinweg sorgfältig führte, ist eine noch weitgehend ungehobene Fundgrube zur Geschichte Braunschweigs in den 1920er und 1930er Jahren. Auf diese Aufzeichnungen stützt sich der Sohn von Nellie und Kurt Otto Friedrichs, der in Vancouver lehrende Historiker Prof. Dr. Christopher Friedrichs, in seinen beiden Beiträgen, in denen er zwischen Herzogtum und nationalsozialistischem Musterstaat *„wissenschaftliche Leistungen und illegale Liebe in bewegter Zeit"* seiner Eltern schildert.

Die Herausgeber sind dankbar, den Band mit den Symposiumsbeiträgen vorlegen zu können. Das Ehrenkolloquium wurde in Zusammenarbeit mit dem Institut Computational Mathematics der TU Braunschweig, dem Historischen Seminar der TU Braunschweig, dem Braunschweigischen Landesmuseum und dem Stadtarchiv Braunschweig durchgeführt. Den Anstoß für dieses Ehrenkolloquium gab der frühere Leiter des Stadtarchivs, Herr Dr. Manfred Garzmann. Die Gewinnung der Referenten oblag Herrn Dr. Peter Albrecht.

Das Kolloquium wurde im Braunschweigischen Landesmuseum durchgeführt. Verantwortlich dafür waren Herr Prof. Dr. h.c. Gerd Biegel und Frau Dr. Angela Klein, zugleich die Herausgeber der Reihe *„Braunschweiger Beiträge zur Kulturgeschichte"*. Das Einsammeln der Beiträge übernahm Herr Prof. Dr. Thomas Sonar. Ohne den namhaften Geldbetrag, den die Technische Universität Braunschweig bereitstellte, hätte das Kolloquium nicht stattfinden können. Dem Präsidenten, Herrn Prof. Dr. Ing. Dr. h.c. Jürgen Hesselbach sei dafür besonders gedankt.

Danksagung

Die Herausgeber danken dem Verlag Peter Lang und ganz besonders seinem Hamburger Repräsentanten Michael Rücker sehr herzlich dafür, daß der Band in das Programm des Verlags aufgenommen worden ist. Ebenso gilt der Dank der Autorin und den Autoren, daß sie ihre Beiträge hierzu zur Verfügung gestellt haben und Frau Irmela Biegel für die Redaktion. Schließlich soll hervorgehoben werden, daß die Realisierung dieser weiteren Publikation in der Reihe Braunschweiger Beiträge zur Kulturgeschichte, die ab diesem Band als Publikationsreihe des Instituts für Braunschweigische Regionalgeschichte an der TU Braunschweig erscheint, nur durch die großzügige Förderung der Stiftung Braunschweigischer Kulturbesitz möglich wurde, wofür wir insbesondere dem Präsidenten Dr. Gert Hoffmann und dem Stiftungsdirektor Tobias Henkel Dank sagen.

Einführung

„Eine Liebe zu Braunschweig"

Nellie und Kurt Otto Friedrichs im Braunschweig zwischen Herzogtum und nationalsozialistischem Musterstaat

Gerd Biegel

Die Beiträge des Symposiums lassen nicht nur das bewegte Leben und die wissenschaftlichen Leistungen des Ehepaars Friedrichs den Teilnehmern lebendig werden. Sie sind auch Erinnerung und Würdigung zweier Persönlichkeiten, die große Bedeutung für die Kulturgeschichte Braunschweigs besitzen. Ihre Geschichte bildet die Grundlage der vorliegenden, sehr aussagefähigen Studie über jüdisches Leben im akademischen und bürgerlichen Milieu der Stadt Braunschweig.

Es war eine Zeit der Umbrüche und Brüche in der braunschweigischen und europäischen Geschichte, als Nellie Hortense Bruell 1912 mit ihrer Mutter nach Braunschweig kam: *„Von 1912 bis 1937 habe ich in Braunschweig gelebt. Zwar bin ich da nicht geboren, würde aber ohne Zögern diese Stadt als meinen Heimatort bezeichnen, bis der Einbruch des Nationalsozialismus mich zur Auswanderung in meine neue Heimat zwang. Ich habe die entscheidenden und sehr glücklichen Jahre meiner Kindheit und Jugend in Braunschweig genossen. Auch meine gesamte Erziehung habe ich dort erhalten, Schule und Hochschule, und noch heute verbinden mich enge freundschaftliche Bindungen mit dieser Stadt. "*[1]

Die Stadt war Residenz und Hauptstadt des Herzogtums Braunschweig, das nach dem Tod des letzten braunschweigischen Welfen, Herzog Wilhelm (1806-1884), 1884 durch nicht-welfische Regenten regiert wurde, um die legitime Thronfolge der hannoverschen Welfen zu verhindern. Erst mit der Heirat des Welfensohns Ernst August (1887-1953) mit der Kaisertochter Victoria Luise (1892-1980) änderten sich die Verhältnisse und gelangte nochmals ein Welfe auf den braunschweigischen Herzogsthron. Als am 3. November 1913 das Herzogspaar Ernst August und Victoria Luise seinen feierlichen Einzug in Braunschweig hielt, schien daher für die Welfenanhänger im Herzogtum Braunschweig die Welt wieder in Ordnung: *„Ein fast nebelhaftes Märchenbild vom 3. November 1913 gehört zu meinen ersten Braunschweiger Eindrücken. Es bezieht sich auf den Einzug in die Stadt von Herzog Ernst August mit seiner jungen Frau Victoria Luise, der Tochter des Kaisers. Haftengeblieben ist nur eine sich drängende Menschenmenge, in der ich irgendwo zwischengequetscht stand, krampfhaft die Hand meiner Mutter haltend, und dann, wie ein Traum, die von vielen weißen Pferden gezogene Kutsche mit dem strahlend schönen Herzogpaar. "*[2]

Jedoch war es eine brüchig gewordene Ordnung. Imperialismus, Kolonialpolitik, aber auch verstärktes Wettrüsten lasteten zunehmend auf Deutschland, und es bestand die Gefahr, daß dieser außenpolitische Druck zu einer gewaltigen Explosion wurde. Noch spürte man im kleinen Herzogtum Braunschweig kaum etwas von dieser weltpolitischen Entwicklung, und in den Erinnerungen der Herzogin spiegelte sich eher der Eindruck einer *„heilen Welt"*: *„Ich fand mich in Braunschweig bald zurecht. Die Stadt und das Land wuchsen mir schnell ans Herz. ,Wir sind namenlos glücklich hier im schönen, schönen Braunschweig', schrieb ich voll Begeisterung an meine Großtante Luise von Ba-*

---

1 NHF-Tgb., S. 7.
2 NHF-Tgb., S. 9.

den. ,Alle Menschen erzeigen uns so viel Liebe, wie man es gar nicht verdient und nur hofft, in späterer Zeit entgelten zu können. Ich kenne jetzt schon diese liebe alte Stadt recht gut. Die alten Straßen und Häuser sind zu hübsch.'"[3] Dies war jedoch eine ganz persönliche Betrachtungsweise und sparte negative Erscheinungen der Zeit bewußt aus. Wirtschaftliche Not und soziales Elend waren in der Realität des Alltags ebenso spürbar wie die Unfähigkeit zu grundlegenden Verfassungsreformen. Noch immer hatte die alte Landesverfassung von 1832 Gültigkeit. Ein Reformversuch von 1911/12 blieb im Ansatz stecken, und die politische Opposition war weiterhin ohne parlamentarischen Einfluß. Dies stärkte zunehmend den Unmut der benachteiligten Schichten. Das Vertrauen in die bestehende Gesellschaftsordnung schwand zunehmend. „Dadurch ist gleichzeitig die Politisierung, die Ausbildung von Parteien und Fraktionen auf Landesebene kaum in Gang gekommen, sehr zum Nachteil der Liberalen, die in der ‚Bauernstube', wie die Landesvertretung im Volksmund bezeichnend genug genannt wurde, gegen die Agrarier nicht ankamen."[4] Wirtschaftlich war die allgemeine Depression der Jahre 1908 bis 1910, unter der auch der Ausbau der Technischen Hochschule Braunschweig zu leiden hatte, schrittweise in eine Aufschwungsphase übergegangen und diese mündete in den Ersten Weltkrieg. Für viele überraschend kam der Kriegsbeginn am 4. August 1914, jedoch sollte er sich bald auf alle Bereiche des öffentlichen Lebens und der Wirtschaft auswirken. „Meine Mutter war geborene Engländerin und durch ihre Heirat Französin geworden, somit „doppelte" Feindin. Jeden zweiten Tag mußte sie sich bei der Polizeiwache am Fallersleber-Tor-Wall melden. Meistens ging ich mit ihr und, so jung ich war, wußte ich bald sehr genau, welche Polizeibeamten freundlich und welche gemein waren."[5]

Am stärksten wurde die Zivilbevölkerung durch den Krieg in Mitleidenschaft gezogen. Besonders schwierig gestaltete sich die immer schlechter werdende Versorgungslage mit dem Mangel an Lebensmitteln, Heizmaterialien und Rohstoffen, der die Lebensbedingungen von Jahr zu Jahr erschwerte: „Sehr oft war ich hungrig, sehr hungrig, aber ich bin sicher, daß meine Großmutter und Mutter noch viel ärger gelitten haben; denn sie gaben mir alles, was sie erübrigen konnten, z.B. das Ei, das jede Person pro Monat bekam. Nach fast 60 Jahren erinnere ich mich daran, daß eine Freundin meiner Mutter uns einmal einen Laib Brot schenkte, das kostbarste Geschenk, das man in jener Zeit erhalten konnte."[6] Zwangsläufig kam es wegen solcher Mangel-Situationen 1916/17 zu Unruhen in der Stadt Braunschweig. „Der Winter 1917/18 war grauenhaft. Die deutsche Armee verlor eine Schlacht nach der anderen. Es gab kaum eine Familie, die nicht den Verlust des Vaters, eines Bruders oder des Ehemannes zu betrauern hatte. Man sah immer mehr verwundete und verkrüppelte Soldaten auf den Straßen, und die Menschen sahen verhärmt und verhungert aus. In den Schulen wurden keine Siege mehr gefeiert, und außer Steckrüben gab es buchstäblich nichts mehr zu essen. Steckrüben aß man zum Frühstück, zum Mittagessen und zum Abendbrot. Sogar Marmelade wurde aus ihnen gemacht, und jahrzehntelang konnte meine Mutter das Wort „Steckrübe" nicht mehr hören. Der Winter wurde allgemein als der Steckrübenwinter (wie 1946/47) bezeichnet."[7] Dabei wurde nicht nur gegen ungerechte Lebensmittelverteilung, schlechte Arbeitsbedingungen und den Krieg an sich demonstriert, auch gerechte Wahlen durch Abschaffung des Dreiklassenwahlrechts wurden gefordert. Weder der Herzog, der militärische Aufgaben wahrnahm, noch die Regierung reagierten auf die veränderten sozialen und politischen Erfordernisse. Erst im Februar 1918 stellte eine Regierungsvorlage das allgemeine und gerechte Wahlrecht in Aussicht. Auch der Herzog versuchte mit einer Zusage, das

---

3   Herzogin Viktoria Luise. Ein Lebensbild als Tochter des Kaisers. Göttingen/Hannover 1965, S. 120.
4   Klaus Erich Pollmann, Die Landschaftsordnung von 1832, in: Werner Pöls/Klaus Erich Pollmann (Hg.), Moderne Braunschweigische Geschichte. Hildesheim 1982, S. 27f.
5   NHF-Tgb., S. 10.
6   NHF-Tgb., S. 12 f.
7   NHF-Tgb., S. 17.

Reichstagswahlrecht in Braunschweig gelten zu lassen, um die Monarchie zu retten. Vergeblich! Die Unruhen konnten nicht mehr gestoppt werden. Anfang November 1918 kam es zu einer Massende-monstration auf dem Leonhardplatz, und am 7. November brach die Revolution endgültig aus: Beset-zung wichtiger Ämter, Stürmung des Gefängnisses, Plünderungen sowie Besetzung des Hauptbahn-hofs und der Kasernen waren die Folgen. Am 8. November 1918 wurde Herzog Ernst August vom Arbeiter- und Soldatenrat unter August Merges (1870-1945) vom Spartakusbund zur Abdankung gezwungen.

Nach 800 Jahren endete die Welfenherrschaft in Braunschweig damit höchst undramatisch. Schon zwei Tage später wurde die Sozialistische Republik Braunschweig ausgerufen mit August Merges (Spartakusbund) als Präsidenten und Sepp Oerter (1870-1928) von der USPD als Vorsitzenden des achtköpfigen Rates der Volkskommissare. Reformen, wie die Einführung des allgemeinen, gleichen und direkten Wahlrechts sowie die Abschaffung der geistlichen Schulaufsicht waren wichtige Schritte für die Demokratisierung des Landes. Bei der ersten Stadtverordnetenwahl am 15. Dezember 1918 wurde die USPD gegenüber den Mehrheitssozialisten (MSPD) Gewinner der Wahl, jedoch bei den Landtagswahlen am 22. Dezember 1918 war es umgekehrt.

Am 19. Januar 1919 schließlich wurden die Abgeordneten August Hampe (Welfe), Heinrich Jas-per (MSPD) und August Merges (Spartakusbund) in die Weimarer Nationalversammlung gewählt. In der Folgezeit nahm die Politik in Braunschweig zunehmend radikalere Züge an mit spartakistischen Proteststreiks. Am 19. Februar 1919 stürmten linksradikale Arbeitslose den Landtag. Dies war der Auftakt zu dem am 9. April ausgerufenen Generalstreik zur Errichtung einer Deutschen Räterepublik. Unter der Parole *„Alle Macht den Räten"* wurde das gesamte öffentliche Leben lahmgelegt. Nun griff die Reichsregierung ein, verfügte die Verhängung des Belagerungszustandes, nachdem schon am 10. April Bürger und Beamte vergeblich versucht hatten, dem Treiben ein Ende zu setzen. Am 17. April 1919 besetzten Freiwilligenverbände und Regierungstruppen unter General Maercker die Stadt und setzten den Arbeiter- und Soldatenrat sowie die braunschweigische Regierung ab. Am 30. April 1919 wurde der Sozialdemokrat Heinrich Jasper (1875-1945) Ministerpräsident, der dieses Amt in den folgenden Jahren mehrfach innehatte, zuletzt 1927-1930. Das Kabinett Jasper, Gustav Steinbrecher (1876-1940) und Hans Sievers (1893-1965) wurde besonders durch die beginnende Wirtschaftskrise belastet. Auch die Kulturpolitik Sievers, der in Universität, Schule und Justiz eine rigorose Personal-politik vertrat, wurde prägend für diese Regierung und zugleich wesentliches Thema des Wahlkamp-fes 1930, aus dem schließlich eine Koalitionsregierung der Bürgerlichen Einheitsliste mit der NSDAP hervorging.

Auch durch ein reiches Kulturleben waren die *„Goldenen Zwanziger Jahre"* gekennzeichnet. So erfolgten 1920 die Eröffnung eines *„Schlossmuseums"* im ehemaligen Residenzschloß, die Einwei-hung des *„Hauses der Geistigen Arbeit"* (Öffentliche Bücherei und Lesehalle e.V.) 1928 und ein Jahr später die Eröffnung des *„Gaußmuseums"* im Geburtshaus des ehemaligen Schülers am Collegium Carolinum. Es war eine Periode kultureller Höhepunkte, vom Braunschweiger Landestheater mit zahlreichen Ur- und Erstaufführungen über Konzerte berühmter Künstler, wie Wilhelm Furtwängler mit den Berliner Symphonikern, bis hin zu den Gedenkjahren für Gauß (1927), Dürer (1928) oder Goethe/Lessing (1929). *„Ich war sechs Jahre alt, als meine Großmutter und meine Mutter mich zum ersten Mal zum Weihnachtsmärchen ins Theater mitnahmen. Damals hieß es noch das „Herzogliche Hoftheater", wurde jedoch nach der Revolution in „Landestheater" umbenannt. Von da ab wurde es ein regelmäßig wiederkehrendes Ereignis, auf das ich mich das ganze Jahr freute. Außer dem Weih-nachtsmärchen selbst, das mit Gesang und Tanz und den zahlreichen mitspielenden Kindern immer eine bezaubernde Vorstellung war, gab es noch so viel anderes, das es schon im voraus zum Fest machte. Man zog sein bestes Kleid an, saß voller Erwartung auf den roten Plüschsesseln und sah dann den riesigen Vorhang langsam aufgehen. In der Pause gab es Süßigkeiten, die meine Großmut-*

ter in ihrem Pompadour mitgebracht hatte, und als Abschluß, wenn man glaubte, nun sei alles vorbei, ging der geliebte Komiker Herman Mesmer, als Weihnachtsmann verkleidet, durch die Reihen und verteilte Nüsse und Äpfel."[8] Am Ende der 1920er Jahre aber hörte man im Zeichen der politischen und wirtschaftlichen Krise auch andere Töne, wie *„Entartete Kunst"* oder *„Kulturbolschewismus",* Schlagworte gegen diese Ausdrucksformen der Weimarer Kultur, die schließlich am 30. Januar 1933 für viele Jahre endgültig zum Schweigen gebracht wurde.

Unsichere Zeiten

Die Technische Hochschule Braunschweig im Ersten Weltkrieg und in der Weimarer Republik

Die Welt war im Umbruch und der gesellschaftliche und politische Wandel während des Ersten Weltkriegs und noch mehr nach seinem Ende 1918 erfaßte alle Bereiche des Lebens. Auch das Herzogtum Braunschweig war betroffen, und dies hatte schließlich tiefgreifende Folgen für die Technische Hochschule. Erneut bedurfte es aller Kräfte, neuer Ideen und großer Hartnäckigkeit, um nicht nur die vielfältigen Krisen, sondern auch die erneute Diskussion um Schließung und Erhaltung der Hochschule durchzustehen. Am Ende dieses schwierigen Weges standen Ausbau und Modernisierung einer Hochschule, die allmählich wieder den Anschluß an die vergleichbaren Einrichtungen in Deutschland fand.

Der Ausbruch des Ersten Weltkrieges bedeutete für die Carolo-Wilhelmina eine massive Zäsur in ihrer Entwicklung. Vordergründig zunächst durch den Kriegsdienst vieler Studenten und Professoren, so daß im ersten Kriegsjahr die Zahl der Studierenden von 400 auf 65 zurückging, ebenso bei den Lehrenden von 81 im Jahr 1914 auf 48 im letzten Kriegsjahr sank. Problematischer noch als die *„äußeren Umstände"* und Schwierigkeiten der *„Verödung"* der Hochschulen war in den Kriegsjahren die drohende Gefahr der generellen Schließung der Hochschulen, um die *„totale Mobilmachung"* von Industrie und Gesellschaft zu unterstützen. Sowohl die Schließung als auch die – nicht weniger existenzgefährdende – Zusammenlegung der Braunschweiger TH mit der Hochschule in Hannover konnten jedoch abgewehrt werden. Der Versuch der Hochschule und ihrer akademischen Vertreter, sich kriegswichtigen Aufgabenbereichen zuzuwenden, war ein Versuch zum Erhalt der Institution, staatlicherseits spielten die akademischen Einrichtungen keine Rolle im macht- und militärpolitischen Kalkül der Reichsregierung bzw. der Obersten Heeresleitung. Trotz dieses Desinteresses und der massiven existentiellen Gefährdung der Hochschulen als Folge des Krieges und seiner Auswirkungen, läßt sich auch ein weniger negatives Ergebnis feststellen, denn der Krieg wirkte *„doch in vielen Bereichen als Katalysator der technischen und wissenschaftlichen Entwicklung."*[9]

Nach dem Kriegsende 1918 sah sich die Technische Hochschule Braunschweig einem Anstieg der Studentenzahlen gegenüber, der die Institution und die Studentenschaft vor neue Probleme stellte. So heißt es im Hochschultaschenbuch aus dem Jahr 1926: *„Bestmögliche Berufsberatung, sagte ich zuvor, ist der Leitgedanke! Wenn man einmal die graphische Statistik zur Hand nimmt und die Kurven betrachtet, die die Besuchsziffern in den einzelnen Studienfächern der T.H. – etwa auf die Zeiten von 1913 bis 1923 bezogen – wiedergeben, so kann einem grauen. Hinter ruhigem Verlauf von 1915 bis 1918 folgt ein Ansteigen um rd. 100 % in der Abteilung für Elektrotechnik, um rd. 200 % in der*

---

8   NHF-Tgb., S. 16.

9   Bettina Gundler, in: Technische Universität. Vom Collegium Carolinum zur Technischen Universität 1745-1995. Herausgegeben im Auftrag des Präsidenten von Walter Kertz in Zusammenarbeit mit Peter Albrecht, Rudolf Elsner, Bettina Gundler, Herbert Mehrtens, Klaus Erich Pollmann und Holger Pump-Uhlmann. Hildesheim/Zürich/New York 1995, S. 347.

Abteilung für Chemie und Hüttenhandel und rd. 300 % im Maschineningenieurwesen."[10] Nach dem Ausklang der Inflation 1924 stand die Carolo-Wilhelmina an einem Tiefpunkt ihrer Entwicklung, zumal die Braunschweigische Staatsregierung kaum finanzielle Möglichkeiten für die Hochschule entwickelte. Erneut setzte eine hochschulpolitische Diskussion im Landtag ein, und zwar, wie bereits zu früheren Zeitpunkten, ausschließlich unter finanzpolitischen Aspekten. Trotz gelegentlicher Zweifel an der notwendigen Existenz der Hochschule – so etwa beim braunschweigischen Finanzpräsidenten Emil Bartels (1872-1934) – dachte keine der Nachkriegsregierungen ernsthaft an die Auflösung der Carolo-Wilhelmina. Gefordert wurden dagegen höhere Effizienz, rationellere Organisation und fachliche Schwerpunkte in denjenigen Bereichen, die aunmittelbar der wirtschaftlichen Infrastruktur des Landes Braunschweig zugute kamen. Die Wahl des Architekten Carl Mühlenpfordt (1878-1944) zum Rektor im November 1924 leitete einen Kurswechsel in der Hochschulpolitik ein. Mühlenpfordt entwickelte ein Konzept zum inneren Ausbau der Hochschule, das er gegenüber der Landesregierung und der Öffentlichkeit energisch vertrat, und strebte insgesamt eine Konzentration auf die technischen Fachrichtungen an. Dabei suchte er nach pragmatischen Lösungen. Statt einseitiger Förderung spezieller Forschungszweige sollten die Standardeinrichtungen gefördert werden, besonders die beiden Abteilungen mit dem größten Studentenzulauf: Maschinenbau und Elektrotechnik. Die zweite Hälfte der 1920er Jahre bedeuteten daher einen wichtigen Entwicklungsschritt für Ausbau und Modernisierung der Technischen Hochschule Braunschweig. Diese positive Entwicklung war zweifellos ein Verdienst von Carl Mühlenpfordt, der nicht nur in seiner *„Denkschrift über den Aufgabenkreis der Technischen Hochschule"* und seinem Bau- und Erneuerungsprogramm die Grundlagen schuf, sondern sich auch nicht scheute, durch Grundstückskäufe Fakten zu schaffen. Natürlich ging es bei einer solch erfolgreichen Institutionspolitik nicht ohne Kompromisse. So konnte Mühlenpfordt die Braunschweiger Sozialdemokratie nur dadurch für sein Ausbauprogramm gewinnen, indem er die Konzentration auf die technischen Fächer – zumindest formal – aufgab und schließlich der Übernahme der Volksschullehrerausbildung zustimmte.

Die Weimarer Schulreformen sahen in den 1920er Jahren die akademische Ausbildung der Volksschullehrer vor. Die meisten Länder gründeten Pädagogische Hochschulen, die übrigen planten die Integration in die bestehenden Hochschulen. Seit 1922 wurde diese Frage in Braunschweig heftig und kontrovers diskutiert, wobei die Sozialdemokraten die Einbindung in die Technische Hochschule entschieden befürworteten. Auch wenn Mühlenpfordt die kulturwissenschaftlichen Fächer als wesensfremd für eine Technische Hochschule ansah, mußte er sich 1927 den Forderungen der Sozialdemokraten aus pragmatischen Gründen beugen. Daher wurde neben den sogenannten Kernabteilungen I-V (Architektur, Bauingenieurwesen, Maschinenbau, Elektrotechnik und Chemie), den Sonderabteilungen Pharmazie und Allgemeine Wissenschaften, eine VIII. Abteilung *„Kulturwissenschaften"* errichtet, die jedoch aus *„der Sicht der technischen Fachvertreter ein Fremdkörper"*[11] blieb. Im Juli 1927 leitete der Senat schließlich eine Verfassungsänderung zur Errichtung einer VIII. Abteilung für *„Kulturwissenschaften"* ein, die sich innerhalb von drei Jahren zur stärksten Abteilung der Carolo-Wilhelmina entwickelte, bis sie Mitte der 1930er Jahre von den Nationalsozialisten aufgelöst wurde. Auch wenn zur Überraschung vieler Kritiker die neue kulturwissenschaftliche Abteilung sich sehr schnell zur Abteilung mit den meisten Studenten und Studentinnen entwickelte, blieb sie ein Fremdkörper. Dies umso mehr, als der sozialdemokratische Volksbildungsminister Hans Sievers diese Abteilung bis 1930 besonders förderte und ausbaute. Bei Aufnahme des Lehrbetriebs der kulturwissenschaftlichen Abteilung im Sommersemester 1927 waren u.a. folgende Lehrkräfte tätig: August

---

10 Hochschultaschenbuch Braunschweig. Taschenbuch für die Studierenden der Technischen Hochschule „Carolo Wilhelmina" zu Braunschweig, hg. vom Allgemeinen Studenten Ausschuß. 1. Ausgabe 1926, S. 44.
11 Bettina Gundler (wie Anm. 9), S. 364.

Riekel (1897-1967) für Pädagogik, Psychologie und Philosophie – Bernhard Herwig (1893-1974) für Psychologie – Wilhelm Gehlhoff (1889-1956) für Volkswirtschaftslehre – Wilhelm Moog (1888-1935) für Philosophie und Pädagogik. Sie alle waren zuvor bereits in der Lehrerausbildung tätig gewesen. Noch im ersten Jahr wurde der Lehrkörper erweitert, und es kamen hinzu der Historiker Ernst August Roloff (1886-1955), der Historiker Wilhelm Jesse (1887-1971), der auch von 1932 bis 1952 Direktor des Städtischen Museums Braunschweig war, schließlich der Literaturwissenschaftler Karl Hoppe (1892-1973) und der Religionswissenschaftler Friedrich Dosse (1894-1944), wobei es sich bei den letzten drei um Lehraufträge handelte. Das Anwachsen der Studentenzahlen, aber auch bildungspolitische Erwägungen von Minister Sievers führten zu einer personellen Erweiterung der kulturwissenschaftlichen Abteilung, wobei er eine rigorose Berufungspolitik betrieb. Trotz öffentlicher und hochschulinterner Kritik setzte er die Berufung ausschließlich sozialdemokratischer Parteigenossen durch: im April 1928 des Psychologen und Erziehungswissenschaftlers Helmut von Brachen (1899-1984) für Psychologie – des Leiters der Volkshochschule Berlin, Theodor Geiger (1891-1952) für Soziologie sowie u.a. 1929 der beiden Reformpädagogen Adolf Jensen (1878-1965) und Wilhelm Paulsen (1875-1943). Die Berufung von Parteigenossen führte zu heftiger Kritik der Opposition. *„Aus konservativer Sicht war die kulturwissenschaftliche Abteilung Bestandteil der Schulpolitik des politischen Gegners – zusammen mit der sozialdemokratischen Kirchenpolitik trieb dieses Politikfeld die Radikalisierung im Freistaat Braunschweig voran."*[12]

Nachdem die sozialdemokratische Regierung im September 1930 durch eine bürgerlich-nationalsozialistische Koalitionsregierung abgelöst worden war, reagierte die neue Regierung mit Entlassungen der aus ihrer Sicht politisch unzuverlässigen Professoren und Lehrkräfte der kulturwissenschaftlichen Abteilung.

Trotz Widerstand der Hochschulleitung konnten in der Folge die Berufungen nationalsozialistisch orientierter Lehrkräfte wie Ewald Banse (1883-1953) für gestaltende Geographie oder Hermann Hofmeister (1878-1936) für deutsche Vor- und Frühgeschichte und Germanenkunde nicht verhindert werden. Trotz *„brauner Parteibuchwirtschaft"* begann unter NS-Volksbildungsminister Dietrich Klagges (1891-1971) ein Abbau der kulturwissenschaftlichen Abteilung. Schließlich wurde die Abteilung vollständig aufgelöst und ging in die Bernhard-Rust-Hochschule für Lehrerausbildung über, die am 23. Mai 1937 mit nationalsozialistischem Pomp eröffnet worden war.

Die stets ungeliebte kulturwissenschaftliche Abteilung hatte nicht nur den größten Zuwachs an Studenten überhaupt, sondern zugleich den höchsten Anteil an Studentinnen. Formal waren Frauen zwar schon seit dem Sommersemester 1909 an der Carolo-Wilhelmina zugelassen, jedoch hatte sich dies – insbesondere in den technischen Fächern – kaum ausgewirkt. Vor 1914 gab es keine einzige Frau, die sich in den technischen Lernfächern immatrikuliert hätte. Überwiegend fanden sich diese in den Fächern Pharmazie und Chemie und schließlich ab 1928 zunehmend in der kulturwissenschaftlichen Abteilung, die zeitweise mehr als 20 Prozent Frauenanteil aufwies. Von nun an konnte man eigentlich erst von einem Durchbruch des Frauenstudiums an der Technischen Hochschule Braunschweig sprechen. Auch die erste Frauenorganisation wurde 1929 gegründet, die *„Interessengemeinschaft der Studentinnen der Erziehungswissenschaften"*.

Diese Entwicklung beeinflusste auch den universitären Weg von Nellie Bruell:

„Die damalige Technische Hochschule in Braunschweig, seit dem 1. April 1968 Technische Universität, hatte soeben ein neues Ausbildungsprogramm für Volksschullehrer eingeführt, das genau die

---

12 Claudia Schüler, in: Technische Universität. Vom Collegium Carolinum zur Technischen Universität 1745-1995. Herausgegeben im Auftrag des Präsidenten von Walter Kertz in Zusammenarbeit mit Peter Albrecht, Rudolf Elsner, Bettina Gundler, Herbert Mehrtens, Klaus Erich Pollmann und Holger Pump-Uhlmann. Hildesheim/Zürich/New York 1995, S. 416.

Kurse bot, für die ich mich interessierte: Pädagogik, Psychologie, Philosophie und Soziologie. So immatrikulierte ich mich im Herbst 1928 an dieser Hochschule.

Die Gruppe der Studenten war merkwürdig gemischt, bestand aus hochintelligenten jungen Leuten, von denen man einige heute als Radikale bezeichnen würde, und andere waren relativ zahme Söhne und Töchter von Bauern aus den umliegenden Dörfern. Unsere Professoren waren auch „gemischt", zumindest was ihre Qualität anbetraf. Theodor Geiger, der Soziologe, war hervorragend und gilt heute als einer der führenden Soziologen seiner Epoche. Der Psychologe Bernhard Herwig war ein vorzüglicher Lehrer. Adolf Jensen, der gemeinsam mit Wilhelm Paulsen die erste progressive Schule in Deutschland aufgebaut hatte, war fabelhaft bei seinen Demonstrationsstunden in Schulklassen, aber recht kümmerlich als Vortragender im Hörsaal. Professor Willy Moog, der Philosoph, hatte verschiedene gute Bücher geschrieben und galt als kompetent auf seinem Gebiet, hinterließ als Mensch jedoch einen fast trostlosen Eindruck. Es war unerträglich, seine Vorlesungen anzuhören; denn er stotterte derartig, daß die Studenten manchmal wütend trampelten. Dieses Verhalten wiederum erregte den armen Mann so sehr, daß er tobend aus dem Hörsaal lief. Sein Ende war tragisch; er beging Selbstmord (1935). – Pädagogik lernten wir bei August Riekel. Er war ein relativ junger Mann mit genialen aber unsoliden Ideen. Er war verheiratet mit der sehr viel älteren und wohlhabenden Damenschneiderin Dankworth, die in Braunschweig gut bekannt war. Man sagte, sie hätte ihm Geld für das pädagogische Institut gegeben, das er viel zu großspurig in dem schönen Haus „Salve Hospes" (erbaut 1805 durch Peter Joseph Krahe) etablierte. Das ganze Projekt brach nach kurzer Zeit zusammen, und er wurde, wie ich glaube, nach einem Disziplinarverfahren von der Hochschule entlassen. Er war der typische Opportunist. Mir wurde erzählt, daß er in der nationalsozialistischen Epoche erfolgreich politische Theaterstücke geschrieben hat.

Außer den vier Hauptfächern wurde noch ein Nebenfach von uns verlangt. Ich wählte deutsche Literaturwissenschaften bei Professor Karl Hoppe. Einige meiner Mitstudenten entschlossen sich für Mathematik – mir unbegreiflich – und sprachen von einem sehr jungen, brillanten, aber auch außerordentlich strengen Professor. Mich interessierte nicht einmal der Name."[13] Wer mag wohl der brillante, junge Mathematikprofessor gewesen sein? Nellie Bruell hatte 1932 das Volksschullehrerexamen bestanden, verbrachte danach ab Anfang Juli einen Aufenthalt in Paris und nahm anschließend eine Arbeit bei dem Soziologen Theodor Geiger an der Technischen Hochschule in Braunschweig an: *„Gleich nach meiner Rückkehr Ende Oktober 1932 meldete ich mich bei Theodor Geiger, um als seine Assistentin anzufangen. Er hatte einen kleinen Raum in der Hochschule für mich gefunden, wo ich nun jeden Tag viele Stunden bei der Arbeit saß. Das sehr interessante Projekt, das Geiger für ein Buch verwerten wollte, erforderte eine große Materialsammlung, die ich vorbereiten und zusammenstellen sollte. Auch war sein Vorschlag, daß ein Teil davon für mich das Thema für eine geeignete Dissertation ergeben würde."*[14]

Der Weg in die Katastrophe

Die internen Streitigkeiten um die Erhaltung vorhandener Machtstrukturen verhinderte letztlich aber eine grundlegende Verfassungsreform der Carolo-Wilhelmina in der Zeit der Weimarer Republik. So blieb bis 1934 die veraltete Verfassung von 1894 weiterhin gültig. *„Anfang der 30er Jahre war die Carolo-Wilhelmina die einzige Hochschule in der Republik, an der in Fragen der Mitbestimmung*

---

13   NHF-Tgb., S. 29 f.
14   NHF-Tgb., S. 31.

bzw. Gremienbesetzung noch die exklusiven Regelungen des Kaiserreiches galten."[15] Und dies so lange, bis 1934 die Nationalsozialisten zwangsweise eine neue Hochschulverfassung einführten. Diese war nun am *„Führerprinzip"* orientiert. Die Hochschule geriet damit in *„das Netz des Ideologischen"*[16] – eine Epoche des Schreckens brach an.

Der Zusammenbruch des internationalen Zahlungs- und Kreditsystems auf dem Höhepunkt der Weltwirtschaftskrise hatte auch gravierende Folgen im Land Braunschweig. Zwischen 1929 und 1932 stieg die Zahl der Arbeitslosen im Wirtschaftsraum Braunschweig-Wolfenbüttel um das Vielfache. Die Reaktion der Bevölkerung auf die soziale Not bestand im Zulauf zu radikalen Parteien und Verbänden. Dies zeigte sich bereits bei den Landtagswahlen am 14. September 1930. Die Bürgerliche Einheitsliste (BEL) bildete erstmals mit der NSDAP eine knappe Mehrheitsregierung. Mit Dietrich Klagges als Minister für Inneres und Volksbildung trat am 15. September 1931 ein entschlossener Nationalsozialist in die Landesregierung ein, der Braunschweig zu einem NS-Musterland umgestaltete. Am 11. Oktober 1931 kam es zur Bildung der *„Harzburger Front"* und am 18. Oktober 1931 nahm Adolf Hitler vor dem Braunschweiger Residenzschloß demonstrativ den Massenaufmarsch von 100.000 SA-Männern ab. Das Braunschweigische Innenministerium nutzte die NSDAP zum Einsatz der Polizei, um damit den politischen Gegner zu behindern und ihn dem Terror von SA und SS auszuliefern. Die NSDAP präsentierte sich so der Öffentlichkeit als straff organisierte Ordnungsmacht, tatsächlich jedoch provozierte sie bürgerkriegsähnliche Unruhen. Die SPD- und KPD-Abgeordneten wurden zum Mandatsverzicht gezwungen, verhaftet und mißhandelt. Der führende Vertreter der Sozialdemokratie im Braunschweiger Land, Dr. Heinrich Jasper, starb nach unmenschlichen Mißhandlungen am 19. Februar 1945 im KZ Bergen-Belsen im Konzentrationslager. Am 25. Februar 1932 gelang den Braunschweiger Nationalsozialisten die Einbürgerung des österreichischen Staatsbürgers Adolf Hitler, der mit der *„Wahrnehmung der Geschäfte eines Sachbearbeiters für wirtschaftliche Fragen des Landes Braunschweig bei der Braunschweigischen Gesandtschaft in Berlin"* beauftragt wurde.[17] Ende April 1933 präsentierte sich das Land Braunschweig als rein nationalsozialistisches Land mit Dietrich Klagges als Ministerpräsident. Nach der Machtübernahme am 30. Januar 1933 und dem Ermächtigungsgesetz vom 24. März kam es zu beispiellosen Terrorakten gegen SPD und KPD im Volksfreundhaus (9. März), in der AOK (27. März) sowie den Riesebergmorden (4. Juli). Am 8. März wurde das Rathaus von der SA gestürmt, Oberbürgermeister Ernst Böhme (1892-1968) am 13. März abgesetzt und schwer mißhandelt. Auch der ehemalige Minister des Inneren, Gustav Steinbrecher starb 1940 im KZ Mauthausen.

Diese Ereignisse berührten anfangs große Teile des Bürgertums in Braunschweig kaum, wie die Erinnerungen von Nellie Bruell zum Jahr 1933 erahnen lassen. Ein ganz persönliches Ereignis stand bei ihr im Mittelpunkt und sollte ihr Leben grundlegend verändern: *„Das Leben ging weiter, unverändert, als sei nichts Besonderes geschehen, und ich persönlich dachte auch nicht weiter darüber nach. Ich befand mich in einer glücklichen Erregung, weil Familie Herms, befreundete Nachbarn, mich eingeladen hatten, mit ihnen zum Braunschweiger Bühnenball zu gehen. Der sogenannte „Bra-Bü-Ba" war der große Theaterball, die wichtigste gesellschaftliche Veranstaltung des Jahres, fand immer im Februar statt. Ich hatte schon viel davon gehört, ohne jemals dabeigewesen zu sein. Ich freute mich wie ein Kind darauf und zählte die Tage. Um das Glück zu vervollständigen, hatte meine Großmutter mir dafür ein neues Kleid geschenkt, das meinem Wunsch gemäß schwarz, lang und sehr schön war.*

---

15   Bettina Gundler (wie Anm. 9), S. 351.
16   Bettina Gundler (wie Anm. 9), S. 479 ff.
17   Ernst-August Roloff, Bürgertum und Nationalsozialismus 1930-1933. Braunschweigs Weg ins Dritte Reich. Braunschweig 1980 (= Hannover 1961), S. 89-99.

Endlich kam der Tag, Sonnabend, der 4. Februar 1933, ein Datum, das ich nie vergessen werde. Es sollte das wichtigste Datum in meinem Leben werden. Abends stand ich bewundernd vor dem Spiegel und konnte kaum glauben, daß dieses elegante Wesen wirklich ich war! Die Türglocke klingelte und da war schon Eva Herms (1903-1972) eingetroffen, um mich abzuholen. Zusammen mit ihren Eltern fuhren wir zum „Hofjäger" (Wolfenbütteler Straße 28), wo der „Bra-Bü-Ba" stattfand. Alle Darbietungen, die den Abend einleiteten, waren fabelhaft, denn die Schauspieler, Sänger und Tänzerinnen boten ihr Bestes für diese Veranstaltungen, deren Einnahmen für die Theater-Witwen- und Waisenkasse bestimmt waren. [...] „Nellie, wir haben Sie die ganze Zeit mit Herrn Professor Friedrichs tanzen sehen". „Oh nein, ich habe mit einem jungen Mann, einem Studenten getanzt." „Das genau ist ja Professor Friedrichs. Er ist der jüngste Professor an der Hochschule." Jetzt war das Geheimnis gelüftet, warum er so komisch gegrinst hatte. Ich ging zurück zu ihm, und nun erzählte er mir zu meiner größten Überraschung, dass er mich seit langem auf der Kaiser-Wilhelm-Straße (heute: Jasperallee) beobachtet hatte, wenn er von seiner frühen Morgenvorlesung zu seiner Wohnung an der St. Pauli-Kirche heimging und ich mich auf dem Wege zur TH befand. Er hatte sich eine Gelegenheit gewünscht, mich anzusprechen und war tatsächlich zum „Bra-Bü-Ba" gekommen in der vagen Hoffnung, mich dort zu finden. Und immer noch tanzten wir, bis es plötzlich fünf Uhr morgens war und der Ball zu Ende ging."[18] Dies alles geschah vor dem Hintergrund des Fortgangs der Katastrophe.

Das zweite Gesetz zur Gleichschaltung der Länder vom 7. April 1933 brachte die Einsetzung von Reichsstatthaltern, am 13. April wurde der Landtag *„gleichgeschaltet"* und am 30. Januar 1934 verloren die Länder ihre Eigenstaatlichkeit. Der Freistaat Braunschweig gehörte nun zum Gau Südhannover-Braunschweig. Auf diese Weise setzte sich der Führerstaat immer mehr durch, auch die kommunale Selbstverwaltung fand 1935 ihr Ende. Die Regierung Klagges übte 1933 bis 1945 ein besonders brutales Regiment aus, wobei die völlige – und unmenschliche – Vernichtung der Arbeiterbewegung zugunsten eines NS-Musterstaates erklärtes Ziel war. Der ideologische Mißbrauch der Geschichte verschonte selbst den Braunschweiger Dom nicht. Dieser wurde zum *„Staatsdom"* erklärt und als *„Wallfahrts- und Weihestätte der Nation"* propagandistisch genutzt. Im Jahr 1935 wurde die Gruft Heinrichs des Löwen im Dom geöffnet, denn die historische Gestalt Heinrichs des Löwen wurde zum Vorkämpfer einer Politik erklärt, die *„Lebensraum im Osten"* eroberte. Damit wurde ideologisch vorbereitet, was schließlich zum Zweiten Weltkrieg und für Braunschweig zum Inferno der Nacht vom 14. auf den 15. Oktober 1944 führte. Insgesamt waren in den Bombenangriffen auf die Stadt Braunschweig mehr als 3000 Menschen ums Leben gekommen, 90 Prozent der Innenstadt wurden zerstört. Das historische Braunschweig ging weitestgehend verloren.

Die Technische Hochschule in der Zeit des Nationalsozialismus

Am 30. April 1933 veranstaltete die Technische Hochschule eine *„nationale Kundgebung"*, die öffentlich stattfand und zeigen sollte, *„daß es zwischen Hochschule und Studentenschaft einerseits und dem braunschweigischen Volksbildungsministerium andererseits keine Meinungsverschiedenheit mehr gibt."*[19] Mit dieser Veranstaltung war die Unterwerfung der Technischen Hochschule unter das Naziregime vollzogen, wie es der Minister für Volksbildung und spätere Ministerpräsident des Landes Braunschweig, Dietrich Klagges, unmißverständlich und in geradezu erniedrigender Weise in seinem Redebeitrag zum Ausdruck brachte:

---

18   NHF-Tgb., S. 32 ff.
19   Braunschweigische Landeszeitung vom 1. Mai 1933.

„Der Nationalsozialismus war von Anfang an der Ausdruck der neuen, immer mehr wachsenden geistigen Welt und geistigen Willensrichtung, einer Welt, die nicht zuletzt gerade in der Wissenschaft ihren Ursprung hat und sich darauf gründet ... Leider ist es in der Vergangenheit nicht so gewesen, daß die Vertreter der Wissenschaft in Deutschland und auch die Vertreter der Wissenschaft in unserem Lande Braunschweig, diese tiefe und hohe Bedeutung des Nationalsozialismus erkannt hatten. Die breiten Volksmassen und die Jugend waren es, die zuerst die schicksalhafte Wende fühlten und sich für ihren Sieg einsetzten. Es hat deswegen bedauerlicherweise heftige Kämpfe gegeben, gerade zwischen den Vertretern der Wissenschaft und den ersten nationalsozialistischen Regierungen. Leider hat auch unser Land davon keine Ausnahme gemacht, und es ist an diesem Tage, an dem wir diese Technische Hochschule gewissermaßen im Sturm genommen haben, notwendig auszusprechen, daß eine im beiderseitigen Einvernehmen mögliche Umstellung hätte erfolgen können. An mir hat es nicht gelegen, daß es nicht möglich gewesen ist. Ich habe mein Bestes dazu getan. Leider war auf der anderen Seite das Verständnis nicht ohne weiteres vorhanden. Einer derjenigen, die dafür in erster Linie verantwortlich sind, hat kürzlich gesagt, er hätte leider den Ausbruch der nationalen Revolution zu spät wahrgenommen. Es ist ein hartes und tragisches Wort. Heute, da der Sieg des Nationalsozialismus in Deutschland ein unbestreitbarer ist, können wir großzügig sein. Wir wollen das, was gewesen ist, vergangen sein lassen.

Aber eines muß gesagt werden: In Zukunft werden auch wissenschaftlicher Verdienst und wissenschaftliche Befähigung keinen Freibrief mehr darstellen für politische Schädlinge. Wir wollen nicht rütteln an der hohen Stellung der Wissenschaft. Wir werden infolgedessen der freien Forschung und Wissenschaft nach wie vor jeden Schutz gewähren, aber wir werden nicht dulden, daß irgendeiner, sei er auch Wissenschaftler, die Stellung, die er einnimmt, dazu mißbraucht, um deutsches Wesen zu verkennen, zu verfälschen oder herabzusetzen. Wir verlangen von jedem, daß er an seinem Platz sich für die Ehre und das Ansehen deutschen Geistes und deutschen Lebens einsetzt." [20] Es wird erkennbar, daß die Professoren der Technischen Universität offenbar nicht ohne weiteres auf die neue politische Linie eingeschwenkt waren, sondern die TH regelrecht *„erstürmt"* werden mußte. Widerstand und Kritik wurden ausgeschaltet und *„einschneidende Eingriffe in die gesamte Organisation der deutschen Hochschulen"* [21] sollten auch in Zukunft rigoros vorgenommen werden – eine Autonomie der Hochschule konnte es nicht mehr geben.

Am 7. April 1933 ernannte Klagges den Nationalsozialisten Paul Horrmann zum neuen Rektor. In der Folgezeit brach die Front der Professoren gegen Klagges auseinander, zahlreiche Hochschullehrer schwenkten um, darunter der Professor für Elektrotechnik, Erwin Marx (1893-1980), der Literaturwissenschaftler Karl Hoppe (1892-1973) u. a. Zu den Nationalsozialisten der ersten Stunde zählten, neben anderen, der Geograph Ewald Banse sowie der Prähistoriker Hermann Hofmeister. Wurden nach 1933 meist nur Parteimitglieder berufen, waren zuvor nach dem 30. Januar 1933 eine überaus hohe Zahl von Lehrkräften entlassen worden. Es waren etwa 18,8 % der hauptamtlichen Lehrkräfte, in der kulturwissenschaftlichen Abteilung sogar 27,3 %.[22] Die wissenschaftlichen Werke von drei der vertriebenen Professoren waren schließlich unter den Büchern, die am 10. Mai 1933 in Flammen aufgingen. An diesem *„Tiefpunkt der deutschen Universitätsgeschichte"*,[23] der von der Deutschen Studentenschaft reichsweit organisierten Bücherverbrennung, nahmen auf dem Schloßplatz in Braun-

---

20   wie Anm. 19.
21   wie Anm. 19.
22   Klaus Erich Pollmann, in: Technische Universität. Vom Collegium Carolinum zur Technischen Universität 1745-1995. Herausgegeben im Auftrag des Präsidenten von Walter Kertz in Zusammenarbeit mit Peter Albrecht, Rudolf Elsner, Bettina Gundler, Herbert Mehrtens, Klaus Erich Pollmann und Holger Pump-Uhlmann. Hildesheim/Zürich/New York 1995, S. 451.
23   Klaus Erich Pollmann (wie Anm. 22), S. 457.

schweig neben dem Rektor auch zahlreiche Professoren teil. Nachfolger von Horrmann als Rektor war von 1936 bis 1943 Emil Herzig (1898-1962). Er hat „*die Rolle des Führer-Rektors sehr viel überzeugender verkörpert als Horrmann*"[24]. Die Ausbildung der Lehrer wurde nun an die neu geschaffene „*Hochschule für Lehrerbildung*" verlegt, an der die Volksschullehrer entsprechend den nationalsozialistischen Vorstellungen ausgebildet wurden. In den Bombenangriffen auf Braunschweig 1944 wurden die Einrichtungen der Hochschule zu 75 Prozent zerstört. Dennoch konnte die Technische Hochschule Braunschweig zum Wintersemester 1945/46 unter ihrem wieder eingestellten Rektor Professor Gustav Gaßner den Lehrbetrieb wieder aufnehmen.

Zu diesem Zeitpunkt hatten Nellie Bruell und Kurt Otto Friedrichs Braunschweig längst verlassen und waren 1937 in die USA emigriert. Schon kurz nach Adolf Hitlers Machtübernahme war dem jungen Mathematikprofessor klar, wie bedrohlich die Zukunft werden würde, zumal Nellie Bruell Jüdin war, die sich erinnerte:

„*Mittlerweile war Hitler einen ganzen Monat Reichskanzler gewesen, doch kann ich mich nicht entsinnen, daß besonders viel darüber gesprochen wurde. Frieder, der einer der wenigen war, der für seine eigene Information „Mein Kampf" von der ersten bis zur letzten Seite gelesen hatte, mag sich klarer als die meisten darüber gewesen sein, was zu erwarten war. Aber selbst für ihn war es ein Schock, als er in der Schweiz erfuhr, was während seiner Abwesenheit im März 1933 in Deutschland vor sich ging. Daß der Reichstag abbrannte, gehört zur Geschichte, ebenso, daß der bisher mehr oder weniger unterdrückte Antisemitismus vehement ausbrach. Jüdische Geschäfte wurden ausgeraubt und zerstört, Schaufenster eingeschlagen, Synagogen wurden verbrannt, Juden wurden auf den Straßen überfallen und verprügelt. Überall tauchten Plakate auf mit gemeinen Hetzworten gegen die Juden. Aber selbst nach all diesen furchtbaren Ereignissen gab es noch Juden, die den Ernst der Lage nicht wahrhaben wollten und sich vormachten, daß dies ein vorübergehender Ausbruch war und höchstens ein paar Wochen dauern würde. Richard Courant gehörte genau zu dieser Kategorie, während Frieder, der Nicht-Jude, außerordentlich schwarz für die Zukunft sah und empfand, daß sein engster jüdischer Freund, Hans Lewy, der einzige war, der die richtige Konsequenz zog, indem er Deutschland unmittelbar verließ.*"[25] Schon bald hatte Nellie Bruell die Folgen selbst erfahren:

„*Es wurde uns klarer und klarer, daß ein Leben zusammen in dem damaligen Deutschland für uns nicht möglich sein würde. Doch waren wir noch nicht bereit, von einem Tag zum andern alles abzubrechen und das Land zu verlassen. Mein Professor allerdings hatte es schon getan. Er war zwar kein Jude, hatte jedoch seine Opposition zum Regime der Nationalsozialisten so deutlich gezeigt und ausgesprochen, daß sein Leben bedroht wurde, und er fliehen mußte. Er ging nach Dänemark, wo ihm schon einige Jahre zuvor eine Stellung an der Universität in Arhus angeboten worden war, die er damals abgelehnt hatte. Ich wäre ihm wahrscheinlich gefolgt, um dort weiter zu arbeiten für ihn und meine Dissertation zu schreiben, wenn inzwischen Frieder nicht in mein Leben getreten wäre. So aber beendete ich nur die Auszüge aus der Biographie und schickte Theodor Geiger das gesamte Material nach Dänemark.*

Obwohl ich meine Volksschullehrerprüfung bestanden hatte, konnte ich natürlich nicht mit einer Anstellung an einer Schule rechnen; es ergab sich aber sehr bald eine andere Möglichkeit für mich zu unterrichten. Immer mehr jüdische Familien dachten an Auswanderung und meistens in englische Sprachgebiete, so daß plötzlich ein großer Bedarf für englische Stunden war. Ich gab manchmal 35 Stunden die Woche und hatte Schüler jeglicher Altersstufe von jungen Kindern bis zu Großvätern. Es war ein Segen, so voll beschäftigt zu sein. Zwischendurch trafen Frieder und ich uns hier und da, aber kaum mehr in der Öffentlichkeit. Dennoch fand es eine wohlmeinende Freundin nötig, mich mit

---

24 Klaus Erich Pollmann (wie Anm. 22), S. 459.
25 NHF-Tgb., S. 35.

dem Hinweis zu warnen, dass unsere gelegentlichen Zusammenkünfte bekannt wären, und daß diese für uns beide gefährlich werden könnten. Noch war es nur eine persönliche Warnung, nicht eine ungesetzliche Handlung, aber doch höchst erschreckend."[26]

Der Entschluß zur Emigration stand schließlich fest, doch noch manche Hürde mußte überwunden werden, so etwa der Antrag von Kurt Otto Friedrich wegen einer „USA-Reise", den Minister Bernhard Rust (1883-1945) persönlich beantwortete: „Es ist unerhört, daß Sie als Beamter die Frechheit besitzen, die Erlaubnis für eine Reise in die USA nochmals zu verlangen, da uns wohlbekannt ist, daß Sie bei Ihrer letzten Reise enge Kontakte mit den Juden Richard Courant, Albert Einstein, Hermann Weyl (der übrigens kein Jude war, aber eine jüdische Frau hatte) und einer ganzen Reihe von anderen Wissenschaftlern hatten. Wir verlangen umgehend eine Abschrift Ihres Briefes an Professor Courant, in dem Sie seine Einladung ablehnen. Dies war ein entsetzlicher Schock! Zum ersten Mal hatten wir das verzweifelte Gefühl, Gefangene zu sein."[27] Doch es gelang, und am 11. Juni 1937 trafen die getrennt Reisenden in New York wieder zusammen. Ein neuer Lebensabschnitt begann: „Es war, als ob wir uns in einem luftleeren Raum bewegten. Der Glanz, der Geruch, die kunterbunten, dauernd wechselnden Straßenszenen, der Lärm, die Feuchtigkeit, all dieses ballte sich zu einem unvergesslich kraftvollen Bild zusammen. Die folgenden Tage müssen ähnlich gewesen sein. Einzelheiten habe ich vergessen; sie haben sich verwischt und sind unwichtig, geblieben aber ist die Erinnerung an die uns tief erschütternde Emotion; denn allmählich überkam uns das Bewusstsein: Wir sind frei!"[28]

---

26 NHF-Tgb., S. 35 f.
27 NHF-Tgb., S. 38.
28 NHF-Tgb., S. 46.

Nellie Bruell und Kurt Otto Friedrichs:
Wissenschaftliche Leistungen und illegale Liebe in bewegter Zeit[*]

Christopher R. Friedrichs

Vor genau einhundert Jahren, am 3. September 1908, wurde meine Mutter Nellie Bruell in der süd-französischen Stadt Lyon geboren. Beide Eltern, ihr Vater Emil Bruell sowie ihre Mutter Ella, gebo-rene Herxheimer, waren deutschjüdischer Abstammung. Der Vater hatte sich aber schon als junger Mann in Frankreich niedergelassen. Im Jahre 1907 holte er sich eine Braut aus Deutschland und brachte sie nach Lyon, wo also meine Mutter geboren wurde.

Die Ehe war unglücklich, und etwa 1912 trennte sich Ella Bruell von ihrem Mann. Sie kam mit ih-rer Tochter nach Deutschland – und zwar nach Braunschweig, wo ihre Mutter auf der Wilhelm-Bode-Straße wohnte. Deshalb wuchs meine Mutter in Braunschweig auf, ging zur Schule in dieser Stadt und hat sich im Jahre 1929 als Studentin der Erziehungswissenschaften an der Technischen Hoch-schule immatrikuliert.

Mein Vater, Kurt Otto Friedrichs, war dagegen kein Braunschweiger. Er wurde 1901 in Kiel gebo-ren, wuchs hauptsächlich in Düsseldorf auf, und studierte Mathematik sowie als Nebenfach Philoso-phie in Greifswald, Freiburg, Graz und schließlich in Göttingen. Nach Abschluss seiner Doktorarbeit war er für einige Jahre Assistent in Aachen und bekam dann um 1930 einen Ruf nach Braunschweig als ordentlicher Professor der Mathematik an der Technischen Hochschule.

Am 4. Februar 1933, also genau 5 Tage nachdem Adolf Hitler zum Reichskanzler ernannt worden war, haben sich meine Eltern bei dem Braunschweiger Bühnenball kennengelernt. Sie haben sich mit erstaunlicher Geschwindigkeit ineinander verliebt und wussten bald, dass sie heiraten wollten. Doch gab es ernste Probleme. Mein Vater war evangelisch, meine Mutter jüdisch. Die Ehe eines sogenann-ten Ariers mit einer Jüdin war schon in den Anfangsjahren des Dritten Reiches praktisch unmöglich geworden, und nach September 1935 war nicht nur eine Ehe, sondern überhaupt eine Beziehung zwi-schen meinen Eltern illegal. Für meinen Vater als überzeugten Demokraten, der auch eine Jüdin hei-raten wollte, gab es nur einen Ausweg – die Auswanderung. Aber auch das war keineswegs einfach. Die Erlaubnis, Deutschland zu verlassen, ist meinem Vater abgeschlagen worden, auch die Erlaubnis, in ein neues Land einzuwandern, war nur schwer zu erhalten. Für meine Mutter war die Sache eben-falls kompliziert, und nur schweren Herzens hat sie sich entschlossen, die geliebte Mutter und Groß-mutter in Braunschweig zu verlassen und meinem Vater nach Amerika zu folgen. Aber letzten Endes gelang es meinen Eltern, ein neues Leben in den Vereinigten Staaten anzufangen, wo sie nun endlich heiraten und ihre Familie gründen konnten. In den USA war es auch meinem Vater gelungen, seine Laufbahn als Mathematiker wieder aufzunehmen und mit großem Erfolg fortzusetzen.

Das sind also die einfachen Tatsachen. Natürlich hätte aber alles anders kommen können. Wenn zum Beispiel das Naziregime sich nicht durchgesetzt hätte, hätten meine Eltern ohne Schwierigkeit in

* Leicht überarbeitete Fassung des Vortrags, der am 3. September 2008 im Braunschweigischen Landesmuseum gehalten wurde. Dem Präsidenten der Technischen Universität Braunschweig sowie Herrn Museumsdirektor Prof. Dr.h.c. Gerd Biegel, Herrn Professor Dr. Thomas Sonar und Herrn Akad. Dir. Dr. Peter Albrecht danke ich herzlich für ihre Unterstützung bzw. ihre Bemühungen um den Erfolg des Kolloquiums. Vor allem aber danke ich auch Herrn Dr. Manfred Garzmann, der als erster den Gedanken hatte, dass der hundertste Geburtstag meiner Mutter in einer wissenschaftlichen Form in Braunschweig anerkannt werden sollte, und der, als er zu-sammen mit seinem unvergessenen Sohn Maximilian im Herbst 2006 Vancouver besuchte, den Gedanken an diese Veranstaltung mir vorgelegt hat.

Braunschweig heiraten können. Meine Mutter hätte ihre geplante Doktorarbeit an der Technischen Hochschule zum Abschluss bringen können. Mein Vater hätte vermutlich irgendwann einen Ruf zu einer anderen deutschen Universität bekommen, und meine Eltern wären dahin gezogen, aber die Verbindung mit Braunschweig wäre bestimmt immer eng geblieben.

Oder aber man stellt sich vor, dass meine Eltern geheiratet hätten, als das in den Anfangsjahren des Dritten Reichs gerade noch möglich war, ihnen es aber dann nicht gelungen wäre, das Land zu verlassen. Ihre Lage wäre ständig schlimmer geworden. Als Mitglieder einer „privilegierten Mischehe" hätten meine Eltern vielleicht den Krieg überlebt – aber wenn, wäre es unter den elendesten Zuständen gewesen. Mein Vater hätte bestimmt seine Professur verloren und wäre vermutlich zur Zwangsarbeit gezwungen worden. Meine Mutter wäre vielleicht noch im Februar 1945 betroffen gewesen, als auch die in Mischehen lebenden Braunschweiger Juden und Jüdinnen nach Theresienstadt verschleppt wurden. Es hätte also alles ganz anders kommen können.

Das war aber nicht der Fall, und wir feiern heute nicht nur das Glück meiner Eltern, sondern auch ihre Leistungen während der Zeit, wo sie beide an der Technischen Hochschule Braunschweig tätig waren. Allerdings werde ich über die wissenschaftliche Tätigkeit meines Vaters während seiner Braunschweiger Zeit nur wenig sagen. Seine Größe als Mathematiker ist oft gewürdigt worden, und es wird im Rahmen dieses Kolloquiums zwei andere Referate geben, die die mathematischen Leistungen meines Vaters während seiner Braunschweiger Zeit behandeln werden. Zu diesem Thema möchte ich also nur eines betonen: trotz allem – trotz der ernsten und natürlich auch unglaublich zeitraubenden politischen und persönlichen Schwierigkeiten, die mein Vater nach 1933 bekämpfen musste – hat er während der ganzen Braunschweiger Zeit unablässig viel als Mathematiker geleistet. Zwischen 1930 und 1938 erschienen etwa zehn wichtige mathematische Beiträge meines Vaters, die alle auf seiner Arbeit und seinen Forschungen in der Braunschweiger Zeit beruhten. Seine mathematischen Leistungen kannten keine Unterbrechung.

Es sind aber die Erfahrungen und die Leistungen meiner Mutter als Studentin und als Assistentin an der Technischen Hochschule Braunschweig zwischen 1929 und 1933, die ich genauer schildern möchte. Über dieses Thema ist außer dem, was meine Mutter in ihren Erinnerungen geschrieben hat, bis jetzt nichts gesagt oder geschrieben worden.[1] Es gibt aber eine sehr reichhaltige Quelle, die das bis jetzt Bekannte erweitern und ergänzen kann: das Tagebuch meiner Mutter. Dieses Tagebuch hat meine Mutter fast siebzig Jahre lang ohne Unterbrechung geführt, von Ende 1924, als sie eine sechzehnjährige Schülerin in Braunschweig war, bis Anfang Oktober 1994, nur sechs Wochen vor ihrem Tode in New Rochelle, New York. Das Tagebuch befindet sich nun in meinem Haus in Vancouver, Kanada, und anläßlich dieser Veranstaltung habe ich einigermassen intensiv angefangen, es systematisch auszuwerten.

Diejenigen, die meine Mutter noch kannten, wird es nicht erstaunen, dass jedes Blatt des Tagebuchs die besonders positive Lebensphilosophie meiner Mutter widerspiegelt. Auch in den schwierigsten Jahren ihres Lebens, von 1933 bis 1937, hat meine Mutter nie ihre optimistische und hoffnungsvolle Einstellung zum Leben verloren. Aber auch die Reichhaltigkeit des Tagebuchs muss betont werden. Im Tagebuch wird ausführlich beschrieben, was meine Mutter an jedem Tag ihres Lebens ab Ende Dezember 1924 gemacht hat – wann sie zu Hause war oder fort ging, mit wem sie sich unterhielt und worüber gesprochen wurde, wie sie sich amüsiert hat, welche Bücher sie gelesen hat, was für kulturelle Veranstaltungen sie besucht hat, was sie als Schülerin und dann als Studentin unternommen hat, und später natürlich alles, was sie in den fast sechzig Jahren ihres amerikanischen Lebens erfahren hat. Es ist mir seit langem klar, dass die Veröffentlichung des vollständigen Textes des

---

1   Nellie H. Friedrichs, Erinnerungen aus meinem Leben in Braunschweig, 1912-1937, 3. erw. Auflage. Kleine Schriften, Bd. 32. Braunschweig: Stadtarchiv und Öffentliche Bücherei 1998.

Tagebuchs meiner Mutter für die Braunschweiger Zeit, vielleicht sogar in digitaler Form, eine wertvolle Quelle für die Braunschweiger Kulturgeschichte zwischen 1925 und 1937 sein könnte. Für jetzt aber muss ich mich darauf beschränken, einen kleinen Vorgeschmack aus dem Inhalt dieses Dokuments anzubieten.[2]

Meine Mutter war eine begeisterte Theaterbesucherin, und jede Aufführung, der sie am Braunschweigischen Landestheater beiwohnte, wurde genau beschrieben und beurteilt, ebenso jedes Konzert oder jeder Film. Oft wird auch erwähnt, wen meine Mutter in der Pause traf. Als junge Frau gehörte meine Mutter Ende der zwanziger und Anfang der dreißiger Jahre zum Bildungsbürgertum der Stadt Braunschweig, und das wird deutlich in ihren Begegnungen bei jedem Konzert oder jedem Theaterstück widergespiegelt. Allerdings war es selbst für meine Mutter manchmal zu viel, jeden Unterhaltungspartner separat aufzulisten. Am 9. März 1931, nach der Beschreibung eines hervorragenden Konzerts von einem Quartett, das Werke von Mozart, Schubert und Haydn spielte, hieß es knapp: *„Es waren ungefähr alle Leute da, die man kannte."*

Meine Mutter hatte einen großen Kreis von Freunden und Freundinnen in Braunschweig. Manche waren ihre früheren Mitschülerinnen und Spielkameraden, aber neue Freundschaften tauchen immer wiederholt im Tagebuch auf. Der wichtigste männliche Bekannte in den Jahren vor 1933 war der junge Künstler Ulfert Wilke, und aus dieser Bekanntschaft entwickelte sich schließlich eine lebenslange Freundschaft mit meinen beiden Eltern. Aber die engste emotionale Bindung, die meine Mutter in den Jahren, bevor sie meinen Vater kennenlernte, erlebt hat, war mit der Schauspielerin Irma Scarla. Irma Scarla, die bis 1930 fest engagierte Schauspielerin am Braunschweigischen Landestheater war, war viel älter als meine Mutter, aber zwischen diesen zwei Frauen bestand eine eifrige Freundschaft, die in den Blättern des Tagebuchs genau beschrieben wird. Auch nachdem Fräulein Scarla 1930 in den Ruhestand gegangen und in ihre Heimatstadt München übergesiedelt war, gab es viele gegenseitige Briefe und Besuche.

Die politischen Ereignisse, die in diesen entscheidenden Jahren der deutschen Geschichte stattfanden, werden dagegen im Tagebuch verhältnismäßig selten erwähnt oder kommentiert. Meine Mutter war als junge Frau an Politik nur begrenzt interessiert. Als Jüdin wusste sie nur zu genau, was für eine Gefahr die Nazibewegung darstellte. Immerhin findet sich in Tagebuch eine eindeutige Erwähnung von Hitler oder den Nazis erst am 17. Oktober 1931. Das war nämlich der erste Tag des gewaltigen Aufmarschs der SA-Mitglieder, die sich in Braunschweig sammelten, um am nächsten Tag auf dem Franzschen Feld eine Ansprache von Hitler zu hören. Im Tagebuch heißt es:

Nachmittags in der Stadt, alles wimmelte von Hitlerleuten, es war Fülle, Lärm, Aufregung an den Straßen, wenig erfreulich.

Doch fühlte man sich nicht ernstlich berührt. Der Eintrag im Tagebuch wird so fortgesetzt:

Abends hatten wir sehr netten Besuch . . . Es wurde wunderschön musiziert.

Der nächste politische Eintrag befindet sich am 10. März 1932:

Um ½ 8 abends hörten Mutti und ich bei Saalfelds Hindenburgs Rede im Radio. Er sprach 1/4 Stunde und jedes Wort war wunderbar deutlich zu hören. Er sagte, er habe die Kandidatur aus Vaterlandsliebe angenommen, damit kein Parteipräsident an die Spitze käme. Er habe sich vergewissert, dass alle Schichten des deutschen Volkes ihn haben wollten. Er sagte weshalb er Young-Plan und Notverordnung unterschrieben hätte. Jedes einzelne Wort war schön und eindrucksvoll.

---

2   In den nachfolgenden Zitaten aus dem Tagebuch von Nellie Friedrichs werden einige Abkürzungen entziffert, sonst aber werden alle Zitate buchstabengetreu wiedergegeben.

Auch die Wahlergebnisse des ersten Wahlganges am 13. März 1932 sowie des zweiten und endgültigen Wahlganges am 10. April werden genau beschrieben, mit den Zahlen der Stimmen für die verschiedenen Kandidaten. Zum Schluss: *„Also Hindenburg sogar mit absoluter Mehrheit zum Präsidenten gewählt."*

Danach fällt die Politik wieder weg. Nicht einmal Hitlers Ernennung zum Reichskanzler am 30. Januar 1933 wird erwähnt. Dagegen werden die Ergebnisse der für die Zukunft von Deutschland ausserordentlich wichtigen Reichstagswahl vom 5. März 1933 kurz zusammengefasst: *„Die Nazis bekamen über 17000000 Stimmen, sie haben mit den Deutsch-Nationalen um 50% der Sitze."*

Was steht aber nun im Tagebuch über die Erfahrungen meiner Mutter als Studentin und Assistentin an der Technische Hochschule? Was darüber berichtet wird, ist natürlich von Interesse nicht nur in Bezug auf die Erlebnisse meiner Mutter, sondern auch in Bezug auf die Geschichte und die Gewohnheiten der Hochschule um diese Zeit.

In ihren Erinnerungen behauptete meine Mutter, dass sie ihr Studium im Herbst 1928 angefangen hat. Da irrte sie aber. Im Tagebuch steht es eindeutig unter dem 25. April 1929: *„Morgens habe ich mich an der Hochschule immatrikulieren lassen."* Vier Tage später heißt es: *„Morgens zum 1. mal in der Hochschule, allerdings las Riekel nicht, weil noch zu wenig da waren, es war aber sehr vergnüglich."* „Riekel" war nämlich August Riekel, seit 1928 Professor für Erziehungswissenschaften an der Technischen Hochschule. Da meine Mutter vorhatte, eine pädagogische Ausbildung zu absolvieren, war Riekels Fach für sie besonders wichtig. Irgendwann im Laufe des Semesters fiel meine Mutter diesem Professor irgendwie auf, und obwohl es keinen eindeutigen Eintrag im Tagebuch darüber gibt, hat er offensichtlich meiner Mutter eine Stelle als wissenschaftliche Assistentin oder Hilfskraft an dem neuen, von ihm begründeten Forschungsinstitut für Erziehungswissenschaften zu Braunschweig angeboten. Das Institut, das in dem schönen Gebäude „Salve Hospes" seinen Sitz hatte, ist eingerichtet worden, um die Erziehungswissenschaft auf einer vergleichender Weise mit Bezug auf die Erfahrungen anderer Länder zu untersuchen. Gleich vom Anfang des nächsten Semesters im Oktober 1929 an verbrachte meine Mutter ständig die Vormittage in Riekels Institut. Sie beschäftigte sich mit einer Menge Aufträge, darunter Übersetzungen aus dem Englischen. Da ihre Mutter und Grossmutter lange in England gewohnt hatten, hat meine Mutter zu Hause oft Englisch gehört und beherrschte schon als Kind diese Sprache. Das war für ihre Tätigkeit in Riekels Institut recht nützlich.

Riekel war eifrig darum bemüht, dass sein Institut zu schnellem Ruhm kommen würde. Im Januar 1930 gab es eine Reihe von Besuchen verschiedener Prominenter, darunter der Oberbürgermeister von Braunschweig, am 2. Februar war die offizielle Eröffnungsfeier, als sogar Reichsinnenminister Carl Severing eine Ansprache hielt.

Das Atmosphäre im Institut war bestimmt anregend. Meine Mutter erlebte zum Beispiel interessante Gespräche mit einem chinesischen Mitarbeiter, Herrn Huang, der ihr vieles über die chinesische Schreibweise erklärt hat. Die Beziehung zwischen Riekel und seinen Mitarbeitern war modern und informell. Öfters wird erwähnt, dass Riekel in seinem Auto meine Mutter nach Hause brachte. Auch Frau Riekel kam oft vorbei.

Aber gleich von Anfang an hat meine Mutter auch gespürt, dass etwas am Institut nicht ganz in Ordnung war. Die Natur dieser Mißstimmung wird nur indirekt angedeutet, oft wird aber erwähnt, dass sie ihre Freundin Irma Scarla um Rat über die Zustände im Institut bat. Am 1. März 1930 werden Scarlas Ratschläge genau wiedergegeben:

Sie sagte mir, mich weder über Riekels Liebenswürdigkeit zu sehr zu freuen, noch mich zu sehr über seine Launen aufzuregen, und vor allem sollte ich anderen nichts von den ganzen Dingen erzählen.

Am 26. Juni 1930 hat meine Mutter „im Institut sehr angenehme Erfahrung gemacht, da Riekel mich unbedingt unter den günstigsten Umständen als Mitarbeiterin behalten wollte." Jedoch hat meine

Mutter sich im Laufe der nächsten Monate immer kritischer über die Zustände im Institut geäußert, wie etwa am 13. November 1930:

Eine sehr komische ganz kurze Mitgliederversammlung im Institut, in der Riekel eigentlich nur „Ja, ja und hat keiner mehr was zu sagen' sagte.

Bis Ende des Wintersemesters 1930-31 war meine Mutter immer noch ständig im Institut beschäftigt. Ende Januar hielt sie zum Beispiel ein großes Referat über „Ideen und Möglichkeiten der Schulreform." Dann endete aber ihre dortige Tätigkeit. Ziemlich bald war das ganze Institut in eine Krise geraten. Im April 1931 wurde Riekel von dem nationalsozialistischen Kultusminister des Freistaates Braunschweig zwangsweise emeritiert, einige Monate später wurde das ganze Institut geschlossen.

August Riekel wird manchmal als eines der frühesten Opfer der Nationalsozialisten in Braunschweig betrachtet. Sicher stimmt das einigermaßen. Andererseits aber behauptet zum Beispiel die Historikerin Claudia Schüler, dass „Unstimmigkeiten" in der kulturwissenschaftlichen Abteilung der Hochschule eine wichtige Rolle spielten und liefert auch unverkennbare Andeutungen, dass an Riekels Institut nicht alles ganz in Ordnung war.

Natürlich war meine Mutter als Studentin der Technischen Hochschule nicht nur an diesem Institut beschäftigt, sie besuchte auch Vorlesungen in den Fächern Philosophie, Literatur, Pädagogik und Psychologie und bereitete eine Menge Referate vor. Besonders stolz war sie auf eine große Arbeit über den Philosophen Spinoza. Vor allem aber hat meine Mutter sich für die Vorlesungen des Soziologen Theodor Geigers begeistert. Schon am 9. Januar 1930 hat sie ihren Freund, den Maler Ulfert Wilke, zu einer Vorlesung von Geiger mitgenommen.

Da die Absicht meiner Mutter war, sich zur Volksschullehrerin ausbilden zu lassen, gehörten auch praktische Erfahrungen im Klassenzimmer zum Lehrgang. Zum 19. Juni 1930 heißt es im Tagebuch:

Meine 1. Unterrichtsstunde in der 4. Mädchen-Klasse Ottmerstrasse gegeben. Die Kinder waren ganz reizend, ich war erstaunt, als die Stunde vorbei war. Ich gab Rechnen, und zwar Eisenbahnfahrtpreise pro km. usw.

Im Laufe des Wintersemesters 1931-32 verfasste meine Mutter ihre bisher größte Untersuchung, eine Examensarbeit von 51 Seiten über die „Psychologie der Lüge beim Kind und Jugendlichen," in der sie die damals schon umfangreiche Literatur zu diesem Thema zusammenfasste und auswertete. Diese Arbeit hat sie im Januar 1932 persönlich beim Ministerium abgeliefert. Eine Kopie dieser Arbeit hat sie behalten, und sie liegt jetzt bei mir in Vancouver.

Im selben Semester aber musste meine Mutter in jedem Fach die mündliche Prüfung bestehen. Jede Prüfung wurde genauestens im Tagebuch beschrieben.

Die erste Prüfung, am 29. Oktober 1931, beschloss eine Lehrprobe, in der meine Mutter vor den Prüfern eine Stunde über Eigenschaftworte gehalten hat: „*die Klasse benahm sich mustergültig, das Unterrichten machte riesige Freude, die Kinder paßten auf, brachten Beispiele und verstanden alles genau."* Dann kam eine kurze mündliche Prüfung. Die Prüfer waren sehr zufrieden.

Am 30. November ging es um Staatsbürgerkunde:

Hoppe war Beisitzer. Roloff fragte sehr anständig . . . vor allem nach der geschichtlichen Entwicklung der amerikanischen Verfassung und der Wahl des amerikanischen und des französischen Präsidenten. Es ging ganz schön.[3]

In dem Fach Deutsch ging es einige Wochen später um „Ballade, Sturm und Drang, etwas aus der Geschichte der Sprache und meine Ansicht über Deutschunterricht in der Schule." Im Tagebuch steht: „Es machte Spaß." Die Prüfung für Psychologie machte auch „direkt Spaß."

---

3   Karl Hoppe war Privatdozent (nachher Professor) für deutsche Literatur, Ernst August Roloff war Professor für Geschichte und Staatsbürgerkunde.

Das Examen im Fach Pädagogik am 9. Februar 1932 wurde mit besonderer Lebendigkeit im Tagebuch beschrieben.

Herwig war Beisitzer, Moog fragte mich als erstes zu meinem größten Erstaunen nach ,Kleinkindererziehung.' Bei Sparta fing ich an und ging bis zur Neuzeit, Montessori und Dalton-Plan . . . nach ½ Stunde kam ich wieder dran, er fragte mich nach Landerziehungsheimen, da wußte ich wenig, aber glücklicherweise fragte er dann nach Arbeitsschule, und da konnte ich loslegen und ließ ihn nicht mehr zu Wort kommen. Dann wurden wir hinein geschickt, die Besprechung dauerte lang. Er rief uns rein und gratulierte mir so freundlich, dass ich Herwig nach der Nummer fragte, ich sollte mich einschätzen und sagte 2–3, da lachten beide und sagten: ich sollte mich nicht zu schlecht einschätzen. Ich hatte ,gut,' ich hätte ihnen aus Seligkeit um den Hals fallen können.[4]

Der Höhepunkt war aber schon die Prüfung am 15. Dezember 1931 im Fach Soziologie:

Geiger prüfte fabelhaft. . . . als ich fertig war, schob Geiger mir einen Zettel hin worauf stand: ,sehr gut', ich konnte es kaum fassen. . . . Ich hätte am liebsten noch stundenlang Prüfung bei Geiger gehabt.

Den Zettel mit den Worten ,sehr gut' in Geigers auffallend kindlicher Handschrift hat meine Mutter sorgfältig aufbewahrt und in ihr Tagebuch unter dem 15. Dezember eingelegt. Er befindet sich immer noch da.

Dass meine Mutter Theodor Geiger enorm bewundert hat, ist klar. Aber die Einträge im Tagebuch für das Jahr 1932 zeigen, dass Geiger sich auch sehr für meine Mutter interessierte. Öfters besuchte meine Mutter Professor Geiger in seinem Büro, um ihn um Rat zu fragen, und seine Ratschläge fand sie immer hilfreich. Geiger und meine Mutter nahmen zufällig – oder vielleicht auch nicht ganz zufällig – abends einmal die Woche zusammen mit einigen anderen einen Russischkurs. Nach dem Kurs fuhren meine Mutter und Geiger meistens zusammen in der Straßenbahn nach Hause und unterhielten sich eifrig. Eines Tages fragte Geiger, ob meine Mutter ihm *„mit dem Lesen englischer Bücher helfen wollte"*, worüber sie sich natürlich freute. Auch Frau Geiger hat meine Mutter kennengelernt, und sie wurde ab und an bei Geigers zum Abendessen eingeladen.

Im Laufe des Jahres 1932 hat meine Mutter sich entschlossen, eine Doktorarbeit zu schreiben. Es gab Gespräche mit Bernhard Herwig über ein mögliches Thema zur Psychologie des Kindes, aber es wird kaum erstaunen, dass meine Mutter sich schließlich für ein Thema bei Theodor Geiger entschied. Unter dem 17. November steht es:

. . . von ½ 4 bis ½ 7 bei Geiger und wir haben uns in aller Ruhe und sehr ausführlich über eine Arbeit über die regionale Verteilung des Geistes unterhalten, die eventuell eine Doktorarbeit werden könnte, es war hochinteressant, und ich habe den Nachmittag so genossen.

Das Thema der geplanten Arbeit gehörte zu Geigers eigenen Forschungsvorhaben und hing eng mit seinem Interesse an Fragen der sozialen Schichtung und der Genetik zusammen. Meine Mutter sollte die Untersuchung als seine Assistentin übernehmen, gleichzeitig aber die Ergebnisse in Form einer eigenen Doktorarbeit zusammenfassen. Sie bekam also den Auftrag, die 26.500 Einträge in den 55 Bänden der Allgemeinen Deutschen Biographie [1875-1912] statistisch auszuwerten, um festzustellen, welche besonderen Begabungen – musikalisch, künstlerisch, literarisch usw. – in bestimmten Regionen Deutschlands stärker oder weniger stark vertreten waren. Ab Ende November 1932 arbeitete sie fast täglich vormittags und manchmal auch nachmittags in der Technischen Hochschule an diesem Projekt. Am 5. Dezember saß sie zum Beispiel den ganzen Tag daran und hat 210 Namen bearbeitet.

Schon in ihren Erinnerungen hat meine Mutter lebhaft beschrieben, wie Geiger während einer gemeinsamen Zugreise nach München gegen Ende des Jahres 1932 sogar angedeutet hat, dass er an eine

---

4   Bernhard Herwig war Professor für Psychologie, Wilhelm Moog war Professor für Philosophie und Pädagogik.

engere Beziehung zu ihr dachte, die sie ihn aber taktvoll abgelehnt hat, so dass das Arbeitsverhältnis ungestört fortgesetzt werden konnte. Das erfolgreiche Weiterarbeiten wird auch im Tagebuch widergespiegelt. Am 12. Januar 1933 gab es sogar eine besonders erfreuliche Nachricht:

> *Geiger kam zu mir, um mir zu sagen, dass ich als seine Assistentin jetzt 60 Mark im Monat verdiene, das war eine große Freude.*

Am 31. Januar wurde, wie schon angedeutet, im Tagebuch nicht erwähnt, dass am vorigen Tag Adolf Hitler zum Kanzler ernannt worden war. Aber:

> *. . . gegen 12 holte ich mein Geld (57,85 Mark) aus der Kasse, war selig, als man mir meine inhaltsschwere Tüte in die Hand drückte.*

Theodor Geiger und meine Mutter fanden immer wieder Zeit, auch andere Themen zu diskutieren. Am 11. Februar 1933 übergab Geiger meiner Mutter das Manuskript seines neuen Buches über Eugenik mit der Bitte, es kritisch zu lesen. Innerhalb von vier Tagen hat sie diesen Auftrag erfüllt, am 15. Februar haben Geiger und meine Mutter beim Mittagessen *"sein Manuskipt über Erbpflege besprochen."* Leider hat meine Mutter Näheres über ihre Meinung zu diesem Manuskript im Tagebuch nicht festgehalten, aber ihre Bereitschaft, ohne Bedenken diese Aufgabe zu unternehmen, ist an sich bezeichnend.

Dass Theodor Geiger ein Buch über Eugenik verfasst hat, ist natürlich bekannt. Dass er seiner jüdischen Studentin und Assistentin Nellie Bruell das Manuskript dieses Buchs gerade zur Zeit der nationalsozialistischen Machtergreifung vorgelegt hat, ist sicher nicht bekannt. Es lohnt sich, vielleicht deshalb etwas über dieses Buch zu sagen.

Theodor Geigers Buch *Erbpflege: Grundlagen, Planung, Grenzen* wurde 1934 veröffentlicht.[5] Zu der Zeit war Geiger selbst nicht mehr in Deutschland, das Buch erschien aber bei dem renomierten deutschen Verlag Enke in Stuttgart. Vom Inhalt her ist es klar, dass das Buch nach Februar 1933 noch erweitert und ergänzt wurde, doch muss das gedruckte Buch mit dem, was Geiger im Februar 1933 meiner Mutter gezeigt hatte, im Wesentlichen übereinstimmen.

Wie viele andere Intellektuelle seiner Generation war Theodor Geiger ein überzeugter Anhänger der Eugenik oder, um das Wort zu benützen, das er selbst vorzog, der Erbpflege. In dem Vorwort machte Geiger eine scharfe Trennung zwischen der *Rassenpflege*, wobei „*innerhalb einer Bevölkerung . . . rassisch verschiedene Erbströme gesondert und in ihrer Geschiedenheit erhalten werden"* sollten und der *Erbpflege*, wobei „*innerhalb einer Bevölkerung, sei sie rassisch-stämmisch gemischt oder einheitlich, . . . der Bestand an leiblich und seelisch gesundem Erbgut gegen Verdrängung durch kranke oder schlechte Erbanlagen geschützt werden"* sollte.

„*Die Rassenpflege"* – so hat Geiger sich vorsichtig im Vorwort dieses im Jahre 1934 in Deutschland veröffentlichten Buches ausgedrückt – „*bewegt die öffentliche Meinung der deutschen Gegenwart außerordentlich stark. Trotzdem wird sie in diesem Buch kaum berührt. Der Verfasser will damit nicht etwa eine ablehnende Stellungnahme zur Rassenpolitik bekunden. Er beschränkt sich auf Erbpolitik, weil das seiner Fachzuständigkeit entspricht."*

Die Hauptthese des Buchs war, dass die sogenannte „positive Eugenik," das heißt der Versuch, die Fortpflanzung der sogenannten „wertvollsten Teile einer Bevölkerung zu befördern," immer misslingen werde, weil die soziale Mischung und die soziale Mobilität in einer modernen Gesellschaft einfach zu groß seien, um bestimmen lassen zu können, wer zum „wertvollsten" Teil einer Bevölkerung eigentlich gehörte. Dagegen aber setzte Geiger sich mit großer Überzeugung für die sogenannte „negative Eugenik" ein, das heißt für den Versuch, „*minderwertiges Erbgut auszumerzen"* (S. 76), die hauptsächlich durch die erzwungene Sterilisierung der „*Träger befundmäßig unbedingt minderwerti-*

---

5   Theodor Geiger, Erbpflege: Grundlagen, Planung, Grenzen. Stuttgart: Ferdinand Enke Verlag, 1934.

gen Erbgutes" (S. 85) erzielt werden sollte. In diesem Zusammenhang hat Geiger das deutsche Steri-lisierungsgesetz vom 14. Juli 1933 als das *"von allen bisher in den verschiedenen Ländern bestehen-den Gesetzen . . . weitaus bestdurchdachte"* (S. 87) gepriesen. Diese Bemerkung über ein Gesetz, das erst Juli 1933 verkündet worden ist, stand selbstverständlich noch nicht in der Fassung seines Buchs, die meine Mutter im Februar 1933 gelesen hatte, sie entspricht aber dem ganzen Gedankengang des Verfassers.

Mit einiger Erleichterung liest man auch Geigers ausdrückliche Erklärung, dass Maßnahmen die-ser Art nur unternommen werden sollten, um die Zahl der *zukünftigen* „Minderwertigen" zu be-schränken:

> *Einmal gezeugtes Leben ist aber, mag es auch minderwertig sein, für die Mitwelt verbindlich. . . . die Menschlichkeit verlangt, dass ärztliche Kunst auch den erblich schwer Defekten heile, wenn sie es vermag; wenn nicht, dass [sie] sein subjektiv-lebenswertes Leben erhalte und dass wir ihn menschlich-brüderlich versorgen. (S. 121)*

Geiger war also, wie viele seiner Zeitgenossen, ein Anhänger der Eugenik. Er war aber auch ein über-zeugter Sozialdemokrat und eifriger Gegner der neuen nationalsozialistischen Regierung. Innerhalb von wenigen Monaten hat Geiger sich entschlossen, Braunschweig zu verlassen und eine Professur an der Universität von Aarhus in Dänemark anzunehmen.

Am 26. September 1933 nahm meine Mutter endgültig Abschied von Professor Geiger und seiner Frau. Zwei Tage später, am 28. September, arbeitete meine Mutter zum letzten Mal in den Räumen der Technischen Hochschule. Der Grund dafür ist selbstverständlich. Als Jüdin war meine Mutter kaum mehr an der Technischen Hochschule Braunschweig erwünscht. Solange ihr Doktorvater noch dort war, ging es einigermaßen – danach aber nicht.

Nach dem 28. September 1933 war meine Mutter offenbar nicht mehr eine Studentin an der Tech-nische Hochschule und hat sie, soweit ich feststellen kann, nie wieder betreten. Die Auswertung der 55 Bänder der Allgemeinen Deutschen Biographie war aber noch nicht fertig. Die Arbeit ging weiter – aber unter anderen Umständen. Von Anfang Oktober bis Anfang Dezember und dann wieder von Anfang Januar 1934 bis Mitte Februar arbeitete meine Mutter fast jeden Vormittag, wie es im Tage-buch heisst, „im Archiv." Damit war eigentlich die Stadtbibliothek gemeint, die sich damals im sel-ben Gebäude wie das Stadtarchiv befand.[6] Am 8. Februar erreichte sie den 55. Band der Allgemeinen Deutschen Biographie, am 13. Februar heißt es: *„Morgens im Archiv gearbeitet und mit meiner gro-ßen Arbeit fertig geworden."* Zu Hause hat sie noch ihre Unterlagen geordnet, dann am 23. Februar mit Hilfe ihrer Mutter die *„Kiste mit dem Karteikasten der ‚Allgemeinen Deutschen Biographie' ge-packt"*, um das Ganze nach Aarhus zu schicken. Den Gedanken, eine Doktorarbeit an der Techni-schen Hochschule zu Braunschweig zu schreiben, hat meine Mutter schon aufgeben müssen. Ihre Hoffnung war nur, dass Geiger selbst die Unterlagen bei seinen Forschungen benützen können würde. Das geschah aber nicht. In Dänemark beschäftigte sich Geiger immer weniger mit Untersuchungen über die deutsche Gesellschaft und immer mehr mit theoretischen Aspekten seines Fachs sowie mit skandinavischen Themen. Theodor Geiger starb 1952, und was aus den 19.000 Karteikarten gewor-den ist, die meine Mutter nach Aarhus geschickt hatte, weiß keiner mehr.

Somit endete die Tätigkeit meiner Mutter als Studentin und Assistentin an der Technischen Hoch-schule Braunschweig. Auch die ursprünglich geplante Karriere als Volksschullehrerin, zu der meine Mutter eigentlich auf Grund der erfolgreich bestandenen Prüfungen berechtigt gewesen wäre, war für sie nun als Jüdin versperrt. Ein bißchen konnte sie dadurch verdienen, indem sie private Englisch-

---

6   Aufgrund des Besucherregisters des Lesesaals der Stadtbibliothek, das heute im Stadtarchiv Braunschweig aufbewahrt wird, kann belegt werden, dass Nellie Bruell, cand. paed., zwischen dem 5. Okt. 1933 und dem 16. Feb. 1934 den Lesesaal wiederholt besucht hat.

stunden gab. Ihre Schüler waren hauptsächlich andere Braunschweiger Juden, die an eine Auswanderung in die USA oder in ein sonstiges englischsprachiges Land dachten.

Aber auch in anderer Hinsicht hat sich das Leben meiner Mutter in dieser Zeit wesentlich verändert, denn am 4. Februar 1933 hatte sie ja den jungen Ordinarius für Mathematik Kurt Otto Friedrichs kennengelernt. Gerne hätte ich auf Grund des Tagebuchs alles darüber erzählt, wie meine Eltern sich ineinander verliebten, und was sie zwischen 1933 und 1937 in Braunschweig erlebten. Die Zeit dafür fehlt. Kurz muss ich aber betonen, wie grundsätzlich ihr Leben sich nach 1935 verändert hat. Bis September 1935 gingen meine Eltern ohne Bedenken zusammen ins Kino und Theater, machten endlose Spaziergänge und Wanderungen in und um Braunschweig und verbrachten ihre Ferien zusammen. Es gab auch unendlich viele Besuche in den gegenseitigen Wohnungen und ständig besuchten sie zusammen Freunde in Braunschweig und sonstwo. Da sie beide in derselben Nachbarschaft wohnten, begegneten sie sich auch oft zufällig auf der Straße – auch jede unerwartete Begegnung hat meine Mutter freudig im Tagebuch erwähnt. Also benahmen sie sich genau wie andere Paare, die sich ineinander verliebt hatten. Unmittelbar nach Verkündigung der Nürnberger Gesetze im September 1935 konnten sie aber es nicht mehr wagen, in der Öffentlichkeit zusammen gesehen zu werden. Sehr vorsichtig hat mein Vater meine Mutter abends in ihrer Wohnung besucht oder machten sie nächtliche Spaziergänge. Ab und zu trafen sie einander bei besonders vertrauten Freunden, vor allem im Hause des Ehepaars Gehlhoff – er war Professor für Volkswirtschaft an der Technischen Hochschule, sie war Bildhauerin. Der Drang zusammen zu sein und die Gespräche über jedes mögliche Thema hörten nie auf. Obwohl meine Mutter nichts von Mathematik verstand, hörte sie auch über dieses Thema gerne zu. Am 16. Mai 1936 hat sie zum Beispiel über einen Besuch von meinem Vater so berichtet: *„Er erzählte mir so schön von seiner neuen Hyperbol Theorie, und wie er daran arbeitet. Es war herrlich für mich zuzuhören."* Auch mussten unendlich viele Gespräche darüber geführt werden, wie man die verschiedenen Hindernisse umgehen konnte, um endlich in Sicherheit auswandern zu können. Im Frühjahr 1937 war es soweit, und meine Eltern haben es gewagt. Separat reisten sie über Frankreich in die Vereinigten Staaten, wo sie endlich heiraten und ihr gemeinsames Leben begründen konnten.

Zum 100. Geburtstag meiner Mutter Nellie Friedrichs, geborene Bruell, habe ich es als meine wichtigste Aufgabe betrachtet, ihre Erlebnisse als Studentin und Assistentin an der Technische Hochschule Braunschweig zu beschreiben und zu würdigen. Obwohl ihre Laufbahn unterbrochen wurde und ihre Pläne zerstört wurden, haben die Erlebnisse meiner Mutter an der Hochschule zwischen April 1929 und September 1934 ihr weiteres Leben in vieler Hinsicht beeinflusst. Trotz allem was nachher geschehen war, war meine Mutter immer dankbar für das, was sie an der Technischen Hochschule erfahren und gelernt hat. Und die Technische Universität Braunschweig mag auch dankbar sein, dass eine ihrer abgestoßenen Töchter noch lebenslang bereit war, ihre Erlebnisse und ihre Leistungen an dieser Hochschule in diesem Geist zu schätzen. Diese Erlebnisse und Leistungen, eben wie diejenigen meines Vaters, sollen auch *wir* heute anerkennen und feiern.

Auguste Herxheimer, Ella Bruell, Nellie Friedrichs: Drei Generationen jüdischer Frauen in Braunschweig, 1894-1938[*]

Christopher R. Friedrichs

Ich danke sehr herzlich für die Einladung, hier in der Synagoge Braunschweig über ein Stück Braunschweiger Geschichte zu reden, und zwar über das Leben dreier jüdischer Frauen, die große Teile ihres Lebens in dieser Stadt verbrachten. Diese drei Frauen – Auguste Herxheimer, geborene Jaffe, Ella Bruell, geborene Herxheimer und Nellie Friedrichs, geborene Bruell – waren meine Urgroßmutter, meine Großmutter und meine Mutter. Was ich heute sagen werde, könnte man als eine Art Familiengeschichte betrachten. Als Historiker weiß man aber, dass alle Formen der Sozialgeschichte und der Alltagsgeschichte eigentlich auf den Erlebnissen und den Geschichten einzelner Personen und Familien beruhen. Was in Deutschland in der ersten Hälfte des 20. Jahrhundert geschah, und was die Juden in Deutschland damals erlebten, wissen doch alle. Aber das Geschichtsbild ist nie stabil und nie endgültig. Was wir über das Schicksal einzelner Personen erfahren, kann auch das, was wir schon wissen, ergänzen oder erweitern oder in manchen Fällen auch verändern. Hoffentlich werden die Lebensgeschichten, die ich hier schildern werde, in diesem Sinne und zu diesem Zweck lehrreich und anregend sein.

Die drei Frauen, deren Leben ich beschreiben möchte – Auguste Herxheimer, ihre Tochter Ella Bruell und deren Tochter Nellie – waren jüdisch. Sie waren nicht besonders fromm, aber alle drei waren enorm stolz darauf, jüdisch zu sein. Ihr Jüdischsein war für alle drei nicht nur wichtig, sondern in vieler Hinsicht lebensbestimmend.

Diese drei jüdischen Frauen waren innig miteinander verbunden. Immerhin gab es aber wichtige Unterschiede zwischen ihnen. Obwohl sie zur selben Familie gehörten und für viele Jahre eine gemeinsame Wohnung hatten, war die soziale Lage dieser drei Frauen keineswegs identisch. Jede hatte, aus Gründen, die ich erklären werde, eine andere Nationalität. Und sie gehörten ja zu drei Generationen. Eigentlich haben sie ganz verschiedene Lebenserfahrungen gehabt.

Auch ihre Beziehungen zu dieser Stadt Braunschweig waren keineswegs einheitlich. Einleitend muss aber betont werden, dass sie keineswegs zu einer Familie alteingessener Braunschweiger Juden gehörten. Die Familie Herxheimer kam erst 1894 nach Braunschweig. Das war aber das übliche. Eigentlich gab es nur wenige Juden in Braunschweig, die auf eine lange Tradition in der Stadt zurückblicken konnten. Die meisten Juden waren in der ersten oder zweiten Generation in Braunschweig. In dem Sinn hatte sicher die damalige jüdische Gemeinde von Braunschweig vieles gemeinsam mit der heutigen Gemeinde.

Meine vier Geschwister und ich sind in der kleinen Stadt New Rochelle, einem Vorort von New York City, aufgewachsen. Wir wussten ja, dass unsere Eltern im Jahre 1937 aus Deutschland, und zwar aus Braunschweig, nach Amerika ausgewandert waren. Unsere Mutter war jüdisch, unser Vater nicht. Als sie einander am 4. Februar 1933 in Braunschweig kennenlernten, war Adolf Hitler eben an die Macht gekommen. Sie verliebten sich bald ineinander, konnten aber im nationalsozialistischen Deutschland nicht heiraten. Mein Vater musste schließlich seine Professur an der Technischen Hochschule aufgeben, um eine neues Leben in Amerika anzufangen. Meine Mutter musste die geliebte Mutter und Großmutter verlassen und ihre ganze Umgebung aufgeben, um meinem Vater nach Amerika zu folgen. Erst dann konnten meine Eltern heiraten und eine Familie gründen. Kurz nachdem

* Vortrag am 4. September 2008 in der Synagoge Braunschweig

meine Mutter Braunschweig verlassen hatte, war ihre geliebte Großmutter Auguste Herxheimer in Braunschweig verstorben. Ein Jahr später kam aber meine Großmutter Ella Bruell auch nach Amerika, und sie gehörte bis zu ihrem Tode im Jahre 1978 zum Kreis unserer Familie in New Rochelle.

Von unserer Mutter Nellie und von unserer Grossmutter Ella hörten wir vieles über Braunschweig, aber was wir hörten, war kaum einheitlich. Für meine Mutter war Braunschweig die wunderschöne Stadt, wo sie ihre glückliche Kindheit und Jugendzeit verbracht hat. Fast alles hatte sie in schönster Erinnerung: die Schule, die Studentenzeit, die Freundschaften, das Kulturleben, die Ausflüge zum Harz, das endlose Hin und Her in einer Stadt, wo praktisch jede Strasse ihr lieb war. Sogar die böse Zeit nach 1933 hat unsere Mutter nie nur negativ beschrieben. Es war ja in dieser Zeit, als sie ihre grosse Liebe, unseren Vater, kennenlernte, und es gab auch viele nichtjüdische Freunde, die in diesen schwierigen Jahren ihr und meinem Vater Hilfe und Beistand geleistet haben.

Für meine Grossmutter war die Erinnerung an Braunschweig ganz anders. Sie schätzte die Freunde und die Verwandten, die sie in Braunschweig hatte, und sie konnte an manche angenehme Erlebnisse denken, aber im Grunde waren ihre Erinnerungen an Braunschweig ständig von Bitterkeit und Enttäuschung durchzogen.

Nach dem Zweiten Weltkrieg kehrte meine Mutter oft nach Braunschweig zurück, um ihre hiesigen Freunde zu besuchen, und sie brachte auch ihre Kinder mit. Meine Großmutter dagegen wollte grundsätzlich Deutschland nie wieder betreten, nur einmal ist sie überhaupt nach Europa zurückgekommen.

Aber warum? Also, zur Familiengeschichte:

Meine Urgrossmutter Auguste wurde 1853 in Hamburg geboren. Ihr Vater war der sehr wohlhabende jüdische Kaufmann Isaac Jaffe. Sie war das elfte und letzte Kind seiner ersten Ehe; bald nach ihrer Geburt starb ihre Mutter. Der Vater hat wieder geheiratet; mit seiner zweiten Frau hatte er noch vier Kinder. Augustes Kindheit war kaum eine glückliche. Der ziemlich souveräne Vater hatte wenig Zeit für sie, mit der Stiefmutter hatte sie kein gutes Verhältnis. Aber mit 23 Jahren heiratete sie, und damit fingen ihre glücklichsten Jahre an.

Ihr Mann war Gotthold Herxheimer, ein Kaufmann. Sein Vater war einer der bekanntesten Rabbiner in Deutschland, Salomon Herxheimer, Landesrabbiner von Anhalt-Bernburg, ein berühmter jüdischer Gelehrter und Erzieher, dessen *Glaubens- und Pflichtenlehre für Israelitische Schulen* in 36 Auflagen erschien. Er gehörte zu der gemäßigten Partei der liberalen Rabbiner. In vieler Hinsicht war er hoch traditionell, doch hat er die Konfirmation für jüdische Mädchen eingeführt.

Der Sohn Gotthold hatte eine kaufmännische Lehre in Deutschland absolviert, nun wohnte er aber in London, wo er die englische Filiale einer deutschjüdischen Firma leitete. Also wurde meine Großmutter Ella im Jahre 1882 nicht in Deutschland, sondern in England geboren. Da erlebte sie eine glückliche Kindheit, bis im Jahre 1894 eine grosse Umstellung stattfand. Der Vater wurde schwer krank, und die Eltern beschlossen, nach Deutschland zurückzukehren, und zwar nach Braunschweig. Sie hatten keine frühere Verbindung zu Braunschweig. Es gab aber zwei Gründe für diese Entscheidung. Erstens – das könnte für manche Braunschweiger interessant sein – hatte diese Stadt den Ruf, ein besonders gutes Klima zu haben, genau das richtige für Leute, die an Lungenkrankeiten litten. Zweitens hatte ein Vetter, Dr. Alfred Sternthal, sich kurz vorher in Braunschweig als Arzt niedergelassen, und es schien ihnen vorteilhaft, in seiner Nähe zu wohnen.

Die Übersiedlung nach Braunschweig war für meine Großmutter Ella eine trauriges Erlebnis. Sie fühlte sich in Deutschland nicht zu Hause. Die Schule – die Höhere Töchterschule, die jetzt Gymnasium Kleine Burg heißt – hat sie nicht genossen. Der Vater wurde immer kränker, und schließlich starb er. Meine Großmutter und ihre Schwester waren bald danach mit der Schule fertig. Aber was nun?

Die verwitwete Mutter Auguste Herxheimer hatte keine Geldsorgen. Ihr reicher Vater hat jedem seiner fünfzehn Kinder ein Vermögen von 100.000 Mark vermacht, von dem Einkommen konnte man gut leben. Aber die zwei Töchter hatten Talente, die weiterentwickelt werden sollten. Ella interessierte sich eifrig für die Musik, die Schwester Dora für die Bildhauerei. Also entschloss sich die Mutter, mit den Töchtern in die große Kulturhauptstadt Dresden zu ziehen. Dort fing meine Großmutter Ella gleich an, bei der berühmten Pianistin Laura Rappoldi zu studieren. Für einige Jahren war sie dort zufrieden und glücklich, dann gab es aber eine neue Krise. Als sie etwa 25 Jahre alt war, tauchte die Frage auf, was sollte sie jetzt tun? Für Ella war es selbstverständlich, dass sie nun Klavierlehrerin werden sollte. Eine Tante aber, die viel Einfluß auf die Mutter hatte, hat das strikt verboten. Musikstunden sollten nur arme junge Frauen geben, um sich zu ernähren. Wenn eine junge Frau aus wohlhabender Familie Unterricht gab, nahm sie denen die Arbeit weg, die das Einkommen wirklich brauchten. Meine Großmutter war tief enttäuscht. Was sollte sie nun machen?

Ein Retter tauchte auf. Er hieß Emil Bruell. An sich war er ein deutscher Jude, er lebte aber schon seit Jahrzehnten in Frankreich, in Lyon, wo er eine Seidenfirma leitete. Nun wollte er endlich heiraten, und zwar wollte er seine Braut aus Deutschland holen. Er lernte meine Grossmutter kennen, machte ihr einen Heiratsantrag, sie sagte zu, und innerhalb von Wochen war sie als seine Braut nach Lyon unterwegs. Etwa ein Jahr nach der Eheschließung, am 3. September 1908, wurde meine Mutter Nellie Hortense Bruell in Lyon geboren.

Allerdings war die Ehe unglücklich. Zwischen meinem welterfahrenen Grossvater und seiner viel jüngeren und ziemlich naiven Frau gab es kein wirkliches Verständnis. Nach einigen Jahren fasste meine Großmutter den für damals recht tapferen Entschluss, ihren Mann zu verlassen und mit ihrer Tochter zu ihrer Mutter zurückzukehren. Und das hiess, nach Braunschweig zu kommen.

Die Mutter Auguste Herxheimer war inzwischen von Dresden nach Braunschweig zurückgekommen, da die Stadt ihr besser als Dresden gefiel. Sie hatte eine grosse Wohnung in der Wilhelm-Bode-Strasse. Die nun alleinstehende Tochter Ella Bruell mit Töchterchen Nellie zog in eine ähnlich grosse Wohnung im selben Gebäude ein. Also wurde meine Mutter mit drei Jahren zu einer Braunschweigerin, allerdings immer noch mit französischer Staatsangehörigkeit.

Meine Mutter wuchs in der Wilhelm-Bode-Strasse auf. Sie wurde streng, aber liebevoll von der Mutter Ella und Grossmutter Auguste erzogen, ging in die Schule – dieselbe Schule, die ihre Mutter früher besucht hatte – schloss Freundschaften und spielte stundenlang im Stadtpark. Sie hat Lyon vergessen und kannte keine andere Welt.

Für meine Großmutter war alles ganz anders. Ihre Mutter Auguste Herxheimer hat bewusst Braunschweig als Wohnort gewählt. Für Ella Bruell war Braunschweig nur ein Zufluchtsort. Sie musste nun aber irgendeine Tätigkeit finden. Da sie fliessend englisch und französisch sprach, hat sie sich entschlossen, private Sprachstunden anzubieten. Das hat sie mit Vergnügen gemacht. Auch war die Musik für sie noch wichtig – stundenlang spielte sie Klavier. Doch war ihr Leben nicht wirklich glücklich. Als geschiedene Frau fühlte sie sich in der damaligen Gesellschaft irgendwie entehrt. Sie hat sich ständig bemüht, ein tadelloses Leben zu führen, es durfte keinen Makel geben. Sie wagte es nie, eine Freundschaft zu einem neuen Mann aufzunehmen.

Dann fing der Erste Weltkrieg an. Es war für alle eine schwierige Zeit, doch für meine Mutter gab es einen kleinen Vorteil. Bis jetzt hat sie sich immer ein bißchen deswegen geschämt, dass sie einen Vater hatte, der in einem anderen Land wohnte und den sie kaum kannte. Nun aber wenn die Kinder fragten, „Nellie, wo ist denn dein Vater?", konnte sie ruhig antworten: „Mein Vater ist in Frankreich." Damals hatten doch die meisten Braunschweiger Kinder einen Vater, der in Frankreich war. Weitere Fragen wurden nicht gestellt.

Für meine Großmutter Ella aber brachte der Krieg nur mehr Scham und Entfremdung. Ihre Mutter Auguste war ja in Hamburg geboren, galt also als deutsch. Ella Bruell war aber gebürtige Engländerin und gleichzeitig durch ihre Ehe französische Staatsangehörige geworden. Sie wurde deshalb als feindliche Ausländerin betrachtet. Vier Jahre lang durfte sie nach Einbruch der Dunkelheit ihre Wohnung nicht verlassen, und jeden zweiten Tag musste sie sich bei der Polizei melden. Unter solchen Umständen fühlt man sich kaum zu Hause.

Nach dem Krieg, oder eher nach den Wirren der unmittelbaren Nachkriegszeit, ging es deutlich besser. Als Sprachlehrerin war meine Großmutter vielfach beschäftigt, die Tochter ging freudig in die Schule, die Mutter wohnte ruhig und bequem als wohlhabende Witwe in ihrer eigenen Wohnung. Dann aber war eine neue Krise eingetreten, und zwar wirtschaftlicher Art. In den Jahren 1922-1923 gab es die grosse deutsche Inflation. Für Auguste Herxheimer war die Inflation eine Katastrophe. Ihr Vermögen von 100.000 Mark, das ihr lebenslang ein wohlhabendes Leben sichern sollte, war plötzlich verschwunden. Sie war mit 70 Jahren unerwartet mittellos geworden. Es gab nur eine Lösung. Ihre schöne Wohnung im obersten Stock des Wohnhauses in der Wilhelm-Bode-Straße musste sie aufgeben, und sie zog bei der Tochter ein. Auguste Herxheimer hatte ein sanftmütiges Temperament, und diese Wandlung ihrer Lebensumstände hat sie ruhig akzeptiert. Für Ella war es aber ganz anders. Es gab zwei Schlafzimmer in der Wohnung. Die geliebte Tochter Nellie sollte natürlich ihr schönes Zimmer nicht verlieren, die eben so geliebte Mutter Auguste sollte auch ein nettes Schlafzimmer haben, die zwei sorgfältig eingerichteten Wohnstuben sollten auch nicht angetastet werden. Ella Bruell stellte also ihr Bett in einen kleinen Abstellraum ein, der ihr nun für die nächsten fünfzehn Jahre als Schlafzimmer diente.

Und so wohnten diese drei Frauen zusammen in der Wilhelm-Bode-Strasse. Sie liebten einander innig, aber sie erfuhren das Leben ganz anders. Die feine, sanfte, von allen Bekannten verehrte Mutter Auguste, die lebendige und lebensfreudige Tochter Nellie – für die beiden sorgte Ella in rührender Weise. Sie war tatkräftig, klug, entscheidungsfähig – aber den Hauch von Bitterkeit konnte sie nie völlig verstecken.

Sie waren jüdisch. Was bedeutete das aber für diese drei Frauen? Das Andenken an den berühmten Rabbiner Herxheimer spielte im Selbstverständnis der Familie eine sehr wichtige Rolle. Sein Bildnis – ein schönes Ölgemälde im goldgefärbten Rahmen, das übrigens jetzt bei mir in Vancouver hängt – hing an dem Ehrenplatz in der besten Stube. Natürlich waren sie als Mitglieder der jüdischen Gemeinde eingeschrieben. Auguste besuchte bei den wichtigsten Festen und Feierlichkeiten die Synagoge, Nellie hat ihre Grossmutter oft begleitet. Ella blieb eher zu Hause.

Mehr als die Mutter Ella hat die Grossmutter Auguste dafür gesorgt, dass Nellie den wöchentlichen Religionsunterricht besuchte. Um 1924 hat Nellie das Alter erreicht, wo man konfirmiert wurde. Ihr Urgroßvater Rabbiner Herxheimer hatte ja die Konfirmation für jüdische Mädchen eingeführt, natürlich sollte Nellie konfirmiert werden. Also gehörte sie zu den sechs Mädchen ihres Jahrgangs, die zu Konfirmationsstunden bei dem damaligen Rabbiner von Braunschweig, Dr. Hugo Schiff, gingen. Nach der Konfirmation machte Frau Schiff mit den Konfirmandinnen eine schöne Bergwanderung. Leider konnte Nellie in letzter Minute aus irgendeinem Grund nicht daran teilnehmen, ein Photo von dem Ausflug hat sie immerhin sorgfältig aufbewahrt.

Doch spielte in diesen Jahren für meine Mutter die jüdische Religion nur eine begrenzte Rolle. Die meisten Freunde und Freundinnen waren nicht jüdisch. Alles wofür sie sich wirklich begeistert hat – die Bücher die sie las, die Aufführungen im Braunschweigischen Landestheater, die Konzerte und so weiter – hatten an sich keinen jüdischen Inhalt.

Gegen Ende ihrer Schulzeit, im Alter von sechzehn Jahren, fing meine Mutter an, ein Tagebuch zu führen. Das machen natürlich viele Mädchen in dem Alter, mindestens für eine gewisse Zeit. Meine Mutter hat aber nie aufgehört. Das Tagebuch führte sie, mit täglichen Einträgen von oft erstaunlicher Vollständigkeit, ununterbrochen fast siebzig Jahre lang. Erst sechs Wochen vor ihrem Tode im Jahre

1994 gab sie das Tagebuch auf. Dieses Tagebuch habe ich geerbt, und sein Inhalt ist auch eine wichtige Quelle für das, was ich heute beschreibe.

Im Jahre 1928 machte meine Mutter das Abitur, ein Jahr später immatrikulierte sie sich an der Technischen Hochschule Braunschweig. Ihr Plan war, die Ausbildung zur Volksschullehrerin zu machen. Sie studierte Pädagogik, Psychologie, Philosophie, Literatur, Soziologie und sonstige Fächer und genoss ihr Studium sehr. Sie bekam Aufträge als wissenschaftliche Assistentin, erst bei Professor August Riekel, dann bei ihrem voraussichtlichen Doktorvater Theodor Geiger. In den Ferien machte meine Mutter viele Reisen, hauptsächlich um Verwandte in Deutschland zu besuchen, aber auch nach Frankreich und in die Tschechei.

Das Aufkommen des Nationalsozialismus und das Eindringen der Nationalsozialisten schon vor 1933 in die Landesregierung Braunschweig hat man mit Sorge beobachtet, doch bis 1933 war es keiner dieser drei Frauen eingefallen, dass die Politik irgendwie die Grundlagen ihrer Leben verändern könnte. Erst nach der Machtergreifung im Januar 1933 und vor allem nach den Reichstagswahlen im März desselben Jahres wurde es plötzlich klar, dass eine große Veränderung begonnen hatte.

Es war aber auch gerade in dieser Zeit, als meine Mutter ihren zukünftigen Mann, meinen Vater Kurt Otto Friedrichs, kennenlernte. Bald erschien der junge Professor der Mathematik regelmäßig als willkommener Gast in der Wohnung an der Wilhelm-Bode-Straße. In den Anfangsjahren des Dritten Reichs hatten meine Eltern auch keine Hemmungen, zusammen ins Theater oder ins Kino zu gehen, in Restaurants zusammen zu essen und miteinander endlose Spaziergänge und Wanderungen zu machen. Auch gemeinsame Ferienreisen unternahmen Nellie und Kurt – sie hatten separate Zimmer, was damals selbstverständlich war, aber sonst verbrachten sie die Ferientage stundenlang zusammen.

Doch gab es allmählich Veränderungen. Die Laufbahn meiner Mutter als Studentin und Assistentin an der Technischen Hochschule musste sie im Herbst 1933 aufgeben. Ihr verehrter Doktorvater, der große Soziologe Theodor Geiger, hatte als eifriger Nazi-Gegner seine Professur aufgegeben und war nach Dänemark gezogen. Danach blieb meine Mutter der Technischen Hochschule fern. Als Jüdin war sie dort unerwünscht

Die Zusammenkünfte und das Zusammensein mit meinem Vater gingen bis zum Sommer 1935 ungestört weiter. Gleichzeitig fing aber das tägliche Leben meiner Mutter an, sich in einer wichtigen Form zu verändern. Man könnte sagen, dass ihr Leben in dieser Zeit immer mehr jüdisch gewesen ist.

Das muss nicht übertrieben werden. Die meisten Freunde und Freundinnen meiner Mutter vor 1933 waren nicht Juden. Diese Freunde blieben, mit den wenigsten Ausnahmen, auch nach 1933 meiner Mutter treu, und und sie war viel mit ihnen zusammen. Immerhin ist es ihr immer klarer geworden, dass der geplante, man könnte fast sagen, der ersehnte Beruf als Volksschullehrerin für sie nicht mehr offen war. Nur als Lehrerin oder Aufseherin jüdischer Kinder konnte sie noch Aussichten haben. Jüdische Kinder wurden immer mehr von öffentlichen Einrichtungen ausgeschlossen, und manche neue Spiel- und Lerngelegenheiten sollten innerhalb der jüdischen Gemeinden für sie eingerichtet werden. Immerhin waren die Berufsmöglichkeiten für eine jüdische Lehrerin sehr gering.

Mitte 1934 fing meine Mutter an, Arbeit dieser Art zu suchen. Es gab lange Beratungen mit führenden Personen in der jüdischen Gemeinde. Auch auswärts suchte meine Mutter Arbeit – sie reiste zum Beispiel nach Hildesheim, um dort Arbeit in der jüdischen Gemeinde aufzunehmen. Im Oktober 1934 bekam sie den Auftrag, einmal die Woche einen Spielnachmittag für jüdische Kinder in Braunschweig zu leiten, das hörte aber schon nach sechs Monaten auf. Inzwischen aber hat meine Mutter eine aussichtsreichere Tätigkeit entdeckt. Viele Juden in Braunschweig dachten jetzt an die Auswanderung, vornehmlich in englischsprachige Länder wie etwa die Vereinigten Staaten oder Südafrika oder England. Als Tochter einer Mutter, die in England geboren war, sprach meine Mutter selbst gut Englisch, und fing an, private Sprachstunden anzubieten. Dadurch hatte meine Mutter Kontakt mit vielen jüdischen Familien, die sie vorher kaum kannte. Aber die Kontakte waren immer nur für eine begrenzte Zeit. Bei jeder Familie war es immer dasselbe: nach einiger Zeit gab es endlich die letzte Englischstunde vor der Auswanderung, dann noch einen Abschiedsbesuch, dann zog die Familie weg.

In dieser Zeit hatte meine Mutter auch zunehmenden Kontakt mit dem damaligen Rabbiner von Braunschweig, Dr. Eugen Gaertner. Seit April 1930 war Dr. Gaertner der Landesrabbiner und Gemeinderabbiner von Braunschweig, meine Mutter hatte damals mit ihrer Grossmutter Auguste der Einführungsfeier in der Synagoge beigewohnt. Am 5. Juni 1934, laut Tagebuch, besuchte meine Mutter zum ersten Mal in Zusammenhang mit der Arbeitssuche den Rabbiner, *„der mir Zeugnisse beglaubigte und mir auch sonst beruflich sehr nett geraten hat."* Danach gab es viele Begegnungen und Besprechungen. Auch Rabbiner Gaertner dachte an die Emigration, die auch später geschah, und meine Mutter fing an, seiner Frau sowie dem Sohn und der Tochter Englischstunden anzubieten. Es gab auch gelegentlich Einladungen bei dem Rabbiner und seiner Familie zum Abendessen.

Ab 1936 gab es in Braunschweig einen Zweig des jüdischen Kulturbundes, der für ein jüdisches Publikum musikalische und literarische Aufführungen von jüdischen Künstlern anbot. Zwar durften zu dieser Zeit Juden noch in das Theater oder das Kino gehen, das Problem war eher, dass jüdische Musiker und Schauspieler nicht vor Ariern spielen durften. Durch den Kulturbund konnten sie etwas Geld verdienen. Eine Reihe Veranstaltungen dieser Art wurden in Braunschweig angeboten, und meine Mutter hat nicht nur jede Aufführung besucht, sondern auch in ihrem Tagebuch mit echter Begeisterung über die Darstellungen dieser hochbegabten Künstler berichtet.

Gleichzeitig fing meine Mutter aber an, selbst an die Emigration zu denken. Nach der Verkündigung der Nürnberger Gesetze im September 1935 war ja der Kontakt mit meinem arischen Vater illegal geworden. Nur ganz heimlich – abends zu Besuch in ihrer Wohnung oder auf nächtlichen Spaziergängen – haben meine Eltern es gewagt, miteinander zusammen zu sein. Sie entschlossen sich zu versuchen, nach Amerika auszuwandern. Das war aber nicht so einfach. Eine sichere Arbeitsmöglichkeit für meinen Vater gab es da nicht, ein Einwanderungsvisum zu erhalten war ganz schwierig. Meinem Vater wurde auch nach einem ersten Besuch in Amerika verboten, Deutschland wieder zu verlassen. Nur mit größter Mühe gelang es meinen beiden Eltern, im Frühjahr 1937 das Land zu verlassen. Meine Mutter reiste zuerst nach Frankreich – als gebürtige Französin war sie ja dazu berechtigt. Es dauerte noch viele Monate, bis sie dann weiter nach New York reisen konnte, wo mein Vater sie erwartete. Nun endlich konnten meine Eltern heiraten, und das haben sie im August 1937 gemacht.

Meine Mutter ließ ihre geliebte Mutter und Grossmutter in Braunschweig zurück. Die Lage war für diese zwei Frauen kompliziert. Ella Bruell war gebürtige Engländerin, an sich hatte sie das Recht, nach England zurückzukehren. Das betraf aber nicht ihre Mutter Auguste. Als mittellos gewordene jüdische Frau, die in Deutschland geboren war, hatte sie keine Berechtigung, in ein anderes Land auszuwandern, und es hätte sie vermutlich auch kein Land aufgenommen. Hätte sie länger gelebt, wäre sie vermutlich während des Zweiten Weltkriegs noch als uralte Frau nach Theresienstadt verschleppt worden, und wir wissen, dass von da aus die meisten Insassen weiter zu den Gaskammern in Auschwitz geschickt worden sind. Die Tochter Ella hätte ihre Mutter auch nie verlassen, vermutlich wäre sie ebenfalls umgebracht worden. Das aber passierte nicht. Schon zur Zeit der Abreise meiner Mutter im März 1937 war Auguste Herxheimer ziemlich krank. Am 1. Mai desselben Jahres starb sie im Alter von 83 Jahren in der Wohnung in der Wilhelm-Bode-Strasse.

Nun war Ella Bruell aber ganz allein. Die Tochter war weg, die Mutter war tot. Die engsten jüdischen Freunde und Verwandte waren schon ausgewandert. Sie hatte das Recht, nach England zu ziehen, sie war aber seit vierzig Jahren nicht da gewesen und hatte dort keine Kontakte. Als erstes entschloss sie sich, die nun viel zu große Wohnung auf der Wilhelm-Bode-Straße aufzugeben und in einem Hotel zu wohnen, bis sie entscheiden konnte, was sie tun sollte. Ihre Möbel musste sie verkaufen, darunter den geliebten Flügel, auf dem sie seit vierzig Jahren gespielt hatte. Das Geld, das sie bekam, war viel weniger, als die Sachen wert waren – die Tatsache, dass die Verkäuferin jüdisch war, haben die Käufer offensichtlich ausgenützt.

Allerdings hätte sie sowieso mit Geld nicht viel anfangen können. Wer emigrierte, durfte Gegenstände mitnehmen, Geld aber nicht. Die Polizei war auf sie aufmerksam geworden, ihr wurde die Absicht zugeschrieben, Geld hinausschmuggeln zu wollen. Es gab Verhöre. In dem Hotel, wo sie wohnte, wurde sie eines Tages von einem Geheimpolizisten plötzlich abgeholt und musste ihm ohne jede Vorbereitung oder jeden Beistand zum Verhör folgen. Sie fühlte sich in großer Gefahr. Sie fürchtete, dass sie verhaftet werden würde. Diese Aufregungen führten zu Angstanfällen und dann auch zu einer schweren Depression mit Nahrungsverweigerung, die ernste Herzleiden auslöste. Nur die Hilfe eines der wenigen noch in Braunschweig vorhandenen jüdischen Ärzte, Dr. Heinz Meyer, hat ihr das Leben gerettet. Allein im Hotel, wo sie als Jüdin auch ein kaum willkommener Gast war, versuchte sie verzweifelt sich eine Zukunft vorzustellen. Den Gedanken, nach dem fremd gewordenen England zu gehen, gab sie auf. Schließlich entschloss sie sich zu versuchen, zu der Tochter in Amerika zu reisen. Es dauerte Monate, bevor sie die notwendigen Papiere sammeln konnte, um das zu ermöglichen. Im Herbst 1938 verließ sie Braunschweig, um über Frankreich nach New York zu reisen. Kleine Gegenstände durfte sie mitnehmen oder in die USA schicken, wovon allerdings einige unterwegs unter ungeklärten Umständen verlorengingen. Geld hatte sie nicht dabei. Sie kam mittellos in Amerika an, fand aber langsam Arbeit als Sprachlehrerin. Sie lebte noch vierzig Jahren in Amerika und wurde auch für ihre fünf Enkelkinder eine geliebte Großmutter. Doch von Depressionen und Angstanfällen war sie nie völlig befreit.

Traurig für meine Großmutter war auch, dass die Musik aus ihrem Leben verschwand. Nachdem sie ihren eigenen Flügel aufgegeben hat, hat sie nie wieder ein Klavier angetastet. Und sie hörte in Amerika nur selten Musik. Irgendwie war für sie die Freude an Musik verlorengegangen. Auch das haben die Nazis ihr angetan.

In dieser jammervollen Weise endete also im Jahre 1938 die Anwesenheit der letzten dieser drei Frauen in Braunschweig. Was lehrt uns aber diese ganze Geschichte? Vielleicht nur dies: diese drei Frauen waren jüdisch, was sie aber in dieser Stadt erlebten, hatte nicht nur damit zu tun. Vieles wurde ja von ganz anderen Faktoren bestimmt. Erst ab 1933 wurde diese Facette ihrer Identität die allein bestimmende. Meine Mutter und meine Grossmutter wurden zur Emigration gezwungen. Für meine Urgroßmutter Auguste kam die Emigration nicht in Frage. Nur die Gnade eines rechtzeitigen Ablebens hat ihr ein viel schlimmeres Ende erspart.

Dass meine Großmutter Braunschweig für immer verlassen hatte, hat sie nie bereut. Nach dem, was sie in ihren letzten Monaten in Braunschweig erlebt hatte, wollte sie die Stadt oder überhaupt Deutschland nie wieder sehen. Im Jahre 1938 hatte meine Mutter sicher auch geglaubt, dass sie ihre Heimatstadt nie wieder sehen würde. Nazideutschland hätte sie ja nie wieder betreten. Aber das tausendjährige Reich brach 1945 zusammen. Nach dem Kriegsende versuchte meine Mutter langsam, die Kontakte mit den alten Braunschweiger Freunden wieder aufzunehmen – vor allem wollte sie den Freunden danken, die in den schwierigen Jahren nach 1933 ihr und meinem Vater Hilfe geleistet hatten. 1952 gab es zum ersten Mal die Möglichkeit, die Stadt wieder zu besuchen, was sie gerne tat. Wir Kinder kamen auch mit. Im Laufe ihres Lebens hat sie dann etwa zwanzig Mal die Stadt Braunschweig wieder besucht. Im Jahre 1980 erschienen als Veröffentlichung des Stadtarchivs Braunschweig ihre *Erinnerungen aus meinem Leben in Braunschweig, 1912-1937*. 1989 war ich dabei, als meine Mutter im Altstadtrathaus die Bürgermedaille der Stadt Braunschweig erhielt. Im Jahre 1996, weniger als zwei Jahre nach ihrem Tode in New Rochelle, wurde eine neue Straße im Stadtteil Broitzem nach meiner Mutter benannt. Die Stadt Braunschweig hat damit gezeigt, dass die vergangene jüdische Geschichte dieser Stadt nicht vergessen werden soll.

Aber die jüdische Geschichte hat nie nur eine Vergangenheit, sie hat immer auch eine Zukunft. Das Judentum ist eine sehr geschichtsverbundene Religion, aber man darf nie nur rückblickend sein. Die alte jüdische Gemeinde von Braunschweig verschwand in den Jahren zwischen 1933 und 1945, unter Umständen, die für diejenigen Juden, die nach 1938 in der Stadt blieben, immer furchtbarer wurden. Es ist aber zu begrüßen, dass in den letzten sechzig Jahren eine ganz neue jüdische Gemeinde in dieser alten Stadt entstanden ist. Nur wenig verbindet diese neue Gemeinde mit der alten. Es gibt neue Menschen und neue Bräuche. Es ist für mich als Nachkommen der alten jüdischen Welt von Braunschweig ein rührendes Erlebnis, als Gast der neuen jüdischen Gemeinde Braunschweig in ihrer neuen Synagoge zu stehen. Zum Schluss möchte ich also die Hoffnung äußern, dass die jetzige jüdische Gemeinde zu Braunschweig eine glückliche und glänzende Zukunft in dem multikulturellen Deutschland des 21. Jahrhunderts erleben wird.

Auguste Herxheimer und Ella Bruell um 1932

Nellie Bruell um 1930

Um die Paulikirche herum:
Wo Nellie Bruell, K.O. Friedrichs und andere Beteiligte wohnten

Ernst-August Roloff

Die Ehre, das Kolloquium zur Erinnerung an Kurt Otto und Nellie Friedrichs eröffnen zu dürfen, verdanke ich dem Umstande, dass ich als der vermutlich älteste der hier anwesenden Akteure den Anspruch erheben kann, die beiden zu Ehrenden als erster gekannt zu haben, früher sogar, als diese sich kennen lernten, Nellie noch Bruell hieß und an der 8. Abteilung der Technischen Hochschule studierte, Kurt Otto Friedrichs an die Technische Hochschule berufen wurde und in das Haus einzog, in dem seiner Zeit meine Familie wohnte, als ich, gerade eingeschult, sechs Jahre alt war; mit anderen Worten: die beiden kannten m i c h , der Professor aus dem Hause und Nellie, die Studentin, von der Hochschule, die dieser zunächst (1932) nur vom Sehen kannte, genauer von der Strasse, über die sie auf dem Wege von oder zu ihrer Arbeitsstätte ging.

Sie waren unsere Nachbarn im Wohnquartier um die Paulikirche, einem Mikrokosmos der bürgerlichen Gesellschaft und des akademischen Milieus in Braunschweig, das damals noch bekannte und bedeutende Juden selbstverständlich einschloss.

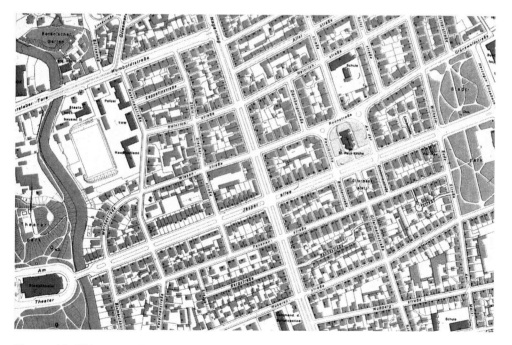

Plangrundriss Wohnquartier Kaiser-Wilhelm-Strasse

Seit etwa 1900 erweiterte sich dieses großbürgerliche Wohnquartier um die 1906 eingeweihte Paulikirche herum mit dem ca. 1 1/2 ha großen Viereck: An der Paulikirche (4-7) / Kaiser-Wilhelm-Str. (36-42) / Wilhelm-Bode-Str. (7-14) / Roonstr. mit dem „Blinddarm" Lützowstraße in der Mitte.

Um die Wende vom 19. zum 20. Jahrhundert, zwischen 1890 und 1912, entstand nach den Plänen des damaligen Stadtbaurats Ludwig Winter zwischen dem östlichen Umflutgraben am Museums- und Theaterpark und dem Stadtpark ein städtebaulich völlig neuartiges Wohnquartier für die neue großbürgerliche Oberschicht der modernen Industrie-, Verwaltungs- und Dienstleistungsmetropole Braunschweig, die 1890 die Einwohnerzahl von 100 000 und bis zum Beginn des 1. Weltkrieges von rund 150 000 erreichte.

Auf und beiderseits der Zentralachse vom Theater bis zum Stadtpark, der heutigen Jasperallee, damals Kaiser-Wilhelm-Straße, entstanden zunächst im vormaligen Herzoglichen Küchengarten bis zum Hagen-/Altewiekring herrschaftliche Reihenhausvillen und moderne komfortable Etagen-Mietwohnungen, die alsbald von typischen Repräsentanten des neuen Wirtschafts- und Bildungsbürgertums bewohnt wurden: Unternehmern, Kaufleuten bzw. Rentiers, Offizieren der benachbarten 17er Husaren und 92er Infanteristen, darunter viele Adlige mit bekannten Namen, zunehmend Akademiker: Höhere Beamte aus Justiz, Regierung und Bildungswesen (Gymnasien und Technische Hochschule), Ärzte, Rechtsanwälte, Medizinal-, Kommerzien- und andere Räte. In das gerade erst fertig gestellte Haus Wilhelm-Bode-Straße 11 zog im Jahre 1912 die damals vierjährige Nellie Bruell mit ihrer Mutter ein, deren Mutter bereits dort wohnte. Das war das Nest, in dem sie bis zu ihrer Emigration 1937, also 25 Jahre lang, zu Hause war.

Luftbild und Plan: zwischen Paulikirche und Stadtpark

Ich habe die Geschichte und das soziale Profil dieses Wohnviertels in meinem Buch „100 Jahre Bürgertum in Braunschweig. Von der Jasperallee zur Kaiser-Wilhelm-Straße" (1985) beschrieben und dieses Nellie Friedrichs nach einer persönlichen Begegnung in Braunschweig ein Jahr später zugeschickt, worauf ich folgende Antwort erhielt:

Sehr geehrter Herr Professor Roloff,   *New Rochelle NY, 5. Febr. 1986*

vor wenigen Tagen erhielt ich Ihr Buch „Von der Jasperallee zur Kaiser-Wilhelm-Straße". Fast jeder im Personenverzeichnis genannte Name ist mir geläufig, vor allem aber kannte ich jedes Haus auf der Kaiser-Wilhelm-Straße nachdem dies dreizehn Jahre, von der 10. Klasse bis zum Abitur, mein täglicher Schulweg war und ich später noch zur Hochschule meistens diese Strecke wählte. Unzählige Erinnerungen verknüpfen sich mit dieser Straße und nicht zuletzt war es auf dem so genannten Mittelweg, wo mein zukünftiger Mann, wie er mir später erzählte, mich zuerst „entdeckt" hatte, als er auf dem Wege von der Hochschule und ich mit einer Gruppe von Freundinnen auf dem Wege dorthin, mir begegnete. Ich könnte Seiten damit füllen, was diese Straße mir bedeutete. Mich rührt und macht mich glücklich, mehr als ich auszudrücken vermag – auch im Interesse unserer Kinder – was Sie in ein paar Sätzen über meinen Mann und somit auch über mich geschrieben haben. Dank dafür, dass Sie dieses Buch geschrieben haben, es ist wie ein Teil meines Lebens.

Wilhelm-Bode-Str. 11

Sehen wir uns dieses Viertel näher an, unter dem Mikroskop, und einige der Menschen, die dort ebenfalls zu Hause waren in den Jahren, in denen Nellie Bruell erwachsen wurde und die politischen und sozialen Verhältnisse sich radikal änderten, mit anderen Worten: Die Nationalsozialisten die Macht an sich rissen.

Wir schreiben das Jahr 1927. Im Freistaat Braunschweig gehen drei Jahre einer bürgerlichen Mitte-Rechts-Regierung unter den Ministern Gerhard Marquordt (Deutsche Volkspartei), Hanns Lieff und Werner Küchenthal (Deutschnationale Volkspartei) sowie dem einflussreichen deutschnationalen Fraktionsvorsitzenden Ernst August Roloff zu Ende, nachdem der Landtag zum 1. April 1927 das schon 1924 beschlossene Gesetz über die akademische Lehrerbildung an der Technischen Hochschule in Kraft gesetzt hatte. Am 14. Dezember erhält das Land eine reine SPD-Regierung mit Heinrich Jasper als Ministerpräsidenten und den Ministern Gustav Steinbrecher und Hans Sievers, der als Kultusminister maßgeblich vor allem in der neuen 8. Abteilung der Technischen Hochschule (Lehrerbildung) auch in der Personalpolitik einen reformpädagogischen Kurs steuert, unter anderem durch die Berufung des Pädagogikprofessors August Riekel für die neue Lehrerbildung, die Ernennung von 20 meist sozialdemokratischen Schulräten sowie eine große Zahl von Gesetzen, Verordnungen und Erlassen, die den Zorn der bürgerlichen Opposition ständig schüren.

Auch in der Stadt Braunschweig treten nach Stadtverordnetenwahlen Anfang 1928 sozialdemokratische Tendenzen stärker in Erscheinung, nach außen signalisiert durch Umbenennung von Straßen zum nicht geringen Missfallen der bürgerlich konservativen Bevölkerung: die Herzogin-Elisabeth-Straße wird zur Friedrich-Ebert-Straße, die Husaren- zur Bebelstraße, die Voigts-Rhetz- zur Karl-Marx-Straße, die Rosen- zur Liebknecht-, die Marien- zur Lassallestraße und Nellie Bruell wohnt nun nicht mehr in der Wilhelm-Bode-, sondern in der Bodestraße, von der aus sie jetzt nicht mehr täglich durch die Kaiser-Wilhelm-Straße, sondern durch die Friedensallee zum Oberlyzeum „Kleine Burg" geht.

Tab. 1 Zeitabläufe (1)

	Allgemeine Politik	**Nellie Bruell**
1927	SPD-Landesregierung	
1928	Umbennung von Straßen	Abitur am Oberlyzeum
1929		Beginn des Studiums an der TH BS (8. Abt.) am 25. April 1929
1930	Beginn der Regierung BEL / NSDAP	
1931	Erste „Personalbereinigungen", auch an der TH BS (Rieckel u.a.)	
1932	Hochschulkonflikte: Senat *vs.* NSDAP	Examen und Paris-Aufenthalt Oktober: Assistentin von Theodor Geiger

Aber Nellie Bruell geht diesen Weg nicht mehr lange. Sie macht im Frühjahr 1928 das Abitur und beginnt im Sommersemester 1929 ihr Studium an der neuen 8. Abteilung der Technischen Hochschule, deren Institute im früheren herzoglichen Residenzschloss untergebracht sind. Zu ihren akademischen Lehrern gehören nun die neuen Professoren August Riekel, Ernst August Roloff, Karl Hoppe, Wilhelm Gehlhoff und vor allem der schon damals bekannte und renommierte Soziologe Theodor Geiger, der sie nach ihrem Examen 1932 zu seiner Assistentin macht.

Während dieser vier Jahre ihres Studiums ändern sich die politischen Verhältnisse im Lande Braunschweig mit ungestümer Schnelligkeit und Radikalität: Die forsche und rigide Politik der Sozialdemokraten fügt die untereinander oft zerstrittenen bürgerlichen Parteien zur Landtagswahl 1930 zu einer „Bürgerlichen Einheitsliste" (BEL) unter Führung des Deutschnationalen Ernst August Roloff zusammen, die elf von 40 Mandaten erreicht. Aber ein erheblicher Teil des Braunschweiger Bürgertums wählt nun gleich die Partei, die nicht nur harte Opposition gegen alle Marxisten, sondern deren totale Vernichtung ankündigt und mit ihren neun Abgeordneten nicht nur eine Regierungskoalition mit den Bürgerlichen eingeht, sondern rücksichtslos die Richtung bestimmt. Dabei schrecken die Nationalsozialisten und – seit September 1931 – ihr Kultus- und Innenminister Dietrich Klagges auch vor Brüskierungen ihrer Koalitionspartner nicht zurück, wie unter anderem die alsbald ausbrechenden monatelangen Konflikte mit der Technischen Hochschule um die akademische Freiheit zeigen, die erst im Frühjahr 1933 mit der Gleichschaltung und der Entfernung der beteiligten Professoren – unter ihnen Carl Mühlenpfordt, Otto Schmitz und Gustav Gassner – beendet wird.

Im Frühjahr 1932 zieht der kurz zuvor zum ordentlichen Professor für Geschichte und Staatsbürgerkunde ernannte Ernst August Roloff in die Belle Etage des Hauses „An der Paulikirche 7" ein.

Eine Etage über der Familie Roloff im Hause ´An der Paulikirche 7´ wohnt seit kurzem als Untermieter der Professorenwitwe Schuchard, der junge Mathematikprofessor Professor Dr. Kurt Otto Friedrichs.

Ecke An der Paulikirche 7 / Friedensallee alias Kaiser-Wilhelm-Str. 36/37

Ernst August Roloff

Dr. Ernst August Roloff, seit 1918 als Geschäftsführer des einfluss-reichen konservativen Braunschweigischen Landbundes und Abge-ordneter der Deutschnationalen Volkspartei, ist in diesen Jahren ei-ner der einflussreichsten bürgerlichen Landespolitiker. Seit 1930 als Fraktionsvorsitzender der so genannten Bürgerlichen Einheitsliste neben dem deutschnationalen Minister Werner Küchenthal, steht er in diesen Wochen im heftigen Konflikt mit dem Regierungspartner NSDAP um die politischen Aktivitäten des NS-Studentenbundes, wobei nicht zuletzt der Versuch des NS-Ministers Klagges eine wichtige Rolle spielt, Adolf Hitler zur Erlangung der deutschen Staatsbürgerschaft zum Professor an der Technischen Hochschule zu ernennen. Zwar kann diese Absicht vereitelt werden, indem Hit-ler zum Regierungsrat bei der braunschweigischen Gesandtschaft beim Reichsrat in Berlin ernannt wird, aber nicht zuletzt aus eben diesem Grunde entbrennt der Konflikt mit der Technischen Hochschule im Herbst 1932 erneut in ei-ner Schärfe, die nach der Ernennung Hitlers zum Reichskanzler, der so genannten „Machtübernah-me", Ernst August Roloff veranlasst, von allen politischen Ämtern zurückzutreten und sich zu wei-gern, der NSDAP beizutreten. Anders als die Professoren Carl Mühlenpfordt, Otto Schmitz und Gu-stav Gassner, die aus den Ämtern gejagt werden, behält er seine Professur für Geschichte an der TH, von der Mitwirkung in der Lehrerbildung an der 1935 anstelle der 8. Abteilung der Technischen Hochschule neu gegründeten „Bernhard Rust-Hochschule" wird er jedoch 1938 entbunden.

Direkt nebenan, im 2. Stock des Eckhauses Friedensallee 36, quasi Wand an Wand in Sicht- und sogar Sprechweite von diesen, lebt ein ganz prominenter Bürger, der Stadtbaurat Karl Gebensleben.

Karl Gebensleben

Der 1871 in Schöppenstedt geborene Bauingenieur, Absolvent der Technischen Hochschule Braunschweig, war bereits von 1900-1911 unter der Leitung des legendären Stadtbaurats Ludwig Winter und als Regierungs- bzw. Stadtbaumeister in Braunschweig tätig, 1911 bis 1915 Stadtbaurat in Spandau, seit 1915 Nachfolger von Ludwig Winter und seit 1928 ständiger Stellvertreter des Oberbürgermeisters. Sein Wirken ist dem Leitbild der in England entwickelten Idee der so genannten Gartenstadt verpflichtet, in seine Amtszeit fällt unter anderem der Bau des Siegfriedviertels, der Bau des Bebelhofes, des AOK-Gebäudes, die Erweiterungsbauten der Technischen Hochschule, des städtischen Vieh- und Schlachthofes u.v.a. In diesen Jahren 1931 bis 1933 steht im Vordergrund seiner Planungsarbeit der Anschluss Braunschweigs an den Mittellandkanals, d.h. der Bau des Hafens bei Veltenhof, der gerade in den Tagen der „Machtübernahme" mit einer feierlichen Einweihung abgeschlossen werden soll.

Bereits am 3. Februar 1933, also 3 Tage nach Hitlers Ernennung zum Reichskanzler, erlässt NS-Minister Klagges für den Freistaat Braunschweig eine „Notverordnung", die die Scheinlegalisierung der Inhaftierung von Kommunisten und Sozialdemokraten und einer spektakulären Auflösung der Stadtverordnetenversammlung liefert. Das bedeutet auch die faktische Entmachtung des Magistrats, d.h. des Oberbürgermeisters und seines Stellvertreters.

Am nächsten Abend feiert das braunschweiger Bürgertum wie in jedem Jahr im „Hofjäger" den Braunschweiger Bühnen-Ball als Höhepunkt der Wintersaison, auf dem Professor Friedrichs sich Nellie Bruell mit großem Erfolge zu nähern wagt. Stadtbaurat Gebensleben ist natürlich auch anwesend, als die SA am 7. März das Rathaus stürmt, wenige Tage später Oberbürgermeister Ernst Böhme gewaltsam seines Amtes enthebt und ihn in entwürdigender Weise durch die Straßen führt. Gebensleben schaut zu und nimmt die Ernennung zum Kommissarischen Oberbürgermeister freudig entgegen, wohl hoffend, dass er dieses Amt bald endgültig einnimmt. Zum 1. Mai 1933 erklären er und seine Frau öffentlich ihren Eintritt in die NSDAP, Karl Gebensleben wird als Blockwart, der untersten Stufe der „Politischen Leiter", Uniformträger, nicht dagegen Oberbürgermeister. Bis zum Erreichen der Altersgrenze 1936 bleibt er Stadtbaurat und verantwortlich für die bereits 1933 vorangetriebene Umgestaltung des Franzschen Feldes und des Nussbergs zum SA-Feld und „Thingplatz", des Bahnhofsvorfeldes zum Adolf-Hitler-Platz bzw. – Wall sowie die Bebauung des Kleinen Exezierplatzes (Rebenring) mit der Bernhard-Rust-Hochschule, die später die Lehrerausbildung von der TH übernimmt.

Der Name Gebensleben verdient in unserem Zusammenhang besondere Beachtung, weil die Tochter Irmgard 1929 einen holländischen Arzt heiratet und bis in die Zeit nach dem 2. Weltkriege einen lebhaften Briefwechsel mit ihrer Familie, vor allem ihrer Mutter führt, den sie vollständig aufbewahrte und der in atemberaubender Weise zeigt, wie sich in den Jahren 1930 bis 1933 große Teile des konservativen Bildungsbürgertums in gläubige, ja fanatische Hitler-Anhänger verwandelten. Unter dem Titel „Ich denk so viel an Euch. Ein deutsch-holländischer Briefwechsel 1920-1949" (deutsch München 1995) hat die Enkelin des Ehepaares Karl und Elisabeth Gebensleben, Hedda Kalshoven-Brester, diese Briefe veröffentlicht und damit der Forschung eine einzigartige Quelle erschlossen.

Im Frühjahr 1933 erlebt das Ehepaar Gebensleben in unmittelbarer Nachbarschaft das Schicksal der verfolgten Juden wie der Familie Mielziner: Nebenan im Hause Nr. 37 wohnt noch immer, seit 30 Jahren, die Familie des bekannten und bedeutenden jüdischen Konkursverwalters Benny Mielziner.

Der Sohn eines dänischen Rabbiners war als junger Mann nach Braunschweig gekommen und bezog bereits 1899 mit seiner (katholisch getauften) Frau Marie und 5 Kindern die erst kurz zuvor fertig gestellte herrschaftliche Mietwohnung im Hause Kaiser-Wilhelm-Strasse 37. Als kenntnis- und erfolgreicher Fachmann war er im Wirtschaftsleben überregional renommiert und geschätzt, im Bildungsbürgertum der Stadt ein beliebter Unterhalter, als Repräsentant und langjähriger Vorsteher der Jüdischen Gemeinde zugleich auch immer stolz darauf, ein deutscher Staatsbürger zu sein. Er war 1926 gestorben, aber in der Wohnung leben weiterhin seine Witwe Marie und ihr Sohn Georg, dessen Ehefrau, eine gebürtige Holländerin, mit deren Tochter Sophie, die hier 1928 geboren wird. 1932 verlässt der wenig erfolgreiche Kaufmann Georg Mielziner seine Familie und taucht in München unter, seine Mutter Marie, Ehefrau Hermine und Tochter Sophie emigrieren 1937 zu den beiden seit vielen Jahren dort verheirateten Töchtern nach Holland, wo sie bis zu ihrem Tode nach dem 2. Weltkrieg leben.

Bruno und Flora Mielziner

Benny und Marie Mielziner

Der älteste Sohn Bruno Mielziner, wie seine beiden Brüder Schüler des Wilhelm-Gymnasiums, war schon zur Zeit des 1. Weltkrieges ein überregional bekannter Rechtsanwalt und Notar, während des Krieges als Jurist im Kaiserlichen Marineministerium tätig und wird danach als Syndikus bedeutender Braunschweiger Industrieunternehmen und, wie sein Vater, als Vorsteher der Jüdischen Gemeinde und einer jüdischen Loge eine zentrale Figur im gesellschaftlichen Leben des Bildungsbürgertums. Er wohnt seit 1919 unmittelbar vor der Paulikirche im Hause Kaiser-Wilhelm-Str. 35a mit seiner aus Rußland stammenden Ehefrau, die in erster Ehe mit dem in Braunschweig wohlbekannten Kaufmann Littauer (Hamburger & Littauer) verheiratet war. Ihn trifft schon 1933 das von den Nazis verhängte Berufsverbot in voller Härte, aber er lehnt eine Emigration zu seinen Schwestern nach Holland ab, weil er das seiner inzwischen an Krebs erkrankten Frau nicht zumuten will. Als diese im November 1937 stirbt – als Jüdin aus dem Evangelischen Krankenhaus Marienstift verwiesen – nimmt sich Bruno das Leben. Es ist reiner Zufall, dass in die frei gewordene Wohnung jetzt die Familie Roloff einzieht.

Aus der Nachbarschaft der Bruells, Friedrichs und Roloffs seien nur zwei weitere prominente und bedeutende Repräsentanten des akademischen Milieus und des jüdischen Lebens dieses großbürgerlichen Wohnquartiers exemplarisch vorgestellt.

Wilhelm Jesse

Im Hause Kaiser-Wilhelm-Str. 39 / Ecke Lützowstraße wohnt der Direktor des Städtischen Museums Prof. Dr. Wilhelm Jesse mit seiner Familie. Der Lebensweg dieses aus Mecklenburg stammenden Wissenschaftlers hatte bereits vor dem 1. Weltkriege den seines späteren Kollegen Roloff gekreuzt, denn beide schlossen zur gleichen Zeit (1910 bzw.1911) ihr Studium mit der Promotion bei dem damals bekannten Historiker Max Lenz in Berlin ab. Während Roloff anschließend in Braunschweig habilitierte, war Jesse zunächst in Schwerin am Großherzoglichen Hauptarchiv und dann am Museum für Hamburgische Geschichte in Hamburg tätig, wo er 1926 habilitierte. 1926 wird er als Direktionsassistent an das Städt. Museum in Braunschweig berufen, 1932 dessen Direktor, womit er in die Spitzengruppe des Braunschweiger Bildungsbürgertums aufrückt. Politisch konservativ, aber eher unauffällig wird er in den Tagen des Übergangs zum „Dritten Reich" zum apl. Professor an der 8. Abteilung der TH ernannt und erhält später einen Lehrauftrag für Numismatik und Geldgeschichte an der Universität Göttingen. 1942 gründet er gemeinsam mit seinem Kollegen Roloff die Braunschweigische Wissenschaftliche Gesellschaft. Auch nach dem Ende des 2. Weltkrieges behält er bis zu seinem Tode 1973 einen internationalen Ruf als Numismatiker.

Nur durch die Breite der Lützowstraße von deren Haus Nr. 6 entfernt, erlebt Professor Jesse das Schicksal der dort lebenden jüdischen Nachbarn Forstenzer und Dr. Regensburger.

Norbert Regensburger

Dr. Norbert Regensburger, Rechtsanwalt und Notar 1886, im selben Jahre wie Roloff in Braunschweig geboren und, ebenfalls wie dieser, Schüler und Absolvent des Wilhelm-Gymnasiums, ließ sich nach dem Studium in München, Berlin und Rostock (1911 Promotion) 1912 als Rechtsanwalt in Braunschweig nieder und war bereits als Student aktives Mitglied des „Centralverbandes deutscher Staatsbürger jüdischen Glaubens" und Mitgründer der „Neutrale(n) jüdische(n) Jugendverbände". Als überzeugter Liberaler engagierte er sich in der Deutschen Demokratischen Partei, zunächst als Stadtverordneter und später als Landtagsabgeordneter. In diesen 20er Jahren tritt er als Vertreter des Freistaates im Prozeß um die Enteignung bzw. Abfindung des Herzogs in Erscheinung, wobei er zeitweise in heftigen Gegensatz zu seinem deutschnationalen Kollegen Roloff und natürlich der konservativen Welfen gerät, die in ihm den typischen Repräsentanten des jüdischen Liberalismus sehen.

Obwohl er seit 1927 dem Landtag nicht mehr angehört, wird er von den Nazis seit 1931 immer häufiger auch auf offener Strasse angepöbelt und im März 1933 von seinen nicht-jüdischen Praxis-Partnern öffentlich fallengelassen. Am 26. April 1933 entzieht er sich der Verfolgung durch Selbstmord. Der Hauseigentümer, der Kaufmann Forstenzer, Inhaber des Kaufhauses Adolf Frank, wird im Zusammenhang mit der „Reichspogromnacht" im November1938 mit seiner Familie zur Emigration gezwungen.

Während Nellie Bruell im Frühjahr 1933 ihr Lebensglück in der Person von Prof. Friedrichs fand und nach ihren eigenen Worten „an der Hochschule bis Frühjahr 1934 in einer winzigen Position unbehelligt arbeitete", vollzog sich auch in dieser Welt zwischen Paulikirche und Stadtpark der Übergang zur Katastrophe, den ich ausführlich geschildert habe in meinem 1961 erschienenen Buch „Bürgertum und Nationalsozialismus 1930-1933. Braunschweigs Weg ins Dritte Reich", das ich Nellie nach einer weiteren Begegnung in Wolfenbüttel 1988 zuschickte, worauf sie mir antwortete:

Lieber Herr Professor Roloff,   *19. Juli 1988*

seit ein paar Wochen bin ich wieder zu Hause und hatte endlich Zeit und Ruhe „Braunschweigs Weg ins Dritte Reich" zu lesen, was ich mit glühendem Interesse tat. Schritt für Schritt sind Ereignisse geschildert und man erlebt mit Grauen wie sich zwangsläufig unentrinnbar mit schrecklicher Konsequenz diese nationalsozialistische Lawine entwickelte. Fast alle von Ihnen erwähnten Namen sind mir geläufig und ich weiß natürlich auch wie die Hochschule, an der ich ja bis Frühjahr 1934 in einer winzigen Position unbehelligt arbeitete, einbezogen wurde, kannte einige der Professoren persönlich, ahnte aber damals nicht, wie gefährdet manche waren, außer Geiger, der, wie Sie wohl wissen, lebensbedroht wurde und nach Dänemark entfloh.

Mit dieser Erinnerung an die verfolgten Professoren August Riekel und Theodor Geiger gibt Nellie Friedrichs selbst das Stichwort für die folgenden Vorträge meiner Kollegen Ludewig und Oberbeck.

Tab. II Zeitabläufe (2)

	Allgemeine Politik	Nellie Bruell
1933	18. Januar: Verschärfung des Hochschulkonfliktes 30. Januar: Hitler wird Reichskanzler	„Das Leben ging weiter, unverändert, als sei nichts Besonderes geschehen, und ich persönlich dachte auch nicht weiter darüber nach".
	3. Februar: Klagges erlässt „Notverordnung", lässt Kommunisten verhaften und löst die Stadtverordnetenversammlung auf	4. Februar: Braunschweiger Bühnenball: Nellie lernt Prof. Dr. Kurt O. Friedrichs kennen
		18. Februar: (inoffizielle) Verlobung
	27. Februar: Reichstagsbrand liefert Anlass zur „Notverordnung zum Schutz von Volk und Staat"	
1933	5. März: Reichstagswahl 7. März: SA stürmt Rathaus 8. März: Terroraktion gegen SPD und Gewerkschaften (Volksfreund-Haus) 11. März: Erste Aktion gegen jüdische Geschäfte 13. März: Gewaltsame Amtsenthebung Böhmes, Gebensleben wird komm. Oberbürgermeister 14. März: Letzte Sitzung des Landtages: Koalition BEL-NSDAP zerbricht ; „Personalbereinigungen" in den Kommunal- und Landesverwaltungen einschl. der TH BS beginnen 27. März: „Stahlhelmputsch" (AOK), Verhaftungen von Sozialdemokraten und Kommunisten, Folterungen in der AOK	
1933	1. April: Reichsweite Aktion gegen jüdische Geschäfte und Wohnungen (Forstenzer Lützowstr.) Mit Verhaftung von Prof. Gassner wird der Schlussakt des Hochschulkonfliktes eingeleitet 6. April: Senat wird zum Rücktritt gezwungen, Klagges ernennt Prof. Horrmann zum Rektor 22. April: DNVP-Landesvorstand kapituliert vor NSDAP, Roloff legt alle politischen Ämter nieder 24. April: Rechtsanwalt Dr. Regensburger begeht Selbstmord 29. April: BS-Landtag rein nationalsozialistisch, alle Gemeindeverwaltungen und Behörden „gleichgeschaltet"	Prof. Dr. Th. Geiger flüchtet nach Dänemark
1933	Rückbenennung folgender Straßen im Quartier: Friedensallee → Kaiser-Wilhelm-Str. Bodestr. → Wilhelm-Bode-Str. Friedrich-Ebert-Str. → Herzogin-Elisabeth-Str. Bebelstr. → Husarenstr. Karl-Marx-Str. → Voigts-Rhetz-Str. Liebknechtstr. → Rosenstr. Lassallestr. → Marienstr.	
1937	Flora Mielziner stirbt an Krebs Bruno Mielziner nimmt sich das Leben Marie Mielziner emigriert mit Schwieger- und Enkeltochter in die Niederlande	Nellie Bruell und Otto Friedrichs emigrieren in die USA

August Riekel und sein Wirken in Braunschweig

Hans-Ulrich Ludewig

„Pädagogik lernten wir bei August Riekel. Er war ein relativ junger Mann mit genialen, aber unsoliden Ideen. Er war verheiratet mit der sehr viel älteren und wohlhabenden Damenschneiderin Dankworth, die in Braunschweig gut bekannt war. Man sagte, sie hätte ihm Geld für das pädagogische Institut gegeben, das er viel zu großspurig in dem schönen Haus ‚Salve Hospes' etablierte. Das ganze Projekt brach nach kurzer Zeit zusammen, und er wurde, wie ich glaube, nach einem Disziplinarverfahren von der Hochschule entlassen. Er war der typische Opportunist. Mir wurde erzählt, daß er in der nationalsozialistischen Epoche erfolgreich politische Theaterstücke geschrieben hat". So schreibt Nellie Friedrichs in ihren Erinnerungen, die Manfred Garzmann 1980 herausgegeben hat[1]. Dieser Text liefert einige Schlagwörter, die ich in meinem Vortrag ein wenig hinterfragen möchte.

„Bruell im Riekelinstitut" in Nellies Erinnerungen

In diesem Buch sieht man übrigens die junge Nellie lesend an einem großen Tisch, hinter ihr eine großformatige Landkarte. Das Foto trägt die Unterschrift: „Die Verfasserin als Assistentin bei Prof.

---

1   Nellie H. Friedrichs, Erinnerungen aus meinem Leben in Braunschweig 1912-1937, Braunschweig 1980; 3. erweiterte Auflage, Braunschweig 1998, S. 29.

Riekel im Haus Salve Hospes Wintersemester 1929/30". Im Text selbst schreibt Nellie von der Assistentenstelle bei Riekel nichts.

Sehr schmeichelhaft ist das zitierte Porträt Nellies über Riekel gerade nicht; aber es regt doch an, sich die Person Riekel genauer anzusehen. Zum einen, weil Riekel der Lehrer von Nellie war und weil wir mit ihm vielleicht etwas Näheres über den Lehrbetrieb, über die Atmosphäre an der TH Braunschweig erfahren, wo sich Nellie im Sommersemester 1929 immatrikuliert hatte. Zum andern, weil Riekel im Frühjahr 1931 durch den zuständigen braunschweigischen Minister Anton Franzen seiner Ämter enthoben wurde. Franzen war Nationalsozialist; bekanntlich waren seit den Landtagswahlen im September 1930 die Nationalsozialisten im Land Braunschweig als Koalitionspartner der bürgerlichen Parteien an der Regierung beteiligt. Sehe ich es recht, war August Riekel einer der ersten Professoren nicht nur in Braunschweig, sondern im Reich, der von einem nationalsozialistischen Minister entlassen wurde.

August Riekel hatte, als Nellie Bruell Vorlesungen bei ihm hörte, eine bemerkenswerte wissenschaftliche Karriere hinter sich. Der 1897 bei Kassel geborene Sohn aus einer Arbeiterfamilie besuchte die Oberrealschule und studierte dann an verschiedenen Universitäten Philosophie, Pädagogik und Psychologie. Seine wichtigsten Lehrer waren Aloys Fischer, Erich Jaensch und Oswald Kroh. 1922 promovierte er und bereits ein Jahr später folgte die Habilitation an der TH Braunschweig, da ist er 26 Jahre alt. Er wird Assistent am Lehrstuhl für Philosophie und Pädagogik, erst bei Kroh dann bei Willy Moog[2]. In diesen Jahren studierten im Land Braunschweig die Junglehrer nach ihrer seminaristischen Ausbildung am eigens gegründeten philosophisch-pädagogischen Seminar der TH Braunschweig Fächer wie Pädagogik und Psychologie; auch Riekel hat als Lehrender an dieser Lehrerfortbildung mitgewirkt. Mitte der zwanziger Jahre diskutierte die Braunschweiger Politik leidenschaftlich die Akademisierung der Volksschul- und Mittelschullehrerausbildung. Im Frühjahr 1927 war es dann so weit: der Landtag verabschiedete mit großer Mehrheit das „Gesetz über die hochschulmäßige Ausbildung der Lehrkräfte für den Dienst an Volksschulen"[3]. In der an der TH neu errichteten 8. Abteilung für Kulturwissenschaften absolvierten fortan die Lehrerstudenten – Abitur war Voraussetzung- ein sechs-semestriges Studium in den pädagogischen Grundwissenschaften Pädagogik, Psychologie, Soziologie, Staatsbürgerkunde und Philosophie und in Wahlfächern u.a. Volkswirtschaft, Germanistik und Geschichte.

Die Forschung zur Geschichte der Lehrerbildung ist sich einig: dass es zur Akademisierung kam, hatte nicht zuletzt mit den Aktivitäten August Riekels zu tun, seinen Schriften und Vorträgen, seiner Zusammenarbeit vor allem mit den Lehrerverbänden[4].

Die neue Abteilung der TH brauchte neue Lehrende. Die seit den Landtagswahlen 1927 allein regierenden Sozialdemokraten und ihr Volksbildungsminister Hans Sievers holten Wissenschaftler, die ihrer bildungspolitischen Gesamtlinie entsprachen: Helmuth v. Bracken, Gerhard v. Frankenberg, Theodor Geiger, Adolf Jensen, Wilhelm Paulsen, Wilhelm Staats, August Riekel. Die genannten Personen waren SPD-Mitglieder; aber sie waren auch überzeugte Anhänger der Weimarer Demokratie und es ging eben auch um die „Demokratisierung der Bildung". Dass die bürgerliche Presse gegen diese Ernennungen Sturm lief und auch viele Professoren irritiert waren, verwundert nicht.

---

2   Helmut Hirsch. Lehrer machen Geschichte. Das Institut für Erziehungswissenschaften und das Internationale Schulbuchinstitut, Wuppertal 1971, S.14ff.

3   Verhandlungen des Landtags des Freistaates Braunschweig auf dem Landtage 1924/27, Sitzung vom 1. April 1927, S.6416ff.

4   Hirsch, a.a.O. Claudia Bei der Wieden, Vom Seminar zur NS-Lehrerbildungsanstalt. Die Braunschweiger Lehrerausbildung 1918 bis 1945, Köln 1996. Uwe Sandfuchs, Universitäre Lehrerausbildung in der Weimarer Republik und im Dritten Reich, Bad Heilbrunn 1978.

Die Karriere von August Riekel setzte sich fort: 1927 erhielt er einen Lehrauftrag für Erziehungswissenschaft, 1928 wurde er zunächst zum außerordentlichen Professor ernannt und – nach einem Ruf nach Hamburg, den er ablehnte – erhielt er im gleichen Jahr ein persönliches Ordinariat sowie aus einem Fonds des Ministeriums zur Erhaltung ausgezeichneter Lehrkräfte eine ruhegehaltsfähige Zulage. Als er 1929 Leiter des neu gegründeten ‚Instituts für Erziehungswissenschaften‘ wird, ist er auf dem frühen Höhepunkt seiner wissenschaftlichen Karriere.

Wenig später beginnt der rasche Abstieg. Riekel scheint mit vielen Kollegen in der Fakultät im Streit gelegen zu haben. Als Beispiel sei aus einem Brief zitiert, in dem Riekel seinen neu berufenen Kollegen, den renommierten Pädagogen Jensen, in aller Schärfe kritisiert: er hätte bei der praktischen Lehrerbildung versagt, er komme nicht zu Besprechungen, halte sich nicht an den Dienstweg: „Die Misserfolge gehen auf Ihr Konto. Es geht eben um die Sache, da will ich alle persönlichen Rücksichten und Hemmungen beiseite lassen"[5]. Er hat auch Streit mit Wilhelm Paulsen und es kommt zu schweren Auseinandersetzungen mit Theodor Geiger, wohl dem bekanntesten Professor der 8. Abteilung. Geiger sah sich in einer Berufungsangelegenheit von Riekel verleumdet, wie aus den Sitzungsprotokollen der Abteilung hervorgeht. So recht ist der Streit heute nicht mehr nachvollziehbar; professorale Eitelkeiten scheinen dabei eine Rolle gespielt zu haben, möglicherweise ging es aber auch um Überlegungen hinsichtlich der Personalpolitik der Abteilung: Noch ein Sozialdemokrat oder nicht- und dieser Aspekt war im Frühjahr 1931 deshalb so brisant, weil der zuständige Minister, der Nationalsozialist Franzen, bereits mit seiner rigorosen Personalpolitik begonnen hatte.

Wie auch immer, diese Auseinandersetzungen führten schließlich dazu, dass nach einem einstimmig verabschiedeten Antrag der 8. Abteilung der Senat der TH im April 1931 wiederum einstimmig den Antrag auf sofortige Emeritierung Riekels bei der Braunschweiger Regierung stellte, weil er „in einem Verbleiben Riekels an der TH eine Gefährdung des Ansehens der Hochschule und des Friedens innerhalb derselben erblickt"[6]. Die oben erwähnte Entlassung Riekels durch den NS-Minister geschah also auf Antrag der Universität, der Abteilung, seiner Kollegen, von denen einige, wie Geiger und Jensen, SPD-Mitglieder waren. In einem Brief des damaligen Rektors der TH Otto Schmitz heißt es: „Die Verhältnisse in der Abteilung für Lehrerbildung hatten sich in den letzten Jahren derartig zugespitzt, daß ein Zusammenarbeiten der einzelnen Mitglieder mit Herrn Riekel nicht mehr möglich war. In erster Linie waren es die Mitglieder, die ebenfalls der SPD angehören, die Herrn Riekel in der schärfsten Weise bekämpften. Die Schuld an dieser Entwicklung liegt zweifellos bei Herrn Riekel. Trotzdem ist es schwer, positive Anklagen gegen ihn zu erheben. Aus diesem Grund war es auch unmöglich, ein Disziplinarverfahren gegen ihn anzustrengen"[7]. Der ganze Vorgang bleibt merkwürdig. Dass sich Professoren nicht grün sind, ist nichts Ungewöhnliches und kann eigentlich nicht zu einer vorzeitigen Emeritierung führen. Es gab weder eine gerichtliche Untersuchung noch ein Disziplinarverfahren. Im „Interesse des Dienstes" sei er von seinen amtlichen Verpflichtungen entbunden worden, teilte das Ministerium ihm mit. Riekel hat diese Vorgänge in seinem Wiedergutmachungsverfahren eine Intrige genannt; mehr noch: Handlangerdienste für den nationalsozialistischen Minister hätten seine Kollegen geleistet, Ballast abgeworfen, um sich selbst zu retten, der neuen Regierung hätten sie sich empfehlen wollen, „weil die Nazistudenten in einer öffentlichen politischen Versammlung meine Absetzung gefordert hatten, diese vom Nazi-Minister Dr. Frantzen (sic) öffentlich zugesagt worden war und meine Kollegen sich bereit fanden, heimlich Material gegen mich zusammenzutragen"[8].

---

5   Brief Riekels an Jensen vom 31. 12. 1929, Universitätsarchiv der TU Braunschweig (UABS), D 760.

6   Senatsprotokoll vom 13. 4. 1931, UABS 01:4:4.

7   Brief des Rektors Schmitz an Carl Severing vom 18. April 1931, abgedruckt bei Hirsch, S. 47.

8   Die Stellungnahme findet sich in der Wiedergutmachungsakte Riekels im Hauptstaatsarchiv Hannover (HStAH), Nds. 401, Acc.92/85, Nr.389. Die Stellungnahme ist auch abgedruckt bei Hirsch, S. 217ff.

Riekel war jetzt mit 34 Jahren einer der jüngsten Emeriti im Reich. Die bürgerliche Presse empörte sich über seine hohe Pension[9]. Im April 1932 wurde seine Emeritierung vom neuen Volksbildungs-minister Dietrich Klagges in Anlehnung an die preußische Sparverordnung vom September 1931 in eine Pensionierung mit deutlich niedrigerem Ruhegehalt umgewandelt. Ein Urteil des Staatsgerichts-hof in Leipzig, das diese preußische Verordnung für verfassungswidrig erklärte, kam auch Riekel zu gute: die Pensionierung Riekels wurde wieder in eine Emeritierung umgewandelt[10].

Der durch die Emeritierung Riekels frei gewordene Lehrstuhl für Pädagogik spielte übrigens 1932 bei dem Bemühen der Braunschweigischen Regierung, Hitler über eine Verbeamtung die deutsche Staatsangehörigkeit zu verschaffen, eine Rolle. Volksbildungsminister Klagges hatte offensichtlich erwogen, Hitler eine Professur für Pädagogik zu verschaffen. Als dies nicht durchsetzbar schien, kam er auf die Idee, Hitler zum Professor für „Organische Gesellschaftslehre und Politik" zu machen. Auch dieses Vorhaben scheiterte im Vorfeld, schließlich erhielt Hitler eine Stelle als Regierungsrat in der braunschweigischen Gesandtschaft in Berlin, wurde deutscher Staatsbürger und konnte so bei der anstehenden Reichspräsidentenwahl kandidieren[11]

Am 8. September 1933 erfolgte der letzte, entscheidende Schlag gegen Riekel: mit Schreiben des Reichsstatthalters Friedrich Loeper wurde August Riekel nach § 4 des Gesetzes zur Wiederherstel-lung des Berufsbeamtentums vom 7. April 1933 zum 1. Oktober 1933 endgültig aus dem Staatsdienst entlassen, d.h. er gehörte für den NS-Staat zu den Beamten, "die nach ihrer bisherigen politischen Betätigung nicht die Gewähr dafür bieten, daß sie jederzeit rückhaltlos für den nationalen Staat ein-treten"[12].

Spätestens jetzt geriet Riekel auch in finanzielle Schwierigkeiten. Er ging nach kurzen Aufenthal-ten in Groß-Flottbeck und Berlin nach Österreich. Er tat in den folgenden Jahren etwas, was Professo-ren gewöhnlich nicht machen: er schrieb Theaterstücke und vor allem Filmdrehbücher. Unter dem Pseudonym Harald Bratt und „Sindbad" verfasste August Riekel über 60 Bühnenwerke und 80 Dreh-bücher. Er hatte offensichtlich schon während seiner Braunschweiger Zeit unter verschiedenen Pseudonymen Texte veröffentlicht, wie die Karikatur aus der Braunschweigischen Landeszeitung zeigt.

Die bekanntesten Theaterstücke waren: ‚Der große Kardinal', ‚Jenseits der Sorgen' (1932), ‚Die Insel' (1933), ‚Der Herrscher' (1934), ‚Das Haus Romanow' (1937), ‚Duschenka (1938), ‚Die Frauen von Schanghai'(1939). Unter dem Pseudonym „Sindbad" persiflierte Riekel 1932 in der Komödie „General Percy gründet ein Königreich" das Ende der Weimarer Republik, das Stück wurde im glei-

9   Braunschweiger Neueste Nachrichten vom 16. 4. 1931.

10   Brief des Braunschweigischen Finanzministers an den Volksbildungsminister vom 21. 10. 1931, HStAH Nds. 401, Acc.92/85, Nr.389. Vgl. Michael Wettern und Daniel Weßelhöft, Opfer nationalsozialistischer Ver-folgung an der Technischen Hochschule Braunschweig 1930 bis 1945. (Veröffentlichungen der Technischen Universität Carolo-Wilhelmina zu Braunschweig, Bd. 5). Hildesheim/Zürich/New York 2010.

11   Vgl.Rudolf Morsey, Hitler als Braunschweiger Regierungsrat, in: Vierteljahrshefte für Zeitgeschichte, 1960, S. 410ff. Klaus Erich Pollmann, Die nationalsozialistische Hochschulpolitik und ihre Wirkungen in Braun-schweig, in: Technische Universität Braunschweig, hrsg. von Walter Kertz, Hildesheim/Zürich/New York 1995, S. 443ff. Ernst August Roloff, Bürgertum und Nationalsozialismus, Braunschweig 1980 (Reprint). Neuere Recherchen von Daniel Weßelhöft haben ergeben, dass im November 1931 nach Plänen der Hoch-schule die durch die Emeritierung freigewordene außerordentliche Professur für allgemeine Erziehungswis-senschaften in eine für Psychologie umgewandelt werden sollte, die Bernhard Herwig erhalten sollte. Mi-nister Klagges lehnte dies ab, da „die eine noch vakante Planstelle im Staatshaushalt für das Rechnungsjahr 1931 als ‚wegfallend' bezeichnet ist". Im Haushaltsplan 1932 wurden dann zwei neue planmäßige Extraordi-nate geschaffen, eines für Experimentelle Psychologie (Bernhard Herwig), das andere für Deutsche Sprache und Literatur (Karl Hoppe).

12   Reichsgesetzblatt, Jg. 1933, S. 175.

Was ist?

Hierfür fanden wir keine Unterschrift. Die Schriftleitung.

Karikatur Riekel BLZ („Was ist?"); Riekels Pseudonyme

chen Jahr erfolgreich in Düsseldorf uraufgeführt[13]. ‚Der Herrscher' wurde 1934 am von Max Reinhardt geleitetem Theater an der Josefstadt in Wien gespielt; der Wiedergutmachungsbescheid attestierte dem Stück „liberalistisch-demokratische" und „pazifistische Tendenzen"[14]. Für viele bekannte Filme schrieb Riekel unter dem Pseudonym Harald Bratt für die Ufa, Tobis und Wien-Film die Drehbücher: „Lache Bajazzo" mit Benjamino Gigli und Paul Hörbiger, „Mädchen in Weiß" mit Maria Cebotari, „Casanova heiratet" mit Viktor de Kowa, „Der große Schatten" mit Heinrich George, „Die Insel" mit Willy Fritsch, „Rendez-vous in Wien" mit Leo Slezak und Adele Sandrock, „Ikognito" mit Gustav Frölich, „Der grüne Domino" mit Brigitte Horney. Neben den Filmmanuskripten zu diesen vermeintlich „unpolitischen" Unterhaltungsfilmen war Riekel Mitautor an den Drehbüchern zu den Propagandafilmen „Ohm Krüger" und „Ich klage an". Bei „Ohm Krüger", einem der bekanntesten Filme des Dritten Reiches, mit dem Ufa-Star Emil Jannings in der Hauptrolle, war die antibritische Tendenz dieses Kolonialfilms nicht zu übersehen. Der Film „Ich klage an", einer der nach 1945 umstrittensten Filme des Dritten Reiches, propagierte den Gedanken der Euthanasie. Die Mitautorenschaft Riekels am Drehbuch zu diesem Film spielte seltsamerweise in seinem Wiedergutmachungsverfahren keine Rolle, er hat es offensichtlich nicht in sein Werkverzeichnis aufgenommen; auch

---

13   Hirsch, S. 50.
14   HStAH, NdS. 401, Acc.92/85, Nr.389,S. 289ff.

Helmut Hirsch nennt es nicht. Hinsichtlich des Drehbuchs zu „Ohm Krüger" schrieb der Ko-Autor Kurt Heuer 1955 an das Niedersächsische Kultusministerium, Harald Bratt (Riekel) habe „vornehmlich die psychologischen und nicht die politischen Teile" des Manuskripts verfasst[15].

Die Tätigkeit Riekels als Drehbuchautor spielte selbstverständlich in seinem Wiedergutmachungsverfahren eine Rolle; er habe damit den Nationalsozialismus gefördert, schrieb der Rektor der TH Braunschweig in seiner den Antrag ablehnenden Stellungnahme[16]. Riekel erwiderte voller Empörung: „Nur ein Banause wird der Meinung sein, daß prominente Zeitgenossen, die ihre Tätigkeit während des tausendjährigen Reiches nicht eingestellt haben und in die Kammern eingegliedert wurden, dadurch der Nazi-Herrschaft Vorschub geleistet haben. Ebensogut könnte man es Furtwängler zum Vorwurf machen, daß er den Taktstock nicht aus der Hand gelegt hat. Es denkt auch kein vernünftiger Mensch daran, einen Gründgens als belastet hinzustellen, weil er Generalintendant war und der Reichstheaterkammer angehört hat"[17]. Eine solche Interpretation sehen wir heute kritischer, wobei die Rolle der Künstler im Dritten Reich in der Öffentlichkeit und in der Wissenschaft nach wie vor sehr kontrovers diskutiert wird.

Nach dem Krieg ging Riekel – er hatte 1943 zum zweiten Mal geheiratet – nach Bloemendaal in den Niederlanden. Er war auch nach Kriegsende als Drehbuchautor unter dem Pseudonym Harald Bratt tätig, sein Theaterstück „Sprechstunde – die Nacht zum Vierten" wurde von der BBC verfilmt („Night oft he Fourth") und in Großbritannien zur besten Fernsehsendung des Jahres 1951 gewählt[18].

Am 19. März 1953 stellte Riekel von den Niederlanden aus einen Antrag auf Wiedergutmachung. Kurz danach siedelte er mit seiner Familie in die Bundesrepublik über. Das für seinen Fall zuständige Niedersächsische Kultusministerium teilte ihm wenig später mit, über seinen Anspruch auf Wiedergutmachung bestehe kein Zweifel, zur Feststellung von Art und Höhe bedürfe es aber eines längeren Verfahrens. Einen Antrag Riekels auf eine Vorauszahlung von 2000 DM, um die Kosten für einen Umzug nach Deutschland zu finanzieren, lehnte das Ministerium ab. Die Wiedergutmachungsakte enthält einen eindrucksvollen, sich über Jahre hinziehenden, teilweise bedrückenden Schriftwechsel zwischen Riekel und der damaligen Hochschulleitung der TH Braunschweig. Der amtierende Rektor Paul Dorn und einige noch lebende Kollegen von damals betonten, dass Riekel 1931 nicht aus politischen Gründen, sondern aus beamtenrechtlichen Gründen emeritiert worden sei. Vor allem die Gutachten von Bernhard Herwig und Karl Hoppe kamen zu einem negativen Urteil über Riekel. Beide waren am 1. Mai 1933 in die NSDAP eingetreten, nur fünf Monate später wurde Riekel aus dem Staatsdienst entlassen – es gab sehr unterschiedlich Lebensläufe von Braunschweiger Hochschullehrern. Voller Zorn und voller Erbitterung äußerte Riekel in einem Brief an das Kultusministerium seine Vorbehalte gegenüber der Braunschweiger Hochschulführung von 1953, „zumal ein großer Teil der Herren, die infolge der kollegialen Hochschulverwaltung auf die Stellungnahme des Rektors nicht ohne Einfluss sein können, erst durch jene Machtverschiebung, die mich aus meiner Lehrtätigkeit drängte, zu Amt und Würden gekommen sind"[19]. Auffällig ist, dass in den Stellungnahmen der Hochschule hauptsächlich die Emeritierung 1931 kommentiert wurde, nicht die weit schwerwiegendere Entlassung 1933. Rektor Paul Dorn begründete seine ablehnende Stellungnahme mit Riekels Tätigkeit als Drehbuchautor in den Jahren 1933 bis 1945, mit dessen Austritt aus der SPD 1932, seiner Mitgliedschaft im SS-Reitersturm 1933, und er argumentierte mit einer negativen Beurteilung Riekels durch Minister Klagges aus dem Jahr 1935. Jetzt verliert Riekel die Fassung: „Es ist kein Irrtum:

---

15 HStAH, NdS. 401, Acc.92/85, Nr.389.
16 Schreiben des Rektors der TH Braunschweig vom 14. 10. 1953 und 25.3. 1954, HStAH, NdS. 401, Acc.92/85, Nr.389.
17 Riekel an den niedersächsischen Kultusminister, 28. 10. 1954, HStAH, NdS. 401, Acc.92/85, Nr.389.
18 Wettern/Weßelhöft (wie Anm. 10).
19 Riekel an das Niedersächsische Kultusministerium vom 21. 9. 1953, HStAH, NdS. 401, Acc.92/85, Nr.389.

Klagges!! Für seine Magnifizenz, den Rektor der Technischen Hochschule Carolo-Wilhelmina zu Braunschweig, ist das, was von diesem Kultusminister selbst oder in seinem Namen geschrieben wurde, noch rechtsgültig und beweiskräftig (…) Zwecks Ablehnung eines Antrages auf Wiedergutmachung nationalsozialistischen Unrechts beruft sich ein Beamter auf den führenden Nazi von einst. Heil Hitler, Magnifizenz! Ich ahnte nicht, daß das Mißtrauen gegen die neue deutsche Mentalität, auf das ich im Ausland immer wieder stoße, tatsächlich berechtigt ist. Ich werde versuchen, mich an den Gedanken zu gewöhnen, daß in den Ländern der Bundesrepublik noch immer die Benotung gilt, die man im Dritten Reich erhielt. Ich werde versuchen, mich in Zukunft darauf einzustellen, daß ein Hochschulrektor noch heute sich auf den Verbrecher von gestern berufen darf"[20]. Riekel und seinem Anwalt gelang es, die von der Hochschulleitung gegen eine Wiedergutmachung vorgebrachten Argumente zu widerlegen. Schwer ins Gewicht fiel sicherlich ein Schreiben der Gestapo an den Präsidenten der Reichsschrifttumskammer vom 26. Februar 1937: Riekel sei 1933 auf Grund des § 4 des Gesetzes zur Wiederherstellung Berufsbeamtentums entlassen worden. „Diese Maßnahme beruht auf der persönlichen Einstellung des Riekel zum Marxismus, auf seiner starken Bindung zu marxistischen Regierungsstellen und auf seiner linkstendenziösen Unterrichtsmethoden"[21]. Das sich schon Jahre hinziehende Verfahren nahm eine Wende, als Riekel auf die Prüfung verzichtete, ob seine Emeritierung 1931 politische Gründe hatte und daher bereits eine Verfolgungsmaßnahme im Sinne des Wiedergutmachungsgesetzes darstellte. Als Bedingung für diesen Verzicht forderte Riekel, dass „der Verzicht kein Anerkenntnis der Stellungnahme des Herrn Rektors der Braunschweiger Hochschule bedeutet" – ein Zeichen dafür, wie tief sich Riekel durch die Argumentation des Rektors Dorn verletzt fühlte[22]. Mit dem Wiedergutmachungsbescheid vom 12. Januar 1956 erhielt Riekel schließlich die Rechtsstellung eines entpflichteten außerordentlichen Professors in der Eigenschaft eines persönlichen Ordinarius mit entsprechenden Bezügen[23]. Als der Senat der TH im Februar 1956 die auf die Hochschule zukommenden finanziellen Belastungen (Nachversicherung) ablehnte, verzögerte sich das Verfahren nochmals.

Vor allem die Philosophische Abteilung scheint eine Rückkehr Riekels gefürchtet zu haben. Auf Wunsch der Abteilung erschien ein hoher Beamter aus Hannover in Braunschweig und erläuterte den Professoren Herwig, Heffter und Hoppe den Wiedergutmachungsbescheid. Dieser, so der Beamte, beziehe sich auf die Ereignisse 1933. „Damit sei lediglich die Emeritierung wieder hergestellt worden. Die Gründe, die 1931 zur Emeritierung geführt hätten, ließe der Bescheid unberührt. Die Sorge der Abteilung, dieser könne zu einer Rehabilitierung in wissenschaftlicher Hinsicht führen, sei nach dem Bescheid nicht begründet"[24]. Es existiert eine vom Leiter der Philosophischen Abteilung verfasste Aktennotiz, welcher der Dekan der Naturwissenschaftlich-Philosophischen Abteilung zustimmte und die der Rektor an das Kultusministerium weiterleitete. Darin wird darauf hingewiesen, dass sich im Wiedergutmachungsbescheid Formulierungen fänden, „die den falschen Eindruck erwecken könnten, daß schon für die Emeritierung von Professor Riekel im Jahre 1931 eine politische Verfolgung durch nationalsozialistische Machthaber anzuerkennen sei. Das widerspricht aber völlig der historischen Wahrheit". Es seien damals rein akademische Gründe entscheidend gewesen: „Professor Riekel hatte sich als Wissenschaftler wie als Kollege unmöglich gemacht; er bedeutete nach Ansicht des Senats ‚eine Gefährdung des Ansehens der Hochschule und des Friedens innerhalb derselben'". Im Übrigen sei die damalige Braunschweiger Regierung nicht eine nationalsozialistische, sondern eine Koalitionsregierung gewesen. „Und vor allem hat ja bis zur sogen. nationalsozialisti-

20 Riekel an das Nds. Kultusministerium, 28. 10. 1954, ebd. Abgedruckt auch bei Hirsch, S. 221f.
21 HStAH, NdS. 401, Acc.92/85, Nr.389.
22 Schreiben des Anwalts von Riekel an das Kultusministerium, 2. 8. 1955, ebd.
23 Ebd., S. 289ff.
24 Notiz des Oberregierungsrats Brien vom 10. 3. 1956, ebd.

schen Revolution im März 1933 der demokratische Rechts- und Verfassungsstaat noch durchaus funktioniert". Das war eine arge Verharmlosung der tatsächlichen Machtverhältnisse im Braunschweig des Jahres 1931. Abschließend heißt es in der Aktennotiz, dass Riekel in den seit der Emeritierung vergangenen 25 Jahren nichts getan habe, „um seinen wissenschaftlichen Ruf wiederherzustellen; er ist nur als Autor von Dramen und Drehbücher für den Film bekannt geworden"[25]. Seit vielen Jahren verbeamtete Hochschullehrer, von denen einige ihre Karriere 1932/33 begonnen hatten, konnten für solche nicht zuletzt politisch bedingte Brüche im Lebenslauf eines ehemaligen Kollegen offensichtlich wenig Verständnis aufbringen.

August Riekel

An die TH Braunschweig kehrte August Riekel nicht mehr zurück. Im Herbst 1966, zehn Jahre nach dem Wiedergutmachungsbescheid, wandte er sich an seine alte Hochschule, um – wie bei anderen Emeriti üblich – in das Personal- und Vorlesungsverzeichnis aufgenommen zu werden. Der damalige Rektor versprach die Aufnahme zu veranlassen und fügte hinzu: „Warum dies in den zurückliegenden 10 Jahren nicht geschehen ist, läßt sich heute nicht mehr klären, möglicherweise, weil auch von Ihrer Seite der Wunsch dazu nicht geäußert wurde...Ich lege ganz besonderen Wert auf die Feststellung, daß keine Stelle unserer ‚Carola Wilhelmina' die Absicht hegte, Sie schlechter zu stellen, als irgendeinen anderen Ihrer einstigen Kollegen. Sie wird im Gegenteil stets bemüht sein, alles für Ihre Rehabilitierung Mögliche zu tun"[26] . Riekels Antwortschreiben zeigt die Verletzungen, welche die Vor-

---

25 Ebd., S. 318.
26 Ob der Rektor die Auffassung der naturwissenschaftlich-philosophischen Fakultät zehn Jahre zuvor nicht kannte, bleibt dahingestellt. Damals hatte sich die Fakultät entschieden dagegen gewehrt, dass Riekel wieder

gänge 1931 und 1933 noch Jahrzehnte später bei ihm hinterlassen hatten: „Wenn man einem akademischen Lehrkörper 43 Jahre angehört hat, aber nur in glücklichen Jugendjahren diese hohe Ehre stolz genießen durfte, dann aber Jahrzehnte lang ausgestoßen war, in der Emigration lebte, trotz allem aber noch würdig war, zum zweiten Mal im Krieg verwendet zu werden und das vorausgesagte Unglück des Vaterlandes in seiner Endphase mitzumachen, ist man dankbar für jedes amtlich, wenn auch verspätete Wort des freundlichen Gedenkens und der kollegialen Gesinnung. Es ist mir infolgedessen ein aufrichtiges Bedürfnis, Ihnen zu sagen, daß Ihr Schreiben mich sehr bewegt und daß ich mich von heute ab wieder als ein Mitglied des Lehrkörpers der Carolo Wilhelmina betrachten will"[27]. Als Riekel im Frühjahr 1967 ankündigte, im kommenden Wintersemester eine einmalige, zweistündige Vorlesung im Rahmen des studium generale zu halten, kam es in der Fakultät zu erheblicher Unruhe. Der Germanist Hoppe – er war 1933 der NSDAP beigetreten – empfahl, Riekel „mit Zurückhaltung zu begegnen". Offensichtlich stellte die Fakultät Nachforschungen über die damaligen Umstände der Emeritierung Riekels an[28]. Wenige Wochen später konnten die Recherchen eingestellt werden: August Riekel starb am 1. August 1967 in Tutzing. Am 16. August verschickte der Rektor der Technischen Hochschule an alle Dienststellen eine Würdigung: „Er war eine Persönlichkeit, die sich in weiten Kreisen allgemeiner Anerkennung und Wertschätzung erfreute. Wir werden ihm stets ein ehrendes Gedenken bewahren"[29]. Die schwierigen Beziehungen zwischen August Riekel und der TH Braunschweig waren zu einem Abschluss gekommen.

Abschließend soll auf das Wirken Riekels in Braunschweig eingegangen werden. Dass er in Braunschweig als Professor umstritten war, zeigt so mancher Zeitungsartikel, zeigen Karikaturen und die Vorgänge an der Hochschule 1931. Andrerseits war er ein Star. Er hielt im ganzen Reich Vorträge – er muss ein eindrucksvoller Redner gewesen sein. Er sprach 1925 im überfüllten Audimax der TH in Anwesenheit des Ministerpräsidenten und des Rektors vor der Versammlung des Braunschweiger Lehrervereins. Er war 1928 der Hauptredner bei der Verfassungsfeier im Landestheater Die Einweihung seines Instituts für Erziehungswissenschaften war ein politisch-kulturelles Großereignis

Welche Konzepte vertrat Riekel in den zwanziger Jahren? Sie dürften sich auch in seinen Vorlesungen niedergeschlagen haben, die Nellie Friedrichs besuchte. Was hat es mit dem ‚Institut für Erziehungswissenschaften' auf sich, in dem Nellie für kurze Zeit beschäftigt war?

Von Riekel stehen uns eine Fülle an Texten zur Verfügung, kleinere Abhandlungen und umfangreichere Schriften. Die Lektüre ist zuweilen mühsam, ein großer Systematiker und Analytiker war er nicht. Aber manche seiner Überlegungen haben eine erstaunliche Aktualität und für den Historiker der politischen Kultur der Weimarer Republik sind sie eine ergiebige Quelle.

Eine Auswahl seiner Publikationen: ‚Die Philosophie der Renaissance',(1925), ‚Die Probleme der Lehrerbildung, Gedanken und Vorschläge' (1925, 2. Auflage 1931 unter dem Titel ‚Die akademische Lehrerbildung'), ‚Aufgaben und Grenzen der öffentlichen Erziehung' (1926); ‚Die Demokratisierung der Bildung' (1928), ‚Drei Generationen'(1932).

---

die akademischen Rechte eines Emeriti beanspruchte. „Die Abteilung ist überzeugt, daß der ganzen Hochschule daran gelegen ist, unter ihren Emeriti keinen so völlig unwissenschaftlichen Kollegen wie Riekel zu sehen". Ausdrücklich forderten Mitglieder der Fakultät, Riekel nicht in das Vorlesungsverzeichnis aufzunehmen. Schreiben von Heinrich Heffter an den Rektor vom 29.3.1956. Der Brief befindet sich in einem Aktenbestand, der erst Ende 2010 im Universitätsarchiv aufgefunden wurde (Signatur B7:423, Bd. I-IV, der Brief in Bd.III).

27 Schreiben Riekels vom 31.10.1966 an den Rektor der TH, UABS, B7:423, Bd.III, S.291.
28 Ebd., S. 301ff.
29 UABS, unverzeichnet

Die ‚Demokratisierung der Bildung' ist der Text, der von heute gesehen am interessantesten erscheint. Angesichts des grundstürzenden Wandels, den Staat und Gesellschaft in den letzten hundert Jahren erlebt hätten – so die Ausgangsthese – müsste auch die Pädagogik reagieren. Pädagogische Theorie und Aufbau des Schulwesens bedürften einer Demokratisierung der Bildung. Was war damit gemeint? Riekel argumentierte für mehr Bildungschancen, Schulgeldfreiheit, die Unterstützung begabter Schüler aus den ärmeren Schichten. „Erst dann, wenn auf Kosten der Allgemeinheit die begabten Kinder aus den nichtbesitzenden Kreisen erzogen und gebildet werden, treiben wir praktische staatsbürgerliche Erziehung"[30]. Riekel forderte die Überführung der Standesschulen in Begabtenschulen. Das freie Bildungswesen (Volkshochschulen) bedürfe der Unterstützung durch die öffentlichen Körperschaften. Eine neue Organisation des staatlichen Erziehungs- und Bildungssystem sei notwendig. Riekel forderte eine auf sechs Jahre erweiterte Volksschule als Unterbau für eine „nationale Einheitsschule" (Gesamtschule). Hochschulen hätten „insbesonders die Aufgaben den Geist der sozialen Verständigung und der politischen Toleranz in der akademischen Jugend zu pflegen". Davon waren die Hochschulen der zwanziger Jahre weit entfernt.

Die Demokratisierung der Bildung erfordere einen neuen Lehrer, einen Lehrer, „dem politische Intoleranz und soziale Verständnislosigkeit fremd sind", dem gelehrt werde, „dass die Schule im demokratischen Sinn eine Schule der Gemeinschaft ist", einen Lehrer, der wissenschaftliche Gründlichkeit – deshalb die universitäre Ausbildung – mit einfühlendem Verständnis verbinde[31].

Demokratisierung der Bildung heißt für Riekel aber auch eine andere Wertung des zu vermittelnden Stoffes. Schulen dienten nicht allein der Erhaltung, sondern auch der Wandlung der Kulturgüter. Oberstes Lernziel sei bisher die Pflege nationaler Kulturgüter gewesen; doch heute müsse der Rahmen nationaler Kulturgüter überschritten werden. Folgerichtig entwickelte Riekel intensive Kontakte zu belgischen und französischen Lehrerverbänden.

Immer wieder findet sich das Plädoyer für das Eigenleben eines jeden Individuums, das Eigenrecht einer jeden Generation und für die Erziehung zur Gemeinschaft. Gemeinschaft war das Schlüsselwort dieser Zeit; Gemeinschaft hieß Koedukation, hieß ganz konkret die Aufhebung des Klassenverbandes. Entschieden trat Riekel für die Entkonfessionalisierung des öffentlichen Erziehungswesens ein[32].

Demokratische Erziehung hatte für Riekel keinen Selbstzweck, sie galt ihm als Voraussetzung für die Stabilisierung der Weimarer Demokratie und da fiel seine Bestandsaufnahme negativ aus: „Im Schulwesen der deutschen Republik ist bisher erschreckend wenig getan worden, um republikanischen Geist zu pflegen. Es ist ein öffentliches Geheimnis, dass an vielen Bildungsinstitutionen ein Unterricht erteilt wird, den wir als Republikaner nicht gutheißen können[33]." Notwendig sei es, die bestehende Verfassung mit demokratischem Geist zu erfüllen. Diese Aufgabe müssten Schule, Lehrer, Hochschulen übernehmen.

Helmut Hirsch hat Riekels Vorstellung einer demokratischen Erziehung in Schlagwörtern treffend zusammengefasst: Enttraditionalisierung, Entfanatisierung, Entkonfessionalisierung[34]. Solche Ideen passten allerdings nach 1930 nicht mehr in die politisch-geistige Landschaft.

Im Juli 1929 kam es in Braunschweig zur Gründung des ‚Instituts für Erziehungswissenschaften'. Der Landtag bewilligte als Grundstock für die neu ins Leben gerufene Stiftung Geldmittel aus dem Klosterkapitalfonds; weitere Träger der Stiftung waren das Reichsinnenministerium, die Stadt Braunschweig, der Deutsche Lehrerverein, der Braunschweiger Lehrerverein und Privatpersonen. Direktor

---

30   August Riekel, Die Demokratisierung der Bildung, Leipzig 1928, S.52.
31   Riekel, Demokratisierung, S. 51.
32   August Riekel, Aufgaben und Grenzen der öffentlichen Erziehung, Osterwieck 1926, S.135ff.
33   Riekel, Demokratisierung, S. 47.
34   Hirsch, S.30.

des Instituts wurde August Riekel[35]; untergebracht war es im Haus Salve Hospes, das die Stadt dem Instituts unentgeldlich zur Verfügung stellte, gegen den massiven Protest der bürgerlichen Parteien. Das Institut war nicht der Hochschule angeschlossen – Riekel hatte schon länger von einer größeren persönlichen Forschungsstätte geschwärmt – hatte aber gleichwohl Verbindung zur Lehrerbildung. So sollte der Institutsdirektor der jeweilige Ordinarius für Erziehungswissenschaften sein; etliche Studierende der 8. Abteilung wurden Mitarbeiter.

Riekels Konzept für das Institut ist inhaltlich und organisatorisch überdimensioniert, maßlos. Erziehung und Bildung, ihre Bedingungen, ihre vielfältigen Formen, ihre Wandlungen sollten zeitlich und räumlich umfassend erforscht werden. Erziehungswissenschaftliche Forschung sollte eine internationale Angelegenheit werden. Das Institut sollte das pädagogische Schrifttum, einschließlich der Schulbücher aller Länder, sammeln und untersuchen. Es war bis in alle Einzelheiten durch organisiert: Drei Abteilungen gab es, mit zahlreichen Unterabteilungen. Sektion 1 umfasste die Länderreferate, Sektion 2 befasste sich mit pädagogischer Theorie u.a. der Herstellung von Lehrfilmen, eine Kommission sollte mit sozialwissenschaftlichen Mitteln die Einwirkungen von Klima, Bodenbeschaffenheit und sozio-ökonomischen Faktoren auf die Intelligenz und Mentalität von Kindern erforschen. Sektion 3 hatte die Aufgabe, Literatur und Schulbücher aus allen Ländern zu sammeln und zu analysieren. 76 Referenten und Hilfsarbeiter waren vorgesehen[36] – wer sollte das bezahlen, noch dazu in Zeiten der aufziehenden Wirtschaftskrise?

Die Eröffnung des Instituts am 2. Februar 1930 war ein spektakuläres Ereignis. Die Braunschweiger Polit- und Kulturprominenz war erschienen; aus Berlin war Reichsinnenminister Carl Severing angereist, der namens des Reiches einen namhaften Geldbetrag für das Institut zusicherte. Die bürgerliche Presse versäumte nicht darauf hinzuweisen, dass Severing kurz zuvor von der TH auf Antrag der 8. Abteilung die Ehrendoktorwürde erhalten hatte. In seiner Ansprache verlieh der Braunschweiger Kultusminister Sievers der 8. Abteilung der TH das Promotionsrecht. Die Zeitungen – auch die bürgerlichen – priesen das Institut, Braunschweig könne stolz darauf sein, es zu beherbergen.

Diese Einschätzung sollte sich bald ändern. Die bürgerliche Presse und die bürgerlichen Parteien kritisierten die hohen Zuschüsse, sprachen von politischer Einseitigkeit, von Ineffizienz – ein hohles Ei sei das Ganze – sie wandten sich gegen den internationalen Charakter des Instituts. Severing war nicht mehr lange Innenminister im Reich und der neuen bürgerlich-nationalsozialistischen Braunschweiger Regierung war das Institut eh ein Dorn im Auge. Die Mittel blieben aus. Kurz nach seiner Entlassung als Hochschullehrer trat Riekel auch als Institutsdirektor zurück. Im November 1931 schloss das Institut. Nichts blieb.

Helmut Hirsch hat hinsichtlich des Instituts von einem „sternschnuppenartigen Aufleuchten" gesprochen[37].

Ganz verschwunden war Riekels Konzeption aber nicht. Einige Überlegungen finden sich nach 1945 bei Georg Eckert und in dem von ihm gegründeten Internationalen Schulbuchinstitut wieder.

---

35 Im Landtag kam es über die Bewilligung von Mitteln für das Institut zu einer Debatte, bei der es auch um die Person Riekels ging. Bürgerliche Abgeordnete warfen ihm Beeinflussung der Studierenden im sozialistischen Geist vor, Verhandlungen des Landtags 1927/30, Sitzung vom 25. 6. 1929, S. 2096ff.

36 August Riekel, Das Forschungsinstitut für Erziehungswissenschaften in Braunschweig, in: Werner Rades (Hg.)., Braunschweig. Das Land und die tausendjährige Löwen- und Hansestadt, Stettin o.J. (1930), S. 81-88. Hierzu auch Hirsch, S.32ff. und die Quellen im Bestand D 760 im Universitätsarchiv.

37 Hirsch, S. 32.

Allnächtlich um die Geisterstunde
stellt sich ein Gespenst hier ein,

und leise stöhnt's mit schwachem Munde:
„Hier wollt' ich nun unsterblich sein!" —

Karikatur Salve Hospes BLZ1932

Riekel ist heute als Wissenschaftler nahezu vergessen, allenfalls die Studien zur Lehrerbildung in Braunschweig widmen ihm einige Sätze. Ein widersprüchlicher Charakter sei er gewesen, ein groß-sprecherischer Exzentriker mit einem unstillbaren Geltungsbedürfnis, menschlich wie fachlich um-stritten sei er gewesen – mit letzterem gibt man übrigens die Formulierung wieder, die Klagges in ei-nem Schreiben aus dem Jahr 1935 verwandte.

Ein wesentlich positiveres Bild zeichnete Helmut Hirsch, Historiker, Emigrant, Rückkehrer ohne Aussicht auf ein Ordinariat, geprägt von einer Lebenssituation, die derjenigen Riekels vergleichbar war.

Riekel war eine widersprüchliche, eine schillernde Persönlichkeit. Er tanzte auf vielen Hochzeiten, er mischte sich ein, er war ein politischer Hochschullehrer. Und Nellie Friedrichs eingangs zitierter Vorwurf des Opportunisten? Da zögere ich sehr, ihn zu übernehmen.

Nach der Lektüre seiner Schriften aus der Zeit der Weimarer Republik meine ich, es lohnt, sich mit seinen Texten zu beschäftigen. Die letzten Zeilen seiner Schrift ‚Die Demokratisierung der Bil-dung', pathetisch und aufklärerisch zugleich, zeigen es:

„Wenn einmal entscheidende Kämpfe um die Gestaltung des Bildungswesens entbrennen, dann wollen wir zum Staate sagen: Schütze du uns, dann schützen wir dich! Verschaffe du uns, deinen be-auftragten Erziehern und Lehrern, die Möglichkeit, alle Bildungskräfte zu fördern! Gib du uns ein Schulwesen, in welchem Freiheit, Gemeinschaftsgeist und Zukunftsglaube herrschen! Sorge du dafür, daß die Schule nicht charakterisiert wird durch Prügelpädagogen, nicht durch den geistlichen

Schulaufsichtsbeamten, nicht durch engherzige Beeinflussung, konfessionelle Trennung und Standesrücksichten, sondern daß sie charakterisiert wird durch den Geist der pädagogischen Liebe, durch den Geist der gemeinschaftlichen Arbeit und durch das unbeschwerte Wachsen der jungen Menschen (…) Schütze die Jugend, die einstmals deine Zukunft trägt, vor dem Geiste der Intoleranz, vor Chauvinismus, vor Standesvorurteilen und wirtschaftlichen Schwierigkeiten im Ausbildungsgange! (…) Wir schützen dich durch eine Macht, die stärker ist als alle Elternbünde, stärker als alle Priester, stärker als alle geheimrätlichen Gehirne, stärker als die Macht der Kapitalisten und Chauvinisten. Wir schützen dich durch eine Macht, die stärker ist als deine Soldaten, stärker als deine Maschinengewehre, stärker als alle Dunkelmänner der Kulturpolitik! Wir schützen dich durch jenen Geist, der in unserer Arbeit lebt, durch jenen Geist, der uns zukunftsfreudig und sieghaft macht! Wir schützen dich durch den lebendigen Geist der Erziehung"[38].

---

38   Riekel, Demokratisierung, S. 108.

Theodor Geiger und sein Wirken in Braunschweig

Herbert Oberbeck/ Nicole Holzhauser

Wenn man eine neue Welt sucht, darf man keine Angst haben vor dem alten Lehm, der an den Füßen klebt.
(Per Olof Enquist: Das Buch von Blanche und Marie, 2007: 76)

1. Fünf Jahre voller Erwartungen und mit Enttäuschungen

Als Theodor Geiger auf Betreiben der Nationalsozialisten zum 1. Oktober 1933 aus dem Akademischen Lehramt der damaligen Technischen Hochschule Braunschweig entfernt wurde, lagen fünf Jahre als Mitglied des Lehrkörpers hinter ihm. Mit ihm mussten einige andere Professoren die Technische Hochschule verlassen. In einer Vorlage für den Ministerpräsidenten des Freistaates Braunschweig vom 13. Oktober 1933 schreibt der von den Nationalsozialisten gestellte Minister für Volksbildung, Dietrich Klagges: „Prof. Geiger war die Hauptstütze der SPD an der Hochschule. Als organisierter Marxist hat Geiger allen Bestrebungen auf nationalsozialistische Umstellung der Hochschule Widerstand entgegen gesetzt." (Bachmann 1995: 44, FN 68). Wieweit diese von Willkür sicher nicht freie Begründung die tatsächlichen Aktivitäten und politischen Orientierungen von Geiger trifft, ist bis heute umstritten. Manche Autoren der Nachkriegszeit werfen Geiger, der zum Zeitpunkt seiner Entlassung seit mehr als einem Jahr aus der SPD ausgetreten war, opportunistisches Verhalten gegenüber dem Naziregime vor (vgl. Geißler/Meyer 1999: 280; Pollmann 1995: 452). Öffentliche Vorträge in Rundfunksendungen noch Anfang der 30er Jahre, Geigers wissenschaftliche Publikationen sowie sein dokumentiertes persönliches Verhalten stehen jedoch im Kontrast zu diesem Vorwurf.

Geiger kam auf Empfehlung und durch die Förderung von Ferdinand Tönnies nach Braunschweig, der zu dieser Zeit als „soziologischer Altmeister" galt. Tönnies betrachtete Geiger als einen der wichtigen „Macher" des Faches (vgl. Eubank, zit. nach Käsler 1984: 612; sowie Berufungsvorschlag der VIII. Abteilung der TH Braunschweig, Kopie im Theodor-Geiger-Archiv [T-G-Archiv], Institut für Sozialwissenschaften, TU Braunschweig). Geigers Ernennung erfolgte zum 1. November 1928, zunächst als außerordentlicher Professor und fünf Monate später nach erfolgreich geführten Bleibeverhandlungen – die Stadt Berlin hatte ihn für eine leitende Beamtenstelle der dortigen Volkshochschule zurückgewinnen wollen – als Inhaber eines persönlichen Ordinariats (vgl. Sandfuchs 1995: 378). Der bis Ende der 20er Jahre amtierende sozialdemokratische Volksbildungsminister Hans Sievers wie auch Geiger selbst verbanden mit seinem Ruf an die Technische Hochschule weitreichende Ziele. Sievers ging es primär um eine grundlegende Reform der Volksschullehrerausbildung. Diese wurde mit Erlass vom 1.4.1927 gegen das Votum von zahlreichen erklärten Gegnern einer akademischen Lehrerausbildung in die Technische Hochschule integriert (vgl. Bei der Wieden 1996). Geiger sollte und wollte dazu beitragen, Soziologie als elementaren Bestandteil des akademischen Lehramtsstudiums zu etablieren. „Geiger sieht Braunschweig, dessen Lehrerausbildung und die Soziologie der Erziehung nicht als Episode beim Einstieg in die Hochschulkarriere. Er wird vielmehr sehr schnell [...] federführend für die konzeptionelle Weiterentwicklung der Lehrerausbildung." (Sandfuchs 1995: 379)

Man hatte Geiger nicht nur als Experten für Lehrerbildung nach Braunschweig geholt, er kam auch mit Konzepten für die Reform weiterer universitärer Ausbildungsgänge, die noch heute als zeitgemäß und zukunftsrelevant eingestuft werden können. Generell plädierte er für eine Intensivierung interdisziplinärer Ausbildungsinhalte, seine noch junge Fachdisziplin eingeschlossen. „Ich kann mir Soziologie als Fachstudium ohne ein Mindestmaß [an] Beschäftigung mit allgemeiner Ökonomik, Recht und Staatslehre, Psychologie und Philosophie nicht denken. Umgekehrt ist mir heute der Fach-Ökonomiker, Psycholog[e], Jurist ohne einführendes Studium der Soziologie nicht vorstellbar. Wenn dagegen der Techniker Wirtschaftslehre als Ergänzungsfach betreibt, wenn er als künftiger Betriebsingenieur sich mit Betriebsorganisation beschäftigt, braucht er eine Spezialsoziologie." (Geiger, zit. nach Bachmann 1995: 35)

Ein weiteres Ziel der Berufung Geigers bestand darin, dass er mit anderen in dieser Zeit Neuberufenen ein politisches Gegengewicht zur überwiegend konservativ bis antirepublikanisch ausgerichteten Mehrheit der Professorenschaft an der Technischen Hochschule bilden sollte (vgl. Sandfuchs 1995: 366).[1] Schließlich hatte Geiger bei seinen Verhandlungen über die Ausgestaltung des persönli-

---

1   Entgegen der vielfach vertretenen These von generell unpolitischen Gelehrten an deutschen Universitäten können empirischen Forschungen zufolge für die TH Braunschweig zu diesem Zeitpunkt Mitte der 20er Jahre 49 Parteimitgliedschaften von Lehrkräften der TH zweifelsfrei nachgewiesen werden, darunter 34 Mitgliedschaften in naturwissenschaftlich-technischen Fächern, wovon sich wiederum 29 auf das rechte Parteienspektrum und nur fünf Fälle auf die Parteien DDP und SPD verteilt (die Deutsche Demokratische Partei war eine liberale Partei in der Weimarer Republik, die an fast allen Reichsregierungen bis 1932 beteiligt war). In der neu gegründeten kulturwissenschaftlichen Abteilung sah die Relation etwas günstiger für die Parteien

chen Ordinariats den Aufbau eines Forschungsinstituts durchgesetzt, um seine theoretisch wie empirisch ambitionierten Ziele in der aufstrebenden, neuen soziologischen Fachdisziplin auf eine breite Basis stellen zu können. (vgl. Sandfuchs 1995: 378)

Der Wechsel in die Provinz soll Geiger, aus der Metropole Berlin kommend, schwer gefallen sein, dennoch überwogen wohl zunächst Motivation und Enthusiasmus für die Mit- und Neugestaltung universitärer Strukturen und Studiengänge (vgl. Sandfuchs 1995: 363). Einige Zeitzeugen attestierten ihm einen „nahezu beängstigende[n] Einsatz in seine[r] Arbeit", u.a. daran ablesbar, dass seine Vorträge mitreißend und spannend gewesen seien: „er habe ungeheuer schnell und lebhaft gesprochen" (Sandfuchs 1995: 371). Die Leidenschaft für Wissenschaft und Lehre konnten ihn jedoch offenbar auch zu einem unbequemen Menschen für seine Umwelt werden lassen, was René König, einer der führenden Soziologen in den ersten drei Jahrzehnten der Bundesrepublik, in seinem von höchstem Respekt geprägten Nekrolog auf Geiger nicht verschwieg: „Diese Unbequemlichkeit war zunächst und immer wieder Ausdruck einer fanatischen Redlichkeit und intellektuellen Sauberkeit, so dass jeder von uns die Zusammenstöße mit ihm gern aufnahm und als Bereicherung empfand." (1995: 14).[2] Ob diese Unbequemlichkeit auch das Verhältnis Geigers zu seinen Braunschweiger Studierenden und Mitarbeitern sowie zu seinen Professorenkollegen geprägt hat, ob auch diese die Auseinandersetzungen mit ihm am Ende vor allem als Gewinn registriert haben? Die vorliegenden Zeitzeugenberichte lassen eindeutige Antworten auf diese Fragen nicht zu. Festhalten lässt sich hingegen, dass die Bilanz des fünfjährigen Aufenthalts an der Technischen Hochschule Braunschweig gemessen an den ambitionierten Ausgangszielen durchwachsen bis ernüchternd ausfällt. Geigers Frustrationstoleranz wurde offensichtlich in vielfacher Hinsicht strapaziert.

Die wenig erfreuliche Bilanz beginnt bei seinen Vorstellungen einer institutionellen Forschungsinfrastruktur. Nach Rufannahme erhielt Geiger keinerlei Unterstützung für den Aufbau des ihm zugesagten Forschungsinstitutes. Dieses ließ sich in der gesamten Braunschweiger Zeit nicht realisieren. Hierzu wird beigetragen haben, dass der in etwa zeitgleich zu Geiger an die neu eingerichtete Kulturwissenschaftliche Abteilung der Technischen Hochschule berufene Pädagogikprofessor Riekel ebenfalls mit einer innovativen Institutsgründung beauftragt wurde, dem Forschungsinstitut für Erziehungswissenschaften, hierfür auch Anschubmittel erhielt und dennoch scheiterte (vgl. Ludewig in diesem Band). Ausschlaggebend hierfür war Konzeptionslosigkeit, so das Urteil der Historikerin Claudia Schüler in ihrem Beitrag für die Festschrift zum 250-jährigen Bestehen der inzwischen in Technische Universität Braunschweig umbenannten Hochschule (1995: 418). Die für die Lehrerausbildung zentrale Fachdisziplin der Pädagogik wurde insgesamt dem Anspruch einer wissenschaftlich ausgerichteten Leitdisziplin nicht gerecht, ablesbar auch daran, „dass bekannte (und/oder ambitionierte) Wissenschaftler entweder den Ruf an die VIII. Abteilung ablehnten oder möglichst schnell andere Berufungen annahmen." (ebd.). Dies alles dürfte das Ansehen der neuen Abteilung in der Technischen Hochschule nicht gerade gestärkt haben, ein Sog, dem sich auch die wissenschaftlich bereits zu diesem Zeitpunkt unstrittigen und renommierten Kollegen wohl kaum entziehen konnten – Geiger wird in der Literatur ohne Abstriche als ein solcher qualifiziert.

Riekel lag offenbar mit vielen Kollegen, so auch mit Geiger, in der gerade gegründeten Kulturwissenschaftlichen bzw. VIII. Abteilung in permanentem Streit. Man stritt um die Ausgestaltung der Cur-

DDP und SPD aus, 9 von 15 Mitgliedschaften sind diesen und 6 dem rechten Parteienspektrum zuzuordnen (vgl. Schüler 1995: 417).

2   Aus Berichten geht hervor, dass Geigers Persönlichkeitsbild mit diesen arbeitsbezogenen Merkmalen längst nicht vollständig getroffen wird. Er muss darüber hinaus ein sehr charmanter und allzeit zu Späßen aufgelegter Zeitgenosse gewesen sein. Zeitzeugen berichten, er habe beispielsweise das brave bürgerliche Publikum mit Vergnügen in Entsetzen versetzt, als er sich im steifen Café Victoria Luise an den Garderobenständer hängte und „den Affen markiert[e]" (Sandfuchs 1995: 363).

ricula für die Lehramtsstudierenden ebenso wie um wissenschaftliche Arbeitsstandards. Der sowohl innerhalb der Abteilung als auch zwischen dieser und dem Volksbildungsministerium geführte Streit um den Erlass einer neuen ‚Prüfungs- und Studienordnung zum Erwerb der Lehrbefähigung für Volksschulen' zog sich bis ins Jahr 1929 hinein (vgl. Schüler 1995: 422). Aus heutiger Sicht sind zweijährige Auseinandersetzungen um neue Prüfungsordnungen nicht unbedingt überraschend. Damals aber mussten all jene, die wie Geiger Reformmeilensteine setzen wollten, erstmals erkennen, wie mühsam dieser Aufbruch zu neuen reformpädagogischen Ufern war. Und mit dem Erlass von 1929 war der Streit um ein angemessenes, von wissenschaftlicher Dignität getragenes Curriculum für die Volksschullehrerbildung keineswegs ausgestanden. Geiger focht bis zu seiner Entlassung um tragfähige Ausbildungskonzepte und -inhalte, allerdings „vergebens", wie Claudia Schüler in ihrer Analyse der Abteilungsgeschichte zwischen 1927 und 1933 schnörkellos bilanziert (ebd.).

Als weitgehend nicht realisierbar erwiesen sich im weiteren beruflichen Umfeld auch die ambitionierten Pläne einer interdisziplinären Öffnung. Geiger fand bei der überwiegenden Mehrheit der Braunschweiger Kollegen aus den etablierten Fächern hierfür kaum Interesse. So sprach er anderen Soziologen gegenüber von Schwierigkeiten, die einer interdisziplinären Zusammenarbeit an seiner Hochschule entgegenstanden: „Zur Frage des Lehrbetriebs bedaure ich Ihnen nicht von so enger kollegialer Zusammenarbeit berichten zu können, wie ich gern möchte. Intimer Kooperation standen Schwierigkeiten im Braunschweiger Lehrkörper im Weg, deren Kenntnis ich voraussetzen darf. Umso mehr hoffe ich auf Kollektivarbeit für nahe Zukunft." (Geiger, zit. nach Bachmann: 1995: 35)[3]

Zäh und offenbar ohne nachhaltigen Motivationsschub stellten sich auch der Publikations- und der Lehrbetrieb für Geiger dar. So klagte er über eingeschränkte Veröffentlichungsmöglichkeiten ebenso wie über begrenzte Anregungen durch den Umgang mit den Studierenden. Überliefert sind aus einem im Januar 1932 an Ferdinand Tönnies geschriebenen Brief despektierliche Bemerkungen über das niedrige Niveau des damaligen Lehrernachwuchses. „Die Kollegen an den Universitäten haben wenigstens das Ventil der mündlichen Lehre, können an Fachstudierende ihr Eigenstes weitergeben. Ich armer Braunschweiger habe nur meine jungen Pädagogen, die ‚nebenbei auch ein bisschen Soziologie' treiben sollen und denen schon das ABC dieser Wissenschaft allzu schwer erscheint. So bin ich auf eine rechte Kleinkinder-Lehre beschränkt, kann mich als Lehrer in keiner Weise auswirken. Wenn ich nur einmal den Versuch mache, wirkliche soziologische Wissenschaft zu treiben, starren mich glasig verständnislose Augen an, und ich gebe es auf – traurig und oft ein wenig bitter." (Geiger, zit. nach Bachmann 1979: 6)[4]

Nimmt man den Lebensbericht von Nellie H. Friedrichs hinzu, so fällt das Urteil über die Studierenden an der 1927 neu eingerichteten Kulturwissenschaftlichen Abteilung differenzierter aus: „Die Gruppe der Studenten war merkwürdig gemischt, bestand aus hochintelligenten, jungen Leuten, von denen man einige heute als Radikale bezeichnen würde und andere waren relativ zahme Söhne und Töchter von Bauern aus den umliegenden Dörfern" (1998: 29)[5]. Geiger hat offenbar eine der "hoch-

3 Es hat bekanntlich bis in die späten 80er Jahre hinein gedauert, bis an der Nachfolgeinstitution, der Technischen Universität Braunschweig, diese disziplinäre Abschottung durch Einrichtung der Wirtschaftsingenieurstudiengänge und der fächerübergreifenden Studienanteile (FÜGRA) in vielen Studiengängen der Ingenieur- und Naturwissenschaften überwunden wurde.

4 Der Brief Geigers an Tönnies befindet sich im Nachlass von Tönnies in der Schleswig-Holsteinischen Landesbibliothek Kiel.

5 Untersuchungen von Historikern zeigen, dass sowohl die Klassifizierung „seiner" Lehramtsstudierenden durch Geiger als auch der Hinweis von Nellie Friedrichs auf die strukturelle Zusammensetzung der Studierenden an der Kulturwissenschaftlichen Abteilung ergänzungsfähig sind. Demnach dominierten nicht unbedingt die „Söhne und Töchter von Bauern aus den umliegenden Dörfern" (s.o.) und hier schon gar nicht deren Töchter; letztere waren im Gegenteil extrem benachteiligt im Zugang zum Lehramtsstudium. Die überwiegende Mehrheit dieser Studierenden entstammte offenbar der unteren Mittelschicht, ein knappes Drittel

intelligenten jungen" Frauen besonders geschätzt. Er trug Nellie Bruell, die später den ebenfalls an der TH Braunschweig tätigen Mathematiker Kurt Otto Friedrichs heiratete, nicht nur eine Assistentenstelle, sondern auf einer gemeinsamen Zugfahrt nach München kurz vor Weihnachten 1932 auch Heiratswünsche an – vergeblich, wie wir in ihren publizierten Erinnerungen nachlesen können (vgl. ebd.). Auf der Strecke blieben in dieser Braunschweiger Zeit somit für Geiger (der im Übrigen bereits seit Anfang der 20er Jahre verheiratet war; vgl. Heiratsurkunde, Kopie T-G-Archiv) auch private Hoffnungen.

1932 kehrte Geiger zudem der SPD nach zehn Jahren Mitgliedschaft den Rücken zu, weil er in der Partei zu wenig Bereitschaft sah, auf neue soziale Schichten jenseits der Arbeiterklasse zuzugehen. Schon 1931 hatte Geiger der SPD vorgeworfen, dass sie an einem „erstarrten Volksmarxismus" sowie an überholtem „Proletarismus" festhalte (Geiger, zit. nach Geißler 1995: 280). Er trat also aus der SPD aus, weil er von dieser Partei zentrale gesellschaftspolitische Entwicklungen nicht mehr angemessen aufgenommen sah. So bemängelte er vor allem die fehlende Sensibilität für die sich quantitativ ausbreitende neue Schicht der Angestellten, dem neuen Mittelstand. Nicht zuletzt in dieser Ignoranz zentraler Veränderungen in den Arbeits- und Beschäftigungsverhältnissen der entwickelten kapitalistischen Ökonomie durch die SPD sah Geiger einen Grund für die Erfolge der Nationalsozialisten, die bei den neuen wie bei den alten Mittelschichten zunehmend Fuß fassen konnten.[6]

Hinzu kommt bei der Bilanz der fünf Geiger-Jahre an der Technischen Hochschule Braunschweig, dass in den frühen dreißiger Jahren der persönliche Druck auf Geiger wie auf andere Nichtparteigänger und Gegner der Nazibewegung sowie auf jüdische Mitarbeiter[7] innerhalb und außerhalb der Hochschule zunahm (vgl. Roloff und Wettern in diesem Band) und schließlich in körperlichen Drohungen und Boykotten gipfelte: „Im Sommersemester 1932 wurde eine der Vorlesungen Geigers, offenbar aus Furcht vor Repressalien, nur von drei Studenten besucht" (Bachmann 1995: 42). Im März 1933 fand Geiger eine Drohung vor seiner Wohnungstür und daneben seinen zerstückelten toten Kater ‚Schnunz', über dessen Verhalten er häufig soziologisch-psychologische Reflexionen in seine Vorlesungen eingebaut hatte (vgl. Friedrichs 1973: 530).

Schließlich forderte ihn seine Dienststelle Ende August 1933 zu einer Rechtfertigungsschrift auf. Er verteidigte sich „vorsorglich und allgemein gegen den Vorwurf der nationalen Unzuverlässigkeit" (Verteidigungsschreiben 11.8.1933, Kopie im T-G-Archiv). Einige Sozialwissenschaftler und Historiker sehen insbesondere in dieser Einlassung Geigers den Vorwurf „gewisser äußerlicher Anpassungsversuche" begründet (Geißler/Meyer 1999: 280). Furcht vor den zunehmend unzurechnungs-, aber zu allem anderen fähigen Nationalsozialisten mag eine Rolle für die Verklausulierung seiner

---

kam aus der Unterschicht, d.h. aus der Arbeiter- sowie unteren Beamtenschaft. Die obere Mittelschicht spielte für die Rekrutierung von LehrerstudentInnen kaum eine Rolle. Am ehesten entschieden sich noch Töchter aus oberen Mittelschichten für das Lehramtsstudium an der VIII. Abteilung (vgl. Schüler 1995, 424f). Geiger hatte insofern in Braunschweig in der Tat überwiegend mit Studierenden aus anderen, niedrigeren sozialen Herkunftsschichten als seiner eigenen zu tun, stammte er doch aus einem gut situierten klassischen Bildungsbürgerhaushalt; sein Vater war Gymnasiallehrer und zuletzt als Oberstudiendirektor tätig, seine Mutter entstammte einer Apothekerfamilie (vgl. Bachmann 1995: 23).

6   Die damalige Vernachlässigung dieser Beschäftigten- und Bevölkerungsgruppen durch die SPD und die ihr nahe stehenden Gewerkschaften zeitigte langfristige Wirkungen, u.a. ablesbar daran, dass es den bundesrepublikanischen Gewerkschaften bis heute nicht gelungen ist, in diesen Beschäftigtensegmenten nachhaltige Organisationserfolge zu verzeichnen.

7   Geiger selbst war nicht-jüdischer Herkunft, dennoch wird er eine Sensibilität für die Verhältnisse gehabt haben, denen jüdische Mitarbeiterinnen und Mitarbeiter der Hochschule ausgesetzt waren. So war Geiger mit seiner wissenschaftlichen Mitarbeiterin Nellie Bruell befreundet, er besuchte mit ihr einen gemeinsamen Russischsprachkurs und fuhr regelmäßig mit ihr in der Straßenbahn – zur Unterhaltung – wie ihr Sohn, Christopher Friedrichs, berichtet. (Gespräch d. Verf. mit Friedrichs am 3.9.2008).

Worte gespielt haben, jedoch scheint uns hinter der Reklamation „nationaler Zuverlässigkeit" ein tiefgründigeres Motiv zu stehen. Geiger rekurrierte auf seine wissenschaftliche Professionalität, auf sein durch „ehrliche Leistung erworbenes Ansehen als Gelehrter. Ich glaubte, [...] meine nationale Zuverlässigkeit am klarsten dadurch zu erweisen, dass ich in meinem Beruf als akademischer Lehrer und Forscher alle Kraft für das Volk einsetze, zu dem ich mich bekenne." (Verteidigungsschreiben 01.09.1933; Kopie im T-G-Archiv.). Zu diesem Forscherethos gehörte eine schonungslose und im Übrigen furchtlos publizierte Analyse der sozialen Hintergründe für die zunehmenden Wahlerfolge der Nationalsozialisten (vgl. Geißler/Meyer 1999: 280), die allerdings trotz aller Evidenz den Aufstieg des Hitler-Faschismus nicht (mehr) verhindern konnte.

2. Der erfahrungswissenschaftlich orientierte Soziologe als Außenseiter seiner Zunft

Geiger haben die eher negativen Erfahrungen und persönlichen Enttäuschungen in seinem Arbeitsumfeld an der Technischen Hochschule Braunschweig nicht gehindert, sein Renommee als innovativer Soziologe nachhaltig auszubauen.[8] Geigers Auseinandersetzung mit aktuellen Fragen der Interessenorientierung in allen gesellschaftlichen Klassen und Schichten, seine Analysen der politischen Entwicklung, sein Interesse für soziale Umbrüche sowie für Ursprünge und Entwicklungsverläufe von gesellschaftlichen Interessenkonflikten, all dies hat zu einer spezifischen wissenschaftlichen Profilbildung und zu einem sichtbaren politischen und publizistischen Engagement beigetragen. All jene, die in seiner Braunschweiger Zeit den wissenschaftlichen oder persönlichen Austausch mit Geiger gesucht haben, konnten auf Grund seiner vielseitigen Interessen und Studien teilhaben an einer höchst originären Auseinandersetzung mit zentralen gesellschaftlichen Entwicklungen in der Weimarer Republik.

Schauen wir genauer auf die Fragen, die Geiger in seiner Braunschweiger Zeit (und zuvor) umgetrieben haben und für die er Antworten fand wie kaum einer sonst unter den Soziologen seiner Zeit (vgl. zum Folgenden insbesondere Geißler 1995: 276f). Geiger hat sich bei seinem zentralen Thema, der Untersuchung der Sozialstruktur Deutschlands, lange an dem Marxschen Klassenkonzept mit dem Hauptwiderspruch von Bourgeoisie und Proletariat gerieben, um es dann substanziell um den Begriff der sozialen Schicht zu erweitern. Geiger erklärte die soziale Schicht zu einem soziologischen Grund- und Oberbegriff, ohne auf den Klassenbegriff von Marx zu verzichten. Dessen Klassenkonzept wird bei Geiger zu einem Typus sozialer Schichtung mit historisch begrenzter Gültigkeit. Geiger verfolgt in seinem Konzept einer Sozialstrukturanalyse ferner weit mehr als ein Auflisten und Klassifizieren von Merkmalen wie Beruf, Einkommen und Bildung sowie von subjektiven Befindlichkeiten und Mentalitäten, von Ideologien und Lebensweisen. Ihn interessiert der Zusammenhang zwischen beiden Bereichen, d.h. zwischen der objektiven Soziallage und den persönlichen Präferenzen, Denkmustern sowie Orientierungen. (Hier scheint eine Nähe zu Bourdieu und seinem Begriff des Klassenhabitus

---

8   Geiger hat – so erscheint es zumindest aus heutiger Sicht – die Misserfolge und Zurückweisungen, die er in seinem persönlichen, beruflichen und gesellschaftspolitischen Umfeld während seiner Braunschweiger Jahre erfuhr, in intensive wissenschaftliche Arbeit umgelenkt. Eine seiner Strategien, mit vermutlich zunehmender Einsamkeit und Resignation umzugehen, lag darin, sich auch wissenschaftlich mit diesen Phänomenen auseinanderzusetzen: 1932 publiziert er in Neue Folge der Kölner Vierteljahreshefte für Soziologie – d.h. in einer zu der Zeit weltweit als exzellent anerkannten Fachzeitschrift – einen Aufsatz über die "Formen der Vereinsamung" (Nachdruck 1962). Es heißt dort u.a.: „Der Mitmensch kann mir ebenso Erlösung aus der Einsamkeit sein, wie die Abgeschiedenheit Erholung von den Mitmenschen. Wie das Verhältnis subjektiv empfunden wird, hängt teils vom Anlagetypus des Menschen, mehr wohl von den sozialen Zwängen insbesondere beruflicher Art ab, denen er unterworfen ist." (Geiger 1962: 262)

auf. Dieser seit den 70er Jahren des 20. Jahrhunderts weltberühmte französische Soziologe trat hiermit jedoch erst drei Jahrzehnte nach Geiger „auf den Plan".) So konzipierte Sozialstrukturanalyse setzt die Verbindung mit anderen Spezialsoziologien, z.B. der Kultursoziologie und der Ideologiekritik voraus. Ein wichtiger Stellenwert in der Geigerschen Sozialstrukturanalyse kommt schließlich dem alten und neuen Mittelstand zu, bei beiden Gruppen sieht er – wie bereits angesprochen – eine massive Hinwendung zu den Ideologien der Nationalsozialisten, bedingt durch die von der Industrialisierung hervorgerufenen gesellschaftlichen Umbrüche und Verwerfungen.

Ein weiteres großes Thema bei Geiger ist die Auseinandersetzung mit der Kulturkritik. So hat Geiger es „als einer der ersten gewagt [...], den Schritt aus dem Zauberkreis der Tradition herauszutun". (König, zit. nach Meyer 2001: 16). Ihm ging es darum, den insbesondere in der Weimarer Republik sowohl in intellektuellen Kreisen als auch in der Bevölkerung weit verbreiteten Gemeinschaftsideologien mit ihren irrationalen Sehnsüchten und kulturpessimistischen Konzepten einen eigenen Beitrag zu Integrations- wie Desintegrationstendenzen der Moderne entgegenzusetzen. Er bricht mit der Modernitätskonzeption soziologischer Klassiker der ersten Generation (Durkheim und Simmel) und modelliert jenseits von deren normativen Ordnungsvorstellungen „eine von moralischen, naturrechtlichen und religiösen Vorgaben befreite Gesellschaft" (ebd.). Geiger beschäftigte sich in seiner Braunschweiger Zeit ferner mit den brisanten Rassenideologien. Hier begab er sich auf die Suche nach Gegenkonzepten zur kruden Bevölkerungslehre der Nationalsozialisten (vgl. hierzu Friedrichs in diesem Band). Last but not least – arbeitete er unter Assistenz von Nellie Bruell an einem, wie wir heute sagen würden, Konzept der Leistungseliten und ihrer sozialen Reproduktion.

Voraussetzung für seine innovativen wissenschaftlichen Arbeiten war eine bei Geiger früh ausgeprägte Weltläufigkeit. Er verharrte nicht im nach innen gekehrten Blick des Deutschen Idealismus, sondern machte sich vertraut mit der Entwicklung der Sozial- und Wirtschaftswissenschaften in anderen Ländern. Insbesondere in den USA arbeiteten Soziologen mit ambitionierteren methodischen Instrumenten; Geiger hat diese für seine eigenen Arbeiten fruchtbar zu machen versucht. Seine innovativen methodischen Ansprüche, die Geiger im Begriff der Soziographie bündelt, kleidet er im Vorwort seiner in Braunschweig entstandenen bahnbrechenden Arbeit zur ‚Sozialen Schichtung des deutschen Volkes' in folgende, teilweise prosaischen Worte: Soziographie heißt für ihn „Zustand und gegenwärtige Gesellschaft (mit Hilfe des statistischen Verfahrens; d. Verf.) exakt beschreiben" zu wollen (Geiger 1967: III). Geiger sucht Anlehnung bei Leonardo da Vinci, um die Bedeutung der Statistik, der Mathematik für eine empirisch und theoretisch gehaltvolle Soziologie herauszustreichen: „Wer die höchste Sicherheit der Mathematik verschmäht, nährt sich von Verwirrung, statt Einhalt zu tun der Sophistenweisheit, die in Ewigkeit nichts andres zu Wege bringt, als eitel lärmenden Schwatz. [...] Die Soziographie will heutige oder vergangene Gesellschaft beschreiben. Sie stellt Befunde dar, schildert sie nach ihren Eigenschaften, Merkmalen, Bedeutungen. Sie typisiert; ihre Typen sind Durchschnitts- vielleicht Normaltypen. Die Idealtypen überlässt sie der allgemeinen theoretischen Soziologie. Das Mengengewicht vorgefundener und beschriebener Typen zu bestimmen, sich selbst von der relativen Wichtigkeit der festgestellten Befunde Rechenschaft zu geben, dazu bedarf sie der Statistik. [...] Die Feststellung der für die Klassenschichtung eines Volkes belangreichen Merkmale oder Merkmalreihen ist Sache soziologischer Interpretation der Wirklichkeit; die Darstellung der gesellschaftsdynamischen Funktion von Klassen desgleichen. Aber zum Nenner unterm Bruchstrich gehört der Zähler darüber: – den setzt die Statistik." (ebd.)

Und auch dort, wo Geiger nicht auf Statistiken zurückgreift, präferiert er empirisch generierte Fakten als Basis soziologischer Theoriebildung und praxisorientierter Interpretationen von gesellschaftlichem Wandel. Hier kommen die 19.000 Karteikarten von Nellie Bruell ins Spiel, die sie während ihrer Assistentenzeit bei Geiger als Resultat ihrer Auswertung einer unendlichen Fülle deutscher Biographien auszufüllen hatte. In ihren autobiografischen Aufzeichnungen heißt es dazu: „Das sehr interessante Projekt, das Geiger für ein Buch verwerten wollte, (welches weder in der Braunschweiger Zeit noch je danach entstand; d. Verf.), erforderte eine große Materialsammlung, die ich vorbereiten und zusammenstellen sollte. Auch war sein Vorschlag, dass ein Teil davon für mich das Thema für eine geeignete Dissertation ergeben würde. Seine Idee war, die Verteilung von Begabungen in ganz Deutschland durch die Jahrhunderte zu untersuchen. Die Basis für diese Untersuchungen lieferten die 26 dicken Bände der ‚Allgemeinen Deutschen Biographie'. Für mich bedeutete es lesen, lesen und nochmals lesen und auf speziell dafür hergerichteten Kartothekskarten die entsprechenden Notizen zu vermerken. Die Biographie enthielt Aufzeichnungen über alle Männer und Frauen, die in den Naturwissenschaften, der Kunst, Literatur, Geschichte oder Politik sich einen Namen gemacht hatten. Sie ging zurück bis zum Jahre 800 und in vielen Fällen genügte ein kurzer Satz, um das Wesentlichste festzuhalten, während über manche Personen viele Seiten geschrieben werden mussten. Meine Aufgabe war es festzustellen, welchen Beruf der Betreffende gehabt hatte, was der Vater gewesen war, wo und wann er geboren war und was immer der besondere Grund sein mochte, in dieser Enzyklopädie erwähnt zu sein. Allein dieser Teil meiner Arbeit dauerte über ein Jahr und als ich damit fertig war, hatte ich 19.000 Kartothekskarten ausgefüllt." (Friedrichs 1998: 31)

Mit seiner erfahrungswissenschaftlichen Ausrichtung war Geiger innerhalb der ehedem noch kleinen deutschen Soziologenzunft ein Außenseiter. Er wollte für die Soziologie in Deutschland einen dezidierten Kontrapunkt zum ‚deutschen Geist' markieren und Soziologie als Realsoziologie (vgl. Geiger 1977: 163f.) bzw. als kritische Wirklichkeitswissenschaft etablieren (vgl. Meyer 2001: 15). Die große Mehrheit seiner Disziplinkollegen hielt dagegen am so genannten ‚deutschen Sonderweg' fest, orientierte sich am Idealismus, pflegte eine Fortschritts- und Technikskepsis und zeichnete sich durch Wirklichkeits- und Praxisferne aus (vgl. ebd.: 19). Diese durch das Zurückbleiben hinter ihren westlichen Nachbarn bestimmte Ausrichtung der Soziologie hat der Berliner Soziologe und langjährige Direktor des dortigen Wissenschaftskollegs Wolf Lepenies Mitte der 80er Jahre wie folgt zusammengefasst: „Wenn es so etwas wie eine deutsche Ideologie gibt, dann besteht sie darin, weniger den Ursachen dieser Rückständigkeit nachzuspüren und auf Abhilfe zu sinnen, als vielmehr in einer Mischung aus Trotz und Trauer die Romantik gegen die Aufklärung, den Ständestaat gegen die Industriegesellschaft, das Mittelalter gegen die Moderne, die Kultur gegen die Zivilisation, die Innerlichkeit gegen die Außenwelt, Gemeinschaft gegen Gesellschaft, das Gemüt gegen den Intellekt auszuspielen, um schließlich zur Heroisierung eines deutschen Sonderweges und zur Verherrlichung deutschen Wesens zu gelangen." (zit. nach Meyer 2001: 20)

Der ‚deutsche Sonderweg' blieb weder in der Soziologie noch in anderen Geisteswissenschaften ein innerdisziplinäres Phänomen. Eine Konsequenz dieses seinerzeitigen Leitbildes bei führenden Köpfen an deutschen Universitäten war eine tendenziell antidemokratische Haltung. Helmuth Plessner hat schon 1924 bei seiner Auseinandersetzung mit den „ideengeschichtlichen Traditionen des deutschen Sonderbewusstseins, die von zahlreichen Personenkreisen [...] und Bewegungen getragene Gemeinschaftsidee als antimodernistische Schlüsselideologie kenntlich gemacht" (ebd. 25), insofern verwundert es nicht, wenn aus diesen Wissenschaftlerkreisen der aufkommenden Nazibewegung kaum Widerstand, sondern in etlichen Fällen eher mehr oder weniger offene Sympathie entgegengebracht wurde.

Gerade weil Geiger diesem Sonderweg der deutschen Soziologie und der damit verbundenen Fixierung auf eine einseitige Technik-, Wissenschafts- und Massenkritik nicht folgte, passte er eigentlich hervorragend in eine Technische Hochschule wie die Braunschweigische. Ging und geht es hier doch primär um das Hervorbringen von zukunftsweisenden ingenieur- und naturwissenschaftlichen Innovationen sowie auch von reformorientierten Lehrerausbildungskonzepten. Ob man Geigers Leistungen als Soziologe in Wissenschaftlerkreisen der Technischen Hochschule oder auch in seinem sonstigen Braunschweiger Umfeld zu würdigen wusste? Es gibt wenig Hinweise darauf, dass Geigers herausragende Arbeiten in der Technischen Hochschule jenseits seiner Hörerschaft die Resonanz fanden, die ihnen ob ihres innovativen Potenzials sowohl für die Fachdisziplin der Soziologie als auch weit darüber hinaus gebührten.

3. Konsequente Politische Soziologie: Aufklärung über die Ursachen des Erfolgs der Nationalsozialisten

Zugänglich waren Geigers Analysen und Befunde, denn er reüssierte nicht nur als Fachwissenschaftler, sondern schaffte es zudem, seine wissenschaftlichen Befunde umstandslos in eine allgemeinverständliche Sprache zu übersetzen, etwa in Rundfunkbeiträgen, von denen einer schließlich als Vorwand für die Nazischergen zur Entlassung aus dem Professorenamt genutzt wurde. Unter dem Titel „Die Krise des Mittelstandes" sendete die Deutsche Welle am 13.11.1931 um 19.30 Uhr einen Beitrag Geigers mit einer unmissverständlich kritischen Auseinandersetzung zu den Ursachen zunehmender Wahlerfolge der NSDAP.[9]

Dem Nationalsozialismus sei es gelungen – so Geigers Kernthese – den zersplitterten und verunsicherten alten und neuen Mittelstand mit einer geschickten Werbestrategie in einer einheitlichen Bewegung zusammenzuschweißen: „Inzwischen hat der jäh ins Kraut geschossene Nationalsozialismus das Bild völlig verändert und den Mittelstand in ganz neuer Weise zum hochaktuellen Problem gemacht. [...] Die bürgerlichen Splitterparteien sind aufgerieben, die großen politischen Gruppen der Rechten verlieren ihren mittelständischen Anhang und sind aufs äußerste geschrumpft. [...] Der Mittelstand ist nicht mehr eine Schicht, in der die widerstrebenden Klasseninteressen einigen Ausgleich erfahren. [...] Die Werbung mit eigenartig verquickten antikapitalistischen und nationalen Forderungen traf ihn just in einem Augenblick tiefster Hoffnungslosigkeit und Enttäuschung, größter Verwirrung und Verzweiflung. Er ist aus seiner passiven Verteidigungsstellung aufgescheucht und zu höchster Aktivität, ja äußerstem Radikalismus erwacht". (1931: 3f)

Es sind vor allem die Eckpfeiler der Geigerschen Sozialstrukturanalyse, die ihn zu ebenso profunden wie politisch brisanten Bemerkungen über den wachsenden Rückhalt der Nationalsozialisten insbesondere in alten und neuen Mittelstandsgruppen führten. Geiger stellte im Gegensatz zu Marxschen Prognosen fest, dass realiter der schwere wirtschaftliche Druck auf den Besitzmittelstand zu einer Verstärkung der Abgrenzung gegen den proletarischen Sozialismus geführt hat und dass sich zugleich „[...] diese Volksteile gegenüber dem an Schärfe zunehmenden Klassengegensatz (zwischen Bourgeoisie und Proletariat; d. Verf.) die Überlieferungen ständischen Bürgertums bewahrt [haben]" (1931: 1). Zum Besitzmittelstand gehören die selbständigen Gewerbe- und Handelstreibenden und die Bauern. Geiger zeigte auf, dass jener alte Mittelstand in einer „Politik ängstlicher Verteidigung seiner täglich schwerer bedrohten Interessen" (1931: 3) verharrte. In dieser Verunsicherung spalteten sich die einzelnen Teile dieser Gesellschaftsgruppe so sehr auf, dass von gemeinsamen politischen Interessen nicht mehr die Rede sein konnte. Als einziges verbindendes Element verbleibe die „Sorge, zwischen Großkapital und proletarischem Sozialismus zerrieben zu werden".(ebd.)

Eingeschlossen sind in dieser Analyse die Angestellten, der neue Mittelstand. Hierzu zählen freie Berufe, Beamte und die damals noch geringe Zahl der privaten Angestellten. Geiger stellte hier die Frage: „Warum bleibt so ein großer Teil von ihnen dem Sozialismus fern, warum fand Hitlers Bewegung gerade hier so viel Anhang?" (1931: 7). Geht man davon aus, dass die Angestellten jener Zeit oft sogar schlechter bezahlt wurden als die Arbeiter, ist diese Frage naheliegend. Geigers Erklärung

---

9   Alle der im folgenden Abschnitt ausgewiesenen Zitate entstammen der Manuskriptvorlage dieses Rundfunkbeitrages. (Geiger 1931)

lautete so schlicht wie einleuchtend: „Die Schicht ist bunt aus Menschen verschiedenster sozialer Herkunft zusammengewürfelt [...und] es ist die Auflehnung des bildungsständischen Ehrgeizes gegen das Eingeständnis des Abstiegs." (1931: 7f)

Bei der Interessenorganisation der Angestellten spielten für Geiger schließlich die Frauen eine große Rolle, die zu den Berufssegmenten der Angestellten Zugang gesucht und gefunden hatten, ohne damit unbedingt eine lebenslange Perspektive rsp. Verortung zu verbinden. „Eine besondere Rolle spielt die große Zahl weiblicher Angestellter. Manche fühlen als Haustöchter nicht die volle wirtschaftliche Bürde des Angestelltenschicksals, andre betrachten ihre Tätigkeit nur als vorübergehendes Unterkommen bis zur Ehe, sind also gar nicht gewillt, in ihrer derzeitigen Schicht einzuwurzeln." (1931: 8)

Schließlich differenzierte Geiger in seinem Beitrag für die Deutsche Welle das Bild der Wählerschaft der NSDAP. Er thematisierte die Schicht der Beamten und bezog insbesondere die Studenten in seine Betrachtung ein. Bei den Beamten sah er die Hoffnung auf den nationalsozialistischen Machtstaat und den damit verbundenen Prestigezugewinn als Hauptmotiv der Zuwendung zur NSDAP. Und unter den Jugendlichen waren es nach der Diagnose Geigers vor allem die Studenten, die der nationalen Propaganda des Hitlerismus erlagen, nicht zuletzt deswegen, weil ihnen die Weimarer Republik kaum Zukunftsperspektiven eröffnete. „Hier verbindet sich der Gedanke des angriffsbegierigen Nationalsozialismus mit überkommen Vorstellungen von mutiger Männlichkeit und Wehrhaftigkeit. Freilich ist auch hier die Neigung zum Radikalismus durch untiefe schamhaft verborgene Verelendung genährt. Hier revoltiert eine schwer geprüfte Jugend gegen die Not ihrer Kindheit und gegen die Trübsal ihrer Zukunft." (1931: 7) Geiger betonte in diesem Zusammenhang, dass die Einschätzung des Sozialdemokraten Högner richtig sei, dass die Werbekraft des nationalen Gedankens nicht unterschätzt werden dürfe – „mag dieser Gedanke auch Formen annehmen, die viele von uns als Verzerrung ablehnen." (ebd.)

Geiger setzte in seinem Rundfunkbeitrag für die Deutsche Welle – wie in anderen Publikationen – seine Hoffnung darauf, dass wachsender Wohlstand zu einer Abebbung der radikalen Interessenorientierung im alten und neuen Mittelstand führen würde, dass „realpolitisch nüchternes Denken wieder Boden [gewinnt...]. Die Werbekraft des empörerischen Nationalsozialismus scheint jetzt auf ihrem Höhepunkt zu sein. [...] Damit wird die Werbekraft, deren sich der extreme Nationalsozialismus jetzt noch erfreut, etwas abnehmen. Es darf auch nicht verkannt werden, dass weiteste Kreise der heutigen nationalsozialistischen Wählerschaft zwar national, aber im Grunde nicht nationalistischangriffsbegierig sind. [...] Das Entscheidende ist aber: die nationale Propaganda hat zwei grosse Bevölkerungsgruppen zusammengekettet (Arbeiterklasse und Mittelstand; d. Verf.), deren wirtschaftliche Interessen und Gesellschaftsgesinnungen letzthin auseinandergehen." (1931: 10) Geigers Erwartungen trafen hier die reale Entwicklung nicht, dies aber schmälert die Evidenz seiner Sozialstruktur- und Wähleranalyse nicht. Diese wurde im Übrigen durch differenzierte Auswertungen von Wählerwanderungen in den Jahren der Weimarer Republik belegt (vgl. Roloff 1964).

Die Nationalsozialisten haben offensichtlich über lange Zeit wenig Kenntnis von Geiger und seinen wissenschaftlichen Schriften genommen. Auch schien die Zugehörigkeit zur SPD bis zu einem bestimmten Punkt aufgrund seiner eher passiven Mitgliedschaft im Verborgenen oder nicht Beachteten verblieben zu sein. Erst ein halbes Jahr nach seinem am 13.11.1931 über die Deutsche Welle verbreiteten Vortrag wurde Geiger nach dem Ausfüllen eines Personalfragebogens dazu aufgefordert, seine staatsfreundliche Gesinnung zu belegen und den Aufsatz einzureichen.[10] Auf eben diesem Fra-

---

10 Aus einem Schreiben an den Rektor der TH vom 11. August 1933 geht hervor, dass sich Geiger gegenüber der Hochschulleitung bezüglich seiner Rundfunk- und sonstigen Vorträge rechtfertigen sollte. Er bemerkt hierin: „Ich habe niemals Vorträge politischer oder gar parteipolitischer Art gehalten." Weiterhin seien seine

gebogen von Juli 1933 ist in dicken roten Buchstaben am oberen Rand „SPD" vermerkt. Auch findet sich ein nicht datiertes handschriftliches Protokoll einer Observierung Geigers in der Akte wieder: „Geiger grüßte noch am Tage der letzten Reichtagswahl den Juden Dr. Meyer mit erhobener Faust und dem Ruf: „Freiheit". Einen Straßenbahnwagen, in welchem sich SA-Männer befanden, betrat genannter Geiger nie." Auch habe er geheime Treffen für „bekannte Marxisten" in seinem Haus organisiert. (Handschriftliches Manuskript in der Personalakte Geiger, Universitäts-Archiv, Technische Universität Braunschweig). Sollten diese Notizen nicht der reinen Phantasie des oder der beauftragten Spitzel(s) entstammen, so sprechen sie dafür, dass Geiger durchaus ein politischer Mensch war, der mit seiner Meinung auch in die Öffentlichkeit ging. Verbürgt ist zudem, dass Geiger seine Privatwohnung zu einem konspirativen Treffen von Politikern der SPD und ihrem Umfeld zur Verfügung stellte, um über Maßnahmen zur Beseitigung der NS-Minister aus der Regierung zu beraten (vgl. Pollmann 1995: 450).

4. Als Soziologe seiner Zeit voraus

Was das Braunschweiger Umfeld inner- und außerhalb der Technischen Hochschule von den wissenschaftlichen Meilensteinsetzungen und analytischen Befunden Geigers mitbekommen hat – wir wissen wenig darüber. Geiger muss einige Kollegen in seine Gedankenwelt, in seine theoretischen und empirischen Arbeiten einbezogen haben. So dankt er im Vorwort zu seinem Buch zur ‚Sozialen Schichtung des deutschen Volkes' explizit Herrn Dr. Hans Röhll, „dem Assistenten des wirtschaftswissenschaftlichen Seminars an der Technischen Hochschule Braunschweig." (Geiger 1967: IV). Mit dem Professorenkollegen dieser Disziplin, dem Ökonomen Wilhelm Gehlhoff war er offenbar zeitlebens persönlich befreundet. Auch hier dürften die Inhalte und Interessen der jeweiligen wissenschaftlichen Forschungsarbeiten nicht ausgespart worden sein. Doch die politischen Verhältnisse der Zeit ließen eine „normale" wissenschaftliche Debatte wohl nicht mehr zu.

Geiger suchte in seinen wissenschaftlichen Arbeiten nach einer neuen Welt. „Ein neues Zeitalter fordert, in anderer Linienführung und mit frischen Farben geschildert zu werden", so schrieb er 1949 in einer seiner Schriften (zitiert nach Geißler 1995: 273). In Braunschweig wollte er diverse Studiengänge und die Lehrerausbildung an der Technischen Hochschule reformieren sowie über Fachgrenzen hinaus interdisziplinäre Brücken bauen. Insbesondere das Fundament seiner Fachdisziplin – der Soziologie – sollte von der Lehmschicht des deutschen Idealismus befreit und auf eine feste und durch moderne empirische Methoden fundierte Theoriebasis gestellt werden. Dabei lag ihm viel daran, mit seinen wissenschaftlichen Analysen nicht im so genannten Elfenbeinturm der Wissenschaft zu verharren. Geiger wollte durch sein wissenschaftlich geprägtes politisches Engagement – zumindest über 10 Jahre hinweg – der SPD bei dem Ziel helfen, die Demokratie zu festigen. Doch Braunschweig, die Mehrheit seiner Professoren und die zunehmende Dominanz des Nationalsozialismus ließen ihn (ein Stück weit) scheitern. Angst vor altem Lehm an den Füßen hatte er ebenso wenig wie andere, ihre jeweiligen Disziplinen „aufmischenden" WissenschaftlerInnen (z.B. Marie Curie), doch möglicherweise hat Geiger unterschätzt, wie lange es dauert, einen Paradigmenwechsel weg von den

---

Tätigkeiten im Vergleich zu berufsüblichen Umfängen in „sehr bescheidenen Grenzen geblieben". Das Schreiben deutet an, weshalb Geigers kritische Haltung offensichtlich länger verborgen oder zumindest formal nicht gegen ihn verwertbar blieb: „Ich pflege bei Vorträgen frei oder nach Stichwort-Notizen zu sprechen, die ich nicht aufbewahre, die auch, wenn sie vorhanden wären, keinen Einblick in den Inhalt der Vorträge gäben. Eine Ausnahme macht nur ein im Herbst 1931 gehaltener Rundfunkvortrag, um dessen bei der Deutschen Welle eingereichtes Manuskript ich mich laut Anlage schon seit einiger Zeit, bisher erfolglos, bemühe." (Personalakte Geiger, Universitätsarchiv TU Braunschweig, 14.8.1933, Kopie T-G-Archiv)

Fesseln der Tradition des deutschen Idealismus hin zu einer empirisch fundierten und zugleich zeitgemäß theoriegeleiteten Soziologie in Deutschland durchsetzen zu helfen. Breite Anerkennung für seinen Mut zum Aufbruch zu neuen Ufern hat Geiger in seiner Wissenschaftsdisziplin zu Lebzeiten nicht mehr erfahren.[11] Und auch in den ersten zwei, drei Jahrzehnten der Bundesrepublik Deutschland wurde den bahnbrechenden wissenschaftlichen Arbeiten Geigers nicht die Aufmerksamkeit zuteil, die ihnen ob ihres innovativen Potentials zugestanden hätte.[12]

Die Spannbreite der Themen, die unzulänglichen Möglichkeiten der Vertiefung etwa durch den Aufbau eines Forschungsinstituts, das mit der Entlassung aus dem Professorenamt aufgezwungene Exil im wissenschaftlich eher an der Peripherie liegenden Skandinavien – Geiger emigrierte zunächst nach Dänemark, musste dann vor den Nationalsozialisten erneut und weiter nach Schweden flüchten und ließ sich nach dem 2. Weltkrieg wieder in Dänemark nieder, wo er eine zweite Ehe eingegangen war – und vielleicht auch sein im intellektuellen Diskurs mit Zeitgenossen zuweilen strapaziöses persönliches Auftreten haben dazu beigetragen, dass bei Geiger bis heute darüber gestritten wird, ob ihm ein Platz im Olymp der Soziologie oder doch nur in den Reihen des Parketts oder gar nur auf der Galerie zustünde. Ein überflüssiger Streit, wie wir in Anlehnung an Geißler und Meyer, den derzeit neben Rodax[13] ausgewiesensten Kennern des Geigerschen Werkes, glauben festhalten zu können. Geiger war seiner Zunft um Jahre, wenn nicht Jahrzehnte voraus, die Sozialstrukturanalyse erreichte das von ihm im Wesentlichen schon in den 30er Jahren in seiner Braunschweiger Zeit erarbeitete theoretische Niveau erst wieder in den 70er und 80er Jahren des 20. Jahrhunderts (vgl. Geißler 1995: 284 f.). So bleibt schließlich die Empfehlung: Wer immer sich über die sozialstrukturelle Entwicklung der deutschen Gesellschaft bis zur Mitte des letzten Jahrhunderts und über das theoretische wie empirische Rüstzeug zu ihrer Analyse informieren will, er vertut seine Zeit nicht, wenn hierzu zentrale Geigersche Arbeiten gelesen werden. Im Gegenteil: „Er wird den Blick für zentrale Fragestellungen verschärft bekommen; und auch Geigers Tableau der modernen Sozialstruktur ist genauer, farbiger, anschaulicher, frischer und nicht zuletzt auch erfrischender als vieles, was nach Geiger dazu geschrieben wurde." (ebd.: 296).

Literaturverzeichnis

Bachmann, Siegfried (1979): Leben und Werk des Soziologen Prof. Dr. Theodor Geiger (1891-1952). Unveröffentlichtes Manuskript zur Eröffnung der Ausstellung der Universitätsbibliothek am 20.11.1979, Braunschweig.

Bachmann, Siegfried (1995): Theodor Geiger. Soziologe in einer Zeit „zwischen Pathos und Nüchternheit". In ders. (Hg.): Theodor Geiger. Soziologe in einer Zeit „zwischen Pathos und Nüchternheit". Beiträge zu Leben und Werk. Berlin, S. 21-69.

Bei der Wieden, Claudia (1996): Vom Seminar zur NS-Lehrerbildungsanstalt. Die Braunschweiger Lehrerausbildung 1918 bis 1945. Köln, Weimar, Wien.

---

11 Theodor Geiger starb 1952 im Alter von 61 Jahren völlig unerwartet auf einer Schifffahrt, die ihn nach einer erfolgreichen Vortragsreise durch die USA und einer vorausgegangenen Gastprofessur in Kanada nach Europa zurückbringen sollte.

12 Geiger fiel in der Expansionszeit der Soziologie in den 70er und 80er Jahren des 20. Jahrhunderts, die u.a. durch eine Renaissance des Marxschen Theoriekonzepts gekennzeichnet war, zwischen alle Stühle und wurde als Anti-Marxist diffamiert und ignoriert, wozu Geißler ebenso lakonisch wie zutreffend schreibt: „Geiger hat an die Sozialstruktur der modernen Gesellschaft die marxistischen Fragen gestellt, aber auf die marxistischen Fragen hat er antimarxistische Antworten gefunden." (1995: 288)

13 Klaus Rodax gibt die im Peter Lang-Verlag erscheinende Gesamtausgabe Theodor Geiger heraus.

Friedrichs, Nellie H. (1973): Erinnerungen an Theodor Geiger. In: Kölner Zeitschrift für Soziologie und Sozialpsychologie, 25. Jahrgang, S. 530-531

Friedrichs, Nellie H. (1998): Erinnerungen aus meinem Leben in Braunschweig 1912-1937. Herausgegeben von der Stadt Braunschweig, der Oberstadtdirektor, Stadtarchiv. Kleine Schriften 3, 3. erweiterte Auflage. Braunschweig.

Geiger, Theodor (1931): Krise des Mittelstandes. Beitrag der Deutschen Welle, Welt der Arbeiter, 13.11.1931, 19.30 Uhr. Unveröffentlichte Manuskriptvorlage mit handschriftlichen Korrekturen Geigers, Theodor-Geiger-Archiv, Institut für Sozialwissenschaften, Technische Universität Braunschweig.

Geiger, Theodor (1977): Zwei Briefe vom 21.8.1933 und 27.9.1933 in: Speier, Hans: Die Angestellten vor dem Nationalsozialismus. Anhang B. Göttingen, S. 163 – 166.

Geiger, Theodor (1962): Formen der Vereinsamung. In: Arbeiten zur Soziologie. Herausgegeben von Paul Trappe, Neuwied am Rhein. S. 260 – 292.

Geiger, Theodor (1967): Die soziale Schichtung des deutschen Volkes. Soziographischer Versuch auf statistischer Grundlage. Stuttgart. (Unveränderter Nachdruck von 1932).

Geißler, Rainer (1995): Die Bedeutung Theodor Geigers für die Sozialstrukturanalyse der modernen Gesellschaft. In: Bachmann, Siegfried (Hg.): Theodor Geiger. Soziologe in einer Zeit „zwischen Pathos und Nüchternheit". Berlin, S. 273-296.

Geißler, Rainer/Meyer, Thomas (1999): Theodor Geiger (1891-1952), in: Kaesler, Dirk (Hrsg.); Klassiker der Soziologie, Bd. I. München, S. 278-295.

Käsler, Dirk (1984): Die frühe deutsche Soziologie 1909 bis 1934 und ihre Entstehungsmilieus. Eine wissenschaftssoziologische Untersuchung, Opladen.

König, René (1995): Theodor Geiger (1891-1952). Nekrolog. In: Bachmann, Siegfried (Hg.): Theodor Geiger. Soziologie in einer Zeit „zwischen Pathos und Nüchternheit". Beiträge zu Leben und Werk. Berlin, S. 13-20.

Meyer, Thomas (2001): Die Soziologie Theodor Geigers. Emanzipation von der Ideologie, Wiesbaden.

Pollmann, Klaus Erich (1995): Die nationalsozialistische Hochschulpolitik und ihre Wirkungen in Braunschweig. In: Technische Universität Braunschweig. Vom Collegium Carolinum zur Technischen Universität 1745 – 1995. Herausgegeben im Auftrag des Präsidenten von Walter Kertz in Zusammenarbeit mit Peter Albrecht u.a., Hildesheim, S. 443-465.

Roloff, Ernst-August (1964): Braunschweig und der Staat von Weimar. Politik, Wirtschaft und Gesellschaft 1918-1933. Braunschweig.

Sandfuchs, Uwe (1995): Theodor Geigers Beitrag zur universitären Lehrerausbildung und zur Schulpolitik im Freistaat Braunschweig 1928 – 1933. In: Bachmann, Siegfried (Hg.): Theodor Geiger. Soziologie in einer Zeit „zwischen Pathos und Nüchternheit". Beiträge zu Leben und Werk. Berlin, S. 363-384.

Schüler, Claudia (1995): Die Kulturwissenschaftliche Abteilung 1927 – 1933. In: Technische Universität Braunschweig. Vom Collegium Carolinum zur Technischen Universität 1745 – 1995. Herausgegeben im Auftrag des Präsidenten von Walter Kertz in Zusammenarbeit mit Peter Albrecht u.a., Hildesheim, S. 415-432.

Kurt Otto Friedrichs – Der Mathematiker

Thomas Sonar

Mein Leben mit K.O.-Friedrichs

Seit Beginn meines akademischen Lebens begleitet mich Kurt Otto Friedrichs in Form seines mathematischen Werkes und hätte man mir im Studium erzählt, dass ich einst den Friedrichsschen Lehrstuhl an der TU Braunschweig innehaben würde, ich hätte es als Hirngespinst abgetan! Aber so ist es tatsächlich gekommen. Als ich aufgefordert wurde, einen Beitrag zum Thema der Friedrichsschen Mathematik beizusteuern, habe ich daher mehr als gerne zugestimmt und möchte nicht nur mit ein paar persönlichen Bemerkungen beginnen, sondern den gesamten Beitrag in der Form einer persönlich gefärbten Reise durch das Friedrichssche Schaffen gestalten.

Abbildung 1: Richard Courant   *Abbildung 2: Kurt Otto Friedrichs*

Als junger Student der Mathematik habe ich mich relativ früh entschieden, mich auf das Gebiet der Analysis, genauer: der Analysis partieller Differentialgleichungen und ihrer Numerik für strömungsmechanische Anwendungen, zu spezialisieren. Meine Entscheidung wurde, so absurd es auch klingen mag, nicht nur durch die hervorragenden einführenden Analysis-Vorlesungen meines verehrten Lehrers Erwin Mues beeinflusst, sondern hauptsächlich durch die Lektüre der hervorragenden Biographie des Mathematikers Richard Courant, die von der Journalistin Constance Reid[1] geschrieben wurde. Courant war Professor der Mathematik in Göttingen, ein Schüler David Hilberts und der akademische

---

1   Constance Reid – Richard Courant 1888-1972. Der Mathematiker als Zeitgenosse. (Springer Verlag 1979)

Lehrer und spätere Freund und Kollege von Friedrichs. Bei der Courant-Biographie hatte Friedrichs der Autorin tatkräftig durch Informationen geholfen, und so lernte ich auch einiges über die Arbeitsgebiete, die Friedrichs und Courant gemeinsam beackerten – die Analysis partieller Differentialgleichungen, Strömungsmechanik und Numerik. In den Vorlesungen für Fortgeschrittene kam dann der Name Friedrichs schnell zu Tage. Wir hatten die Friedrichssche Ungleichung zu lernen, seine Techniken der Mollifizierung, auch als Friedrichs-Glättung bekannt, und eines der berühmtesten numerischen Verfahren für die Strömungsmechanik trägt den Namen von Lax und Friedrichs. Dabei blieb es nicht aus, dass auch Originalarbeiten von Friedrichs gelesen werden mussten und da begann das Leiden! Wir lernten einen außerordentlich pingeligen, pedantischen Autor kennen, der sich stets einer fast übertrieben subtilen Notation bediente. Die Beweise waren für uns schwer verständlich, weil in der Regel abstrakt und von einem mathematischen Meister niedergeschrieben, während wir doch eher grüne Jungs waren, die sich Verständnis mühsam erkämpfen mussten. In dieser Zeit entstand ein Wortspiel. Wir nannten den Autor nicht einfach nur Friedrichs, sondern „k.o.-Friedrichs", denn wir fühlten uns mehr als einmal k.o. geschlagen. Getröstet hat uns damals eine Anekdote über das siebente Kapitel im zweiten Band des berühmten Werkes von Courant und Hilbert über Methoden der Mathematischen Physik[2]. Während der gesamte zweite Band – typisch für Courants Arbeitsweise – ein Gesamtwerk der Courantschen Mitarbeiter ist, ist Kapitel sieben, „Lösung der Rand- und Eigenwertprobleme auf Grund der Variationsrechnung" ein waschechtes Friedrichssches Produkt. Hier wird, ganz im Gegensatz zum sonstigen Courantschen Stil, gleich auf einer sehr abstrakten Ebene begonnen. Es werden Funktionale und Operatoren eingeführt, schwache Lösungen thematisiert und alles das aufgefahren, was Courant bekanntermaßen nicht sonderlich liebte. Der zweite Band erschien erstmals 1937 in deutscher Sprache, die amerikanische Auflage des „Courant-Hilbert" lag 1961 vor. Im zweiten Band der amerikanischen Auflage[3] ist das siebte Kapitel ersatzlos gestrichen – dafür ist der Band Kurt Otto Friedrichs gewidmet! Wir waren also nicht ganz alleine und zudem in guter Gesellschaft – auch Courant ging offenbar manchmal k.o.!

Heute ist die Friedrichssche Analysis, die noch vor 50 Jahren als abstrakt galt, zum Standard geworden. Wir arbeiten heute wie selbstverständlich mit der Mathematik Friedrichs': Der funktionalanalytische Zugang, der das Studium schwacher Lösungen erlaubt und sich nicht mehr um spezielle Lösungen einzelner Differentialgleichungen bemüht, hat sich in der Mathematik durchgesetzt und Kurt Otto Friedrichs ist einer der wichtigsten Vordenker dieser Richtung gewesen. Mehr noch: Der abstrakt denkende Friedrichs ist stets ein *angewandter* Mathematiker gewesen, auch wenn ich die Unterscheidung zwischen reiner und angewandter Mathematik nicht sonderlich schätze. Er hat moderne Strukturaspekte der Mathematik in die Anwendungen und sogar in die Numerik getragen und wurde so zum größten angewandten Mathematiker seiner Zeit. Während Hermann Weyl stets ein reiner Mathematiker blieb und John von Neumann erst spät zu den Anwendungen kam, war Friedrichs von Beginn seiner Ausbildung an bereits den Anwendungen verpflichtet und vielleicht ist dies das größte Verdienst seines Lehrers Richard Courant.

Partielle Differentialgleichungen und Differenzenverfahren

Bereits in seiner Dissertation zur Theorie elastischer Platten wendet sich Friedrichs 1925 dem Gebiet der partiellen Differentialgleichungen zu und die Elastizitätstheorie wird ihn sein Leben lang faszinieren. Auch ist eine Arbeit zu einem Grenzwertproblem der Einsteinschen Relativitätstheorie (Grenz-

---

2   D. Hilbert, R. Courant – Methoden der Mathematischen Physik, Band 2. (Springer Verlag 1937)
3   D. Hilbert, R. Courant – Methods of Mathematical Physics, Vol.2 (Wiley & Sons 1962)

übergang vom Newtonschen zum Einsteinschen Gravitationsgesetz) zu nennen. Friedrichs ist nun Assistent bei Courant.

Seit Mitte der 1920er Jahre arbeitete Richard Courant in Göttingen an Existenzproblemen von Lösungen partieller Differentialgleichungen und seine zwei jungen Mitarbeiter waren Hans Lewy und Kurt Otto Friedrichs.

Abbildung 1B: Hans Lewy

Lewy, ebenso begabt und genial wie Friedrichs, wird später eine große Karriere an der Universität von Berkeley machen. Courant hat die Idee, eine partielle Differentialgleichung durch ein numerisches Verfahren, ein finites Differenzenverfahren auf einem Gitter, anzunähern. Gelingt es zu zeigen, dass die Lösungen des Differenzenverfahrens bei immer kleiner werdenden Gitterweiten gegen eine Lösung der Differentialgleichung konvergieren, dann ist die Existenz der Lösung der partiellen Differentialgleichung gesichert. Natürlich muss man vorher zeigen, dass die Differenzengleichung tatsächlich die Differentialgleichung approximiert, also bei verschwindender Gitterweite in die Differentialgleichung übergeht. Courant hatte mit elliptischen Randwertproblemen bereits gute Erfolge erzielt, aber der hyperbolische Typus, bei dem eine Zeitabhängigkeit ins Spiel kommt, machte seltsame Schwierigkeiten. Eine typische Vertreterin dieses Typs ist die Wellengleichung.

Friedrichs und Lewy hatten entdeckt, dass gewisse „Energieintegrale" eine entscheidende Rolle spielten, aber die führten nur zu Eindeutigkeitsaussagen; die Frage der Existenz von Lösungen blieb offen. Lewy und Friedrichs hatten 1927 darüber bereits die Arbeit „Über die Eindeutigkeit und das Abhängigkeitsgebiet der Lösungen beim Anfangswertproblem linearer hyperbolischer Differentialgleichungen" in den Mathematischen Annalen publiziert. Dann, während eines Spaziergangs mit Friedrichs in Göttingen, blieb Lewy plötzlich stehen und hatte die entscheidende Idee, wie man mit Hilfe von Energieungleichungen auch die Existenz von Lösungen beweisen konnte[4]. Die Arbeit, die von Courant, Friedrichs und Lewy 1928 im Band 100 der Mathematischen Annalen unter dem Titel „Über die partiellen Differenzengleichungen der Physik" publiziert wurde, zählt zu den Meilensteinen der Mathematik. Damit wurde nicht nur eine bis heute florierende Technik für Existenzbeweise für Lösungen partieller Differentialgleichungen begründet, sondern die Arbeit erwies sich fast 20 Jahre später auch als bahnbrechend für die Numerische Mathematik. Courant, Friedrichs und Lewy hatten nämlich festgestellt, dass ihr Gitter im hyperbolischen Fall nicht *irgendwie* feiner werden durfte, sondern dass die Maschenweiten in Raum und Zeit einer bestimmten Bedingung genügen mussten, der heute so berühmten Courant-Friedrichs-Lewy- oder CFL-Bedingung. Als man im Rahmen des Manhatten-Projektes Stabilitätsprobleme bei der numerischen Berechnung von hyperbolischen Systemen, die auch Denotationsvorgänge modellieren, bekam, erinnerte man sich an diese Arbeit aus dem Jahr 1928 und stellte fest, dass sie ausgesprochen modern war. Heute lernt jeder Ingenieurstudent, der sich mit Numerik beschäftigt, die Bedeutung der CFL-Bedingung kennen. Friedrichs selbst sagte dazu[5]:

---

4   C. Reid, a.a.O. S.137.
5   ebenda.

„Ich war wie vor den Kopf geschlagen, es war eine unheimliche Einsicht. Ein beträchtlicher Teil der Existenztheorie partieller Differentialgleichungen hat sich seither aus dieser Idee entwickelt. Es ist bezeichnend für Courants Einfluß als Lehrer, daß es sein Interesse für dieses Gebiet war, das Lewy veranlasst hat, sich überhaupt damit zu beschäftigen.“

Auch auf die Gefahr hin, die Nichtmathematiker zu verprellen, muß ich an dieser Stelle wenigstens einen kleinen Einblick in die Idee der Energieintegrale geben, und zwar an Hand der Wellengleichung

$$\frac{\partial^2 u}{\partial t^2} - \frac{\partial^2 u}{\partial x^2} = 0,$$

zu der noch Rand- und Anfangswerte gegeben sind. Nun nehmen wir an, es gäbe zwei Lösungen u und v, so dass wir die Differenz $w = u-v$ bilden können. Damit definieren wir das „Energieintegral"

$$e(t) := \frac{1}{2} \int \left(\frac{\partial w}{\partial t}\right)^2 + \left(\frac{\partial w}{\partial x}\right)^2 dx$$

und schließen aus den Rand- und Anfangswerten, dass $e(0)=0$ gilt[6]. Die *Änderung* des Energieintegrals ist gegeben durch die Ableitung nach der Zeit, also

$$e'(t) = \int \frac{\partial w}{\partial t} \left(\frac{\partial^2 w}{\partial t^2} - \frac{\partial^2 w}{\partial x^2}\right) dx = 0,$$

denn der Ausdruck innerhalb der Klammern verschwindet, da es sich um die linke Seite der Wellengleichung handelt. Da sich die Energie also nicht mit der Zeit ändert und sie zur Zeit $t=0$ gerade Null ist, ist die Energie zu allen Zeiten gleich Null. Dann folgt aber aus der Definition des Energieintegrals, dass

$$\frac{\partial w}{\partial t} = \frac{\partial w}{\partial x} = 0$$

gilt. Mit anderen Worten: Die Größe w ändert sich ebenfalls nicht. Da $w=u-v$ war, ist w zur Zeit $t=0$ auch Null, da u und v als Lösungen der Gleichung auch dieselben Anfangs- und Randwerte besitzen. Also ist $w=0$ und damit $u=v$; es gibt also genau eine Lösung und nicht mehrere.

Auch die CFL-Bedingung ist zu wichtig und zu schön, um sie hier nicht kurz zu skizzieren. Dazu betrachten wir die einfache Transportgleichung

$$\frac{\partial u}{\partial t} + a \frac{\partial u}{\partial x} = 0,$$

wobei a eine gegebene positive Zahl sein soll. An Stelle der Ableitungen in dieser Gleichung schreiben wir nun diskrete Änderungsraten, so dass die Differentialgleichung in die Differenzengleichung

$$\frac{U_i^{n+1} - U_i^n}{\Delta t} + \frac{U_{i+1}^n - U_i^n}{\Delta x} = 0$$

übergeht. Ich habe hier bewusst ein großes U geschrieben, denn Lösungen der Differenzengleichung sind ja nur (hoffentlich!) Näherungslösungen der Differentialgleichungen! Die Raum-Zeit-Ebene denkt man sich mit einem Gitter mit Maschenweiten Δt in Zeit- und Δx in Raumrichtung. Der Wert U_i^n bezeichnet dann die Lösung der Differenzengleichung am Punkt $i\Delta x$ im Raum und $n\Delta t$ in der Zeit. Als Anfangswert für die Differentialgleichung ist eine Funktion $u_0(x)$ vorgegeben, so dass wir für die Differenzengleichung $U_i^0 = u_0(i\Delta x)$ als Anfangswert verwenden können. Die ge-

---

6   Dieser Schritt wird hier nicht ausgeführt, ist aber einfach.

gebene Differentialgleichung hat die Eigenschaft, die gegebene Anfangswertfunktion entlang spezieller Geraden in der Raum-Zeit-Ebene zu transportieren. Diese Geraden heißen charakteristische Grundkurven.

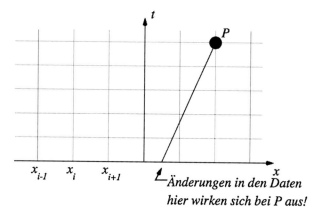

Abbildung 4: Charakteristische Grundkurve durch P

Betrachtet man einen Punkt P in der Raum-Zeit-Ebene, so kann man die charakteristische Grundkurve durch diesen Punkt zeichnen und bis zur Linie $t=0$ führen. Die Lösung der Differentialgleichung am Punkt P hängt nun *nur* von dem Anfangswert in dem Punkt x ab, von dem die charakteristische Grundkurve zur Zeit $t=0$ startet.

Analog gibt es eine charakteristische Grundkurve für die Differenzengleichung, die durch das Gitter gegeben ist.

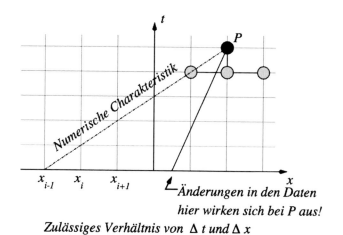

Abbildung 5: Charakteristische Grundkurve des Differenzenverfahrens

Zur Berechnung der Lösung des Differenzenverfahrens am Punkt P benötigt man die Werte an den drei grau gefärbten Punkten unterhalb von P, siehe Abbildung 5. Das Differenzenverfahren „spürt" also Änderungen der Anfangswerte nur rechts von dem Punkt, an dem die *numerische* charakteristische Grundkurve die Achse $t=0$ schneidet. Im Fall der Abbildung 5 ist alles in Ordnung, denn Änderungen in den Anfangswerten, die sich auf die Lösung der Differentialgleichung am Punkt P auswirken, wirken sich auch im Differenzenverfahren aus.

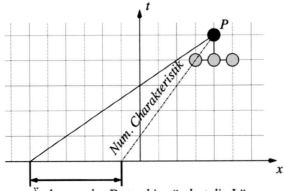

**Änderung der Daten hier ändert die Lösung
der Differentialgleichung, nicht aber die der
Differenzengleichung! Unzulässiges Gitter!**

Abbildung 6: Unzulässiger Fall

In Abbildung 6 ist hingegen ein unzulässiger Fall gezeigt. Ändert man die Anfangswerte links vom Fußpunkt der numerischen charakteristischen Grundkurve, dann verändert sich die Lösung der Differentialgleichung am Punkt P, das Differenzenverfahren würde jedoch davon gar nichts merken.

Insbesondere in den Braunschweiger Jahren, genauer von 1928 bis 1937, entwickelt Friedrichs einen abstrakten Standpunkt, was man wesentlich auf den Einfluß von John von Neumann und Hermann Weyl zurückführen kann. Friedrichs selbst sagte später:

„Alles was ich in der Mathematik brauchte, habe ich von Hermann Weyl – außer die Hilbert-Räume, und die habe ich von von Neumann."

Abbildung 7: John von Neumann

Abbildung 8: Hermann Weyl

Von Neumann und Weyl gehörten zu den Genies ihrer Generation. Beide waren der Abstraktion und der Sprengung von mathematischen Grenzen verpflichtet, von Neumann wandte sich jedoch etwa ab 1940 in den USA den Anwendungen der Mathematik zu. Von diesen beiden Vorbildern übernahm Friedrichs schon ab 1931 einen damals radikalen Standpunkt: Funktionen sind „Punkte", die in „Funktionenräumen" leben, so wie ein Punkt auf dem Papier in der Ebene lebt. Auch die Lösungen partieller Differentialgleichungen sind Punkte in gewissen Funktionenräumen und zwischen diesen vermitteln so genannte „Operatoren". So ist die Ableitung f' einer Funktion f die Wirkung eines Operators D. Ist f eine Funktion aus einem Raum V und ihre Ableitung eine Funktion aus einem Raum H, dann ist D die Abbildung $D : V \to H$, so dass $f \mapsto Df = f'$ gilt. Gerade der Ableitungsoperator ist aber heikel, denn er kann aus einer stetigen Funktion eine unstetige Ableitung machen. Man betrachte etwa die stetige Funktion $f(x) = |x|$. Friedrichs hat früh erkannt, dass man die Bedeutung solcher Operatoren erweitern muss, z.B. in dem man auch der Ableitung einer unstetigen Funktion einen Sinn zu geben versucht. Friedrichs hat sogar zwei solche Erweiterungen vorgeschlagen, die „strong extension" durch Vervollständigung der Funktionenräume, und die „weak extension" durch Einführung adjungierter Operatoren. Damit ist Friedrichs sowohl ein Vorläufer der heute aus Mathematik und Physik nicht mehr wegzudenkenden Distributionentheorie, die den Lösungsbegriff verallgemeinert, als auch der Theorie der Sobolev-Räume, in der Ableitungen verallgemeinert werden. Im Jahr 1944 veröffentlicht Friedrichs die Arbeit „The identity of weak and strong extension of differential operators", die man nur als Wendepunkt in der Theorie partieller Differentialgleichungen bezeichnen kann. In ihr beweist Friedrichs nicht nur die Äquivalenz von starker und schwacher Erweiterung der Operatoren, sondern führt ein technisches Hilfsmittel ein, das aus der modernen Analysis nicht mehr wegzudenken ist: Die Friedrichs-Glättung oder *Mollifizierung*. Die Benennung „mollifier" geht zurück auf den von Friedrichs sehr geschätzten Kollegen Donald Flanders, der äußerst zurückhaltend und dabei ein sehr angenehmer Charakter war. Flanders wurde „Moll" genannt nach der (weiblichen!) Hauptfigur in Daniel Defoes Roman *The Fortunes and Misfortunes of the Famous Moll Flanders*, und da es sich bei der Friedrichs-Glättung um einen gutartigen, glättenden Operator handelt, dachte Friedrichs sofort an Flanders und führte den Namen „Mollifizierung" ein. Der Friedrichssche Mollifizierer ist eine unendlich differenzierbare Funktion, die außerhalb eines endlichen Intervalls um Null verschwindet und deren oft Flächeninhalt Eins ist. Will man nun Funktionen untersuchen, die Sprünge oder Ecken aufweisen, so faltet man diese Funktion mit einem Friedrichs-Glätter an der Stelle, an der die Ursprungsfunktion Probleme aufweist. Das Resultat ist eine lokal geglättete Funktion, die nun der Analysis zugänglich ist. Wir wollen uns den Einfluß der Mollifizierung am Beispiel der schwachen Erweiterung von Operatoren ansehen.

Der Operator $Du = \dfrac{\partial u}{\partial x}$ ist nur für klassisch differenzierbare Funktionen definiert. Mit Hilfe eines Mollifizierers φ betrachtet Friedrichs die Bilinearform

$$\left(Du, \varphi\right) := \int\limits_A Du \cdot \varphi \, dx$$

über einem Gebiet A und wendet die Regel der partiellen Integration an:

$$\left(Du, \varphi\right) = u \cdot \varphi\big|_{\partial A} - \int\limits_A u \cdot D\varphi \, dx = - \int\limits_A u \cdot D\varphi \, dx = -\left(u, D\varphi\right).$$

Dabei verschwindet der Randterm, weil der Mollifizierer auf dem Rand von A schon verschwunden ist. Damit können wir nun den Prozeß der Ableitung auf (fast) beliebige Funktionen ausdehnen: Eine Funktion u heißt differenzierbar, wenn

$$\int_A u \cdot D\varphi \, dx = - \int_A Du \cdot \varphi \, dx$$

für alle Mollifizierer φ gilt.

Friedrichs hat ebenfalls bahnbrechende Arbeiten auf dem Gebiet der Spektraltheorie von Operatoren veröffentlicht; ein reiches Feld der Analysis partieller Differentialgleichungen, das heute ein aktives Zentrum im Bereich der Mathematischen Physik darstellt. In den Jahren ab 1937 wendet er sich verstärkt den symmetrischen hyperbolischen Systemen zu, die heute „Friedrichs-Systeme" heißen. Sein naturphilosophisches Gespür sagte ihm, dass Symmetrie in den Gleichungen, mit denen wir Vorgänge in der Natur beschreiben, eine wichtige Eigenschaft sei, und das hat sich natürlich bewahrheitet. Die Symmetrisierbarkeit partieller Differentialgleichungssysteme erscheint uns heute als fundamentales Konzept der Natur. Kurt Otto Friedrichs selbst hielt diese Arbeiten für seine wichtigsten und sie führten zu einer sehr engen Kooperation mit dem aus Ungarn stammenden brillanten Mathematiker Peter D. Lax, der bei Friedrichs am Courant-Institut in New York studierte und bei ihm 1949 promovierte. Die Zusammenarbeit der beiden Männer ist unsterblich geworden in der Bezeichnung eines Differenzenverfahrens zur numerischen Lösung hyperbolischer Erhaltungsgleichungen, des Lax-Friedrichs-Verfahrens.

Abbildung 10: Donald Flanders

Abbildung 9: Peter Lax

Seit Göttinger Zeiten hatte sich Friedrichs ein starkes Interesse an Quantentheorie erhalten. Sein Verständnis und seine Fähigkeit, auch in diesem Gebiet der Physik wichtige Entwicklungen anzustoßen, führten zu einer Serie von fünf Arbeiten und wurden später (1953) in einem Buch mit dem Titel *Mathematical Aspects of the Quantum Theory of Fields* abgedruckt.

Strömungsmechanik

Um dem jungen, linkischen und viel zu schüchternen Friedrichs eine engere Anbindung an die Anwendungen angedeihen zu lassen, entschied sich Courant Ende der 1920er Jahre, den jungen Mann nach Aachen zu dem Strömungsmechaniker Theodor von Kármán zu schicken. Wohlgemerkt hatte Courant sich selbst nie als angewandten Mathematiker gesehen, aber er war überzeugt davon, dass man die Anwendungen nicht von der Mathematik trennen könne. Courant war auch überzeugt davon

– und Friedrichs scheint seiner Meinung gewesen zu sein[7] – dass Friedrichs ohne eine Hinwendung zu den Anwendungen keine Chance gehabt hätte, gegen die vielen brillanten jungen Köpfe in der Mathematik zu bestehen, wenn es um die Frage von Lehrstuhlbesetzungen ging. Diese Unsicherheit bezüglich Friedrichs wird belegt durch einen Auszug aus einem Interview mit dem alten Courant, in dem er auf die Frage: „Welcher Ihrer Studenten hat Sie letztlich am meisten überrascht?", sofort „Friedrichs" zur Antwort gab. Friedrichs war von der Aussicht, seine mathematische Familie in Göttingen zu verlassen, wenig angetan und war unglücklich. Lewy berichtet[8]:

> „Courant muß meiner Meinung nach eine scharfe Beobachtungsgabe und ein wirklich leidenschaftliches Interesse am Menschen haben, um zu spüren, was für eine Begabung er da vor sich hatte. Friedrichs war sehr scheu, und Courant setzte ihn Situationen aus, die sehr schwierig für ihn waren. Er schickte ihn nach Aachen, um mit von Kármán am Institut für Aerodynamik zu arbeiten. Ich begleitete Friedrichs damals zum Bahnhof. Er war ein sehr unglücklicher, junger Mann. Wenn Courant nicht gewesen wäre, hätte er sich möglicherweise ganz in sich selbst zurückgezogen und wäre einfach Gymnasiallehrer geworden."

Friedrichs blieb ganze zwei Jahre in Aachen und kehrte erst 1929 nach Göttingen zurück. Zur Ernte der Zusammenarbeit mit von Kármán gehörten mehrere publizierte Arbeiten, unter anderem zum Thema „Über die angenäherte Berechnung der Strömung um einen Propeller in Fahrt mit unendlicher Flügelzahl" (Zeitschr. Für Angewandte Math. und Mech. 9 (1929), S. 493-494), oder „Zur Berechnung freitragender Flügel" (Zeitschrift für Angewandte Math. und Mech. 9 (1929), S. 261-269). Courant ergriff sofort die Gelegenheit beim Schopf und schlug Friedrichs zur Habilitation vor mit dem Argument, niemand könne die Brücke zwischen Analysis und Mechanik bauen wie Friedrichs und schließlich die Anwendungen dieser Brücke herausarbeiten („hammer out its applications", wie es bei Constance Reid heißt!). Diese Kausalkette – Friedrichs nach Aachen zu senden, um im Anschluß die Habilitation durch Hinweis auf Friedrichs Arbeiten in den Anwendungen durch die Fakultät zu bringen – zeigt, warum Courant in Göttingen und später in den USA für sein Geschick in hochschulpolitischen Angelegenheiten bekannt, bewundert und manchmal auch gefürchtet war.

Offenbar hat Courant aber auch gesehen, dass Göttingen einen habilitierten Friedrichs nicht lange werde halten können: Im Jahr 1939 folgte Friedrichs einem Ruf der TH Braunschweig auf einen Lehrstuhl.

Friedrichs Kenntnis auf dem Gebiet der Strömungsmechanik hat später zu beeindruckenden Buchpublikationen geführt, die Lehre und Forschung in diesem Bereich beeinflusst haben. Noch im Krieg arbeiteten Courant und Friedrichs an Problemen der Gasdynamik, also von sehr schnellen Strömungen kompressibler Fluide, in denen echte Unstetigkeiten, sogenannte Verdichtungsstöße in Dichte, Druck und Geschwindigkeit, auftreten können. Die Geschichte dieser Zusammenarbeit ist typisch für Courant. Der Bewunderer Bernhard Riemanns leitet im Herbst 1942 an der New York University (NYU) ein Seminar über die Theorie stationärer Verdichtungsstöße – ein Thema, zu dem Riemann im 19ten Jahrhundert bahnbrechende Entdeckungen machte. Im Dezember des selben Jahres trifft er Johann von Neumann, einen weiteren Emigranten ungarischer Herkunft und ein mathematisches Wunderkind, der ihm von einem Geheimprojekt berichtet, in dem es um Explosionstheorie gehen sollte (das war unzweifelhaft das Manhatten-Projekt zur Konstruktion der ersten Atombombe). Courant bietet sofort die Mitarbeit seiner Gruppe an der NYU an, die von nun an an Verdichtungsstößen und später auch an Unterwasserakustik forscht. Courant hat ja bereits einen Experten in seiner Gruppe: Kurt Otto Friedrichs. Er erweiterte die Gruppe u.a. mit Eugene Isaacson, der ein Rechenzentrum aufbauen sollte, und Mina Rees, die später mit Courant und Isaacson zu den Autoren einer wichtigen Ar-

---

7   Constance Reid – The Life of Kurt Otto Friedrichs, S.13. (in: Cathleen S. Morawetz (edt.) – K.O. Friedrichs, Selecta, Volume 1, Birkhäuser Verlag 1986)

8   C. Reid – Courant, a.a.O. S.137

beit zur *Numerik* von denjenigen hyperbolischen partiellen Differentialgleichungen gehörte, die in der Gasdynamik eine zentrale Rolle spielen.

Nach dem Krieg erwirkte Courant die Freigabe eines Handbuches über Verdichtungsstöße, dass die Gruppe – im wesentlichen Friedrichs – während des Krieges erarbeitet hatte. Die junge Cathleen Morawetz wurde eingestellt, um das Handbuch in ein publizierbares Lehrbuch zu verwandeln. Aus den Erinnerungen von Morawetz fasste Constance Reid die Zusammenarbeit von Courant und Friedrichs zusammen[9]:

> *Courant überarbeitete das Handbuch über Schockwellen[10] und gab es dann abschnittsweise, in seiner hingekritzelten, fast unleserlichen Handschrift, oder manchmal getippt an sie [Morawetz] weiter. Sie erzählte mir, daß er der einzige Mensch ihres Bekanntenkreises war, dessen getippte Manuskriptseiten charakteristisch waren. Buchstaben waren übereinander getippt, Worte durchgestrichen, wieder eingesetzt und abermals durchgestrichen – vielleicht mit einem Fragezeichen versehen, das Fragezeichen nur ganz schwach, da er die Taste unschlüssig angeschlagen hatte. Verschiedene Ausdrücke, alles Synonyme, standen in einer Reihe, Zwischenräume blieben ausgespart, manchmal war ein Wort eingefügt und dann in Klammern gesetzt – um den vorläufigen Charakter dieser Wahl anzuzeigen. Friedrichs dagegen lieferte immer ein sauber kopiertes Manuskript ab, obwohl er seine Arbeit immer wieder umschrieb und umformulierte. Mußte etwas durchgestrichen werden, so war es säuberlich ganz mit Tinte übermalt – Friedrichs kannte Courant gut genug um zu wissen, daß dieser sonst nur das Durchgestrichene gelesen hätte.*

Abbildung 11: Friedrichs und Courant bei der Arbeit

Im Jahr 1948 erschien endlich „Supersonic Flow and Shock Waves" von Richard Courant und Kurt Otto Friedrichs; ein einzigartiges Buch, das seinen Wert bis in die heutige Zeit behalten hat und sich immer noch im Druck befindet. In einer Buchbesprechung schrieb Lipman Bers treffend[11]:

> *The book is written in the clear and vivid style for which the authors are known. Open problems and unresolved difficulties are carefully noted, and the reader is never left in doubt as to whether he is presented with a mathematical theorem or with a conjecture based on physical experience. Numerous excellent drawings, a bibliography of almost 200 titles and a carefully prepared index add to the value of this treatise which is certainly destined to become standard.*

---

9   C. Reid – Courant. A.a.O. S. 302f.

10   Bei dem Wort „Schockwellen" handelt es sich um einen leider nicht mehr auszumerzenden Übersetzungsfehler. Das Wort „Schock" gibt es in der Gasdynamik nicht; zu der richtigen Bezeichnung „Stoß" oder „Verdichtungsstoß" ist das englische Wort jedoch „shock", das man ungeprüft eingedeutscht hat.

11   Zitiert nach: http://www-groups.dcs.st-and.ac.uk/~history/Biographies/Friedrichs.html

Im Sommer des Jahres 1941 fand an der Brown University ein Programm für Fortgeschrittene im Fach Mechanik statt. Unter den Sprechern befanden sich der bekannte angewandte Mathematiker Richard von Mises und Kurt Otto Friedrichs, die über mathematische Themen aus dem Bereich der Strömungsmechanik vortrugen. Die schriftlichen Ausarbeitungen dieser Vorlesungen wurden vervielfältigt und erlebten wegen ihrer Tiefe und Klarheit eine weite Verbreitung. Im Jahr 1971 wurden diese Vorlesungen als Buch publiziert[12]: „R. von Mises, K.O. Friedrichs – Fluid Dynamics".

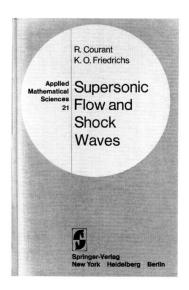 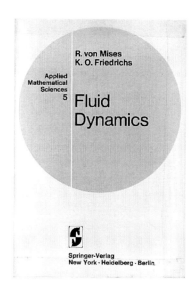

Singuläre Perturbationen und Elastizitätstheorie

Ein Gebiet, das Friedrichs ebenfalls aus der Taufe hob und das heute zu einem fast unüberschaubaren Gebiet der Angewandten Mathematik gewachsen ist, ist die Theorie der singulären Störungen. Die Störungsrechnung an sich ist ein sehr altes Gebiet der mathematischen Physik und stammt aus dem 19ten Jahrhundert. Dabei führt man in einer Gleichung, die man nicht lösen kann, einen Parameter ε ein, so dass das nicht lösbare Problem durch $\varepsilon = 0$ charakterisiert wird. Die Einführung des Parameters muss so geschickt erfolgen, dass man das gestörte Problem (d.h. das Problem mit $\varepsilon > 0$) lösen kann, um so Aussagen über die Lösung zu gewinnen, wenn man den Parameter beliebig klein macht.

Speziell durch die Entwicklung der Strömungsmechanik traten sehr spezielle Störungsprobleme auf, bei denen im Grenzübergang $\varepsilon \rightarrow 0$ Terme in den Gleichungen singulär wurden. Insbesondere traten solche Probleme in Grenzschichten auf. In reibungsbehafteten Strömungen bildet sich am Rand eines umströmten Gegenstandes eine dünne Schicht, in der die Geschwindigkeit der Strömung von 0 (Haftbedingung an festen Rändern) auf die Strömungsgeschwindigkeit im Feld beschleunigt wird. Die Ansätze zur Lösung solcher Probleme waren für einen Mathematiker sehr unbefriedigend und basierten wesentlich auf Heuristiken, so dass es kein Wunder ist, dass Friedrichs hier den Wunsch verspürte, mathematische Rigorosität einzuführen. Anfang der 1940er Jahre kam ein junger Emigrant, der Mathematiker Wolfgang Wasow, an das Mathematische Institut der NY-University und fiel Friedrichs auf. Gemeinsam mit Wasow machte sich Friedrichs an eine neue mathematische Theorie, die er

12   Richard von Mises, Kurt Otto Friedrichs – Fluid Dynamics. (Springer Verlag, 1971)

„theory of singular perturbations" nannte und mit der Wasow im Jahr 1942 bei Friedrichs promovierte. Wasows Lebenserinnerungen[13] sind zudem ein Quell von liebevollen Erinnerungen an seinen Lehrer und auch an Nellie Friedrichs, die Wasow sehr bewundert hat.

Ein weiteres Gebiet, das nicht vergessen werden darf, ist die Elastizitätstheorie, die Friedrichs bereits in seinen Göttinger Jahren fasziniert hatte. Sehr entgegen kam ihm dabei, dass ein theoretisch starker Ingenieur, James Johnston Stoker, Professor am New Yorker Mathematischen Institut wurde.

Abbildung 12: J.J. Stoker (Mitte) neben Eleazar Bromberg (links) und Louis Nirenberg

Mit Stoker begann für Friedrichs eine weitere fruchtbare Phase auf dem Gebiet der Elastizitätstheorie und in gewissem Sinne kehrte er mit Stoker zu einer alten Liebe zurück. Die erste gemeinsame Publikation der beiden erschien 1939 und behandelte das nichtlineare Randwertproblem der ausgelenkten Platte. Friedrichs favorisierte Gebiete – partielle Differentialgleichungen und die Anwendungen in der Physik – waren wieder zusammen.

Friedrichs als Lehrer und Autor

Abschließend drängt sich mir eine Frage auf, die an den Anfang dieser Arbeit zurückführt: Wie war Friedrichs als Lehrer? Wir wissen von Peter Lax, dass Friedrichs sich selbst mit einem Augenzwin-

---

13   Wolfgang Wasow – Memories of Seventy Years: 1909 to 1979. (Selbstverlag Wasow, Madison, Wisconsin 1986)

kern als „great teacher, in the weak sense" bezeichnete[14]. Er war sich also vermutlich bewusst, dass seine pedantische Art den Studierenden von Zeit zu Zeit Probleme bereitete. Wolfgang Wasow berichtet über Friedrichs' Fähigkeiten als mathematischer Autor[15]:

> It is true that Friedrichs was not a good writer, not on mathematics and not on other subjects. He told me how he hated to write essays in school. One feature of his writing style in mathematics was his insistence on a consistent notation, which often led him to an overuse of sub- and superscripts. I believe that in mathematical prose, as in all writing, the most important aims are that the reader should understand without ambiguity what is meant and what the meaning should be conveyed in a pleasant engaging way that emphasized the essentials. These two aims sometimes contradict each other. The most unambiguous presentations are correct programs for a computing machine or books like those by Frege and by Whitehead and Russel. At the other extreme is the style in which two specialists would communicate orally at a blackboard: lots of hints, allusions and sketches of ideas. To find an optimal compromise or, better, a synthesis between these two aims is the writer's task. Friedrich was not very good at that.

Als Student habe ich oft mit „meinem" Friedrichs gekämpft. Aber einmal auf seinen Stil eingestellt, habe ich seine Schriften und Bücher als außerordentlich klar und verständlich empfunden.

Epilog

In diesem Überblick bin ich meinen persönlichen Erfahrungen und Vorlieben bezüglich der Friedrichs-schen Arbeitsgebiete gefolgt und daher kommen einige Bereiche auch deutlich zu kurz. Leser, die mehr wissen wollen, verweise ich gerne an die beiden Bände „Kurt Otto Friedrichs – Selecta", in denen man in den wichtigsten Arbeiten direkt stöbern kann und in denen Experten die Bedeutung dieser Arbeiten für die heutige Mathematik würdigen. Der Mathematiker Kurt Otto Friedrichs ist ganz ohne Zweifel einer der bedeutendsten Mathematiker des 20sten Jahrhunderts und sicher der bedeutendste angewandte Mathematiker. Sein Abstraktionsvermögen und seine visionäre Sicht – Grundvorausset-zungen wirklich großer Forscher – haben die moderne Theorie partieller Differentialgleichungen erst möglich gemacht. Ob Distributionentheorie oder Sobolev-Räume – Friedrichs war der unumstrittene Vordenker dieser Ideen und der große Anwender, da er die Physik nie aus dem Blick verlor.

Während meines Studiums wurde mir von meinen akademischen Lehrern immer wieder vermittelt: Um ein guter angewandter Mathematiker zu sein, muß man erst einmal ein guter reiner Mathematiker sein! Wir leben heute in einer Zeit, wo man unter „Angewandter Mathematik" eher die Produktion bunter Bilder und unter „Numerik" die Bedienung komplexer Computerprogramme verstehen will. Ein solcher Standpunkt ist der Mathematik nicht würdig. Friedrichs ist ein Paradigma für einen her-vorragenden reinen Mathematiker, der weit in die Anwendungen hinein gewirkt hat. Er ist ein Vorbild im besten Sinne!

---

14   C. Reid – The Life of Kurt Otto Friedrichs, a.a.O. S.20
15   W. Wasow- a.a.O, S.234

Kurt O. Friedrichs und Nellie H. Friedrichs
Ein Besuch im Universitätsarchiv und einer in New Rochelle

Herbert Mehrtens

An die Technische Hochschule in Braunschweig wurde Kurt Otto Friedrichs 1930 berufen. Er hatte vor allem in Göttingen studiert und dort 1927 bei Richard Courant (1888-1972) promoviert. 1929 ging er, weil Courant es so arrangiert hatte, als Assistent des Aerodynamikers Theodore von Kármán (1881-1963) nach Aachen. Im gleichen Jahr noch habilitierte er sich in Göttingen. Dann kam der Ruf nach Braunschweig, der mit großer Wahrscheinlichkeit auch aus Göttingen angeregt worden war. Damit hatte die TH einen sehr jungen, wenn nicht den jüngsten Ordinarius für Mathematik. Die Braunschweiger Hochschule war klein und hatte in der Mathematik nur das Minimum an Personal, nämlich nur zwei Professuren. Heinrich Timerding (1873-1945) war der Professor für Darstellende Geometrie und Robert Fricke (1861-1930) der für Höhere Mathematik. Friedrichs trat die Nachfolge Frickes an. Daneben gab es noch einen Privatdozenten (angewandte Mathematik) und einen Lehrbeauftragen. An anderen Technischen Hochschulen waren in der Regel ein, zwei Mathematiker mehr beschäftigt und es fanden sich in der theoretischen Mechanik häufig auch forschende Mathematiker, das war in Braunschweig nicht der Fall. Friedrichs musste im Wintersemester die Höhere Mathematik I lehren mit fünf Stunden Vorlesung und drei Stunden Übung und zugleich die Höhere Mathematik III mit zwei Vorlesungsstunden und einer Übungsstunde. Im Sommersemester war dann Zeit für eine Spezialveranstaltung, z. B. eine Veranstaltung über sein Spezialgebiet „Partielle Differentialgleichungen in der Physik" (1931) oder eine einstündige Übung „Seminar über Sondergebiete der Physik" (1935). Wie viele Hörer sich für diese anspruchsvolleren Themen einfanden, ist nicht zu ermitteln. Überhaupt ist aus dem Universitätsarchiv nicht viel über Friedrichs zu erfahren; es gibt keine Institutsakten und in der Personalakte finden sich nur die Akten der Zeit nach 1945, darunter seine Ablehnung des Angebots, auf seine Stelle in Braunschweig zurückzukehren, und die Korrespondenz um die Wiedergutmachung, die ihm 1953 gewährt wurde.

Über das Leben und die Arbeit von „Frieder", wie K. O. Friedrichs sich selber nannte, berichten Andere in diesem Band. Ich werde hier von meinem Besuch bei Nellie Friedrichs erzählen. Weit mehr als über seine Tätigkeit als Mathematikprofessor in Braunschweig wissen wir über „Frieder" aus den Schriften von Nellie Friedrichs, die er am 4. Februar 1933, als sie mit Nachnamen noch Bruell hieß, „gegen Mitternacht" auf dem Braunschweiger Bühnenball zum Tanz aufforderte. Sie hielt ihn für einen Studenten, und er hat nur mit einem Grinsen reagiert. Für beide war es eine das weitere Leben bestimmende Begegnung, und für ihn war sie sicher das wichtigste, was ihm in Braunschweig geschehen ist. Sie hat sehr viel später ihre Erinnerungen für ihre Kinder in englischer Sprache geschrieben und sie dann noch etwas später für eine Veröffentlichung des Stadtarchivs Braunschweig überarbeitet und ins Deutsche übertragen. Ich habe diese Erinnerungen mit Vergnügen und Gewinn gelesen, nachdem ich Nellie Friedrichs in New Rochelle im Staat New York besucht hatte. Ich will hier nicht die Erinnerungen nacherzählen und empfehle sie zur Lektüre.

Mein Besuch fand vor ziemlich genau 25 Jahren statt, und der Anlass waren meine Forschungen zur Geschichte der Mathematik und der Mathematiker im Nationalsozialismus und in der Emigration. Ich besuchte Archive und interviewte Zeitzeugen, darunter auch mehrfach die Witwen von emigrierten Mathematikern. Die alten Damen haben mich durchweg sehr beeindruckt in ihrer Offenheit und Lebendigkeit, mehr als mancher alt gewordene Mathematiker. Das größte Vergnügen auf dieser Reise aber war doch der Besuch in New Rochelle, zugleich war er für meine Forschung einer der unergiebigsten. Ich muss zugeben, dass ich an Kurt O. Friedrichs nur wenig interessiert war. Er war politisch nicht auffällig, die Emigration war durch die jüdische Herkunft seiner seinerzeit noch zukünftigen Frau erzwungen. Mein Interesse galt eher Richard von Mises (1883-1953), mit dem Friedrichs in den USA zeitweilig zusammengearbeitet hatte. Von Mises war 1933 in die Türkei emigriert und von dort 1939 in die USA gegangen, wo er eine Professur an der Harvard University übernahm. Er war nicht nur Mathematiker, sondern auch einer der ersten Piloten und im Ersten Weltkrieg in der „Luftschifferabteilung" Österreichs. Er war mit Robert Musil (1880-1942) bekannt und wurde verdächtigt, ein Vorbild für den „Mann ohne Eigenschaften" zu sein, der ja auch als Mathematiker mit dem „Möglichkeitssinn" begabt war. Außerdem war er ein international renommierter Experte für Rainer Maria Rilke (1875-1926) und ein Philosoph (Kleines Lehrbuch des Positivismus, 1939). Meine Faszination für von Mises hatte sich beim Durcharbeiten seines Nachlasses im Archiv von Harvard nur verstärkt. Mit großem Vergnügen habe ich dort große Teile seines Briefwechsels gelesen, wobei mich neben den ganz regelmäßigen Berichten an seine Mutter es eher die nicht wenigen weiblichen Korrespondentinnen waren, die das Vergnügen ausmachten. Da wiederum ging es weniger um Mathematik eher schon um Rilke und schöne Nebensachen, wie sie in Liebesbriefen und Fast-Liebesbriefen vorkommen. Es sei hier nur angemerkt, dass „Gern Anderer Leute Briefe Lesen" sozusagen eine elementare Voraussetzung dafür ist, Historiker zu werden.

Jedenfalls habe ich an diesem Nachmittag auf der Terrasse des Hauses in New Rochelle nach den Präliminarien zuerst nach Richard von Mises gefragt. Die Präliminarien bestanden aus der Vorbereitung von Kaffe und Gebäck (es könnte auch Tee und Kuchen gewesen sein, meine Erinnerung ist nicht ganz verlässlich) und einer kleinen Führung mit einem Hinweis auf mehrere kleine Skulpturen von Panthern, die von Frau Friedrichs' Tante waren und sich dann wenig später als die Dinge erwiesen, die den Nachmittag bestimmen sollten. Es war ein wunderschöner spätsommerlicher Nachmittag und die Blauhäher spielten im gegenüberliegenden Waldstück. Ich fragte also, wie gut sie von Mises gekannt habe und wie sie ihn erinnere. Die Antwort kam sehr spontan: Vor allem sei ihr sein ironisch triumphierendes Lächeln (vielleicht war das Wort auch „Grinsen") in Erinnerung, sagte sie. Da ein solches Grinsen auch einen Anlass haben musste, hatte das Gespräch seinen Anfang gefunden und wurde dann zu einer Erzählung, die mit Nachfragen und Umwegen den ganzen Nachmittag füllte.

Hier folgt nun eine kurze Nacherzählung, die als Forschungsprojekt in meinen Hinterkopf immer noch auf die Verwirklichung wartet, nämlich die Geschichte des Briefwechsels zwischen Dora Herxheimer (bzw. Dora Heidrich-Herxheimer oder Dora Heidrich) (1884-1963) und Rainer Maria Rilke. Als Nellie Friedrichs nämlich Richard von Mises von diesem Briefwechsel erzählte und vermutete, dass er diesen nicht in seiner Sammlung habe, grinste er besagtes Grinsen und sagte: „Den habe ich." Damit war allerdings nicht gesagt, dass es sich um die Originale handelt, denn er war weniger der Autographensammler als der Experte, der einfach alles haben wollte. Bei den 16 Briefen Rilkes an Dora Heidrich aus den Jahren 1906 bis 1913, die im Nachlass von Mises' in den Harvard Archiven verzeichnet sind, handelt es sich um maschinengeschriebene Kopien. Es scheint, dass die Originale dieser Briefe ihren Weg in ein etwas obskures privates Archiv von Nachkommen Rilkes gefunden haben. Die größten Teile, aber bei weitem nicht alles, von Rilkes Nachlass befinden sich im Deutschen und im Schweizer Literaturarchiv in Marbach bzw. Bern.

Nun aber noch kurz die Geschichte: Nellie Friedrichs erzählte, dass ihre Tante (Dora Heidrich-Herxheimer, wie ich jetzt weiß) bei Auguste Rodin (1840-1917) in Paris arbeitete und dort auch ein eigenes Atelier hatte zu der Zeit, als auch Rilke bei Rodin war. Damals entstand das berühmte Gedicht „Der Panther" („Sein Blick ist vom Vorübergehn der Stäbe ...."), und Dora hat mit ihm vor dem Käfig des Panthers im Jardin des Plantes gesessen und ihre Skizzen für ihre Skulpturen gemacht. Es ist allerdings wahrscheinlicher, dass Dora zwar mit Rilke im Jardin war, sein Gedicht doch wohl früher entstanden war (Anfang 1903) als die Bekanntschaft.

Doras Briefwechsel mit Rilke wurde jedenfalls von Nellies Mutter, ihrer Tante und ihrer Groß-mutter Auguste Herxheimer (die 1937 verstarb) wie ein Schatz gehütet, und die Frauen verabredeten, dass diese Briefe nicht an die Öffentlichkeit gelangen sollten. Allerdings kam irgendwann in den zwanziger Jahren ein sehr feiner englischer Gentleman daher, der gerne die Briefe sehen wollte und der auch gastfreundlich aufgenommen wurde, der aber dann heimlich des Nachts die Briefe abge-schrieben hat. Und das war wohl auch die Quelle aus der Richard von Mises' Kopien stammen.

Die Briefe blieben in Doras Besitz, aber die historischen Umstände trennten die drei Frauen. Nellie ging mit Kurt Friedrichs in die USA, und ihre Mutter folgte 1938, die Großmutter war verstorben. Nur Dora Herxheimer lebte noch in Europa, und zwar in Lemberg. Gegen Ende des Krieges erschien ein SS-Offizier vor ihrer Tür und teilte ihr mit, dass sie auf der Liste der zu deportierenden Personen stehe, und die Deportation bevorstehe, es sei denn, sie gebe ihm ihren Briefwechsel mit Rilke. Sie hat ihn herausgegeben, und hat das Kriegsende überlebt. Das war das Ende der Erzählung, und meine Zeit war abgelaufen; ich musste den Zug nach New York City erreichen.

Meine Erzählung hier ist im Kern auch nur eine Erinnerung, nur wenig ist nachrecherchiert, und manches mag falsch erinnert sein, dafür bitte ich um Nachsicht.

Wichtigste Quellen:

Nellie H. Friedrichs: Erinnerungen aus meinem Leben in Braunschweig 1912-1937. (Stadtarchiv und Stadtbibliothek Braunschweig, Kleine Schriften 16) 3. ergänzte Aufl. Braunschweig 1998.
Nellie H. Friedrichs: Sixty-Six Happy Years. My Story Told to Our Children. 1974. URL: http://www.friedrichs.us/History-Nellie-66-Happy-Years-Full.html

Das Schicksal jüdischer Angehöriger der TH Braunschweig

Michael Wettern

Einleitung

Die ehemalige Technische Hochschule Braunschweig hatte schon zu Beginn der nationalsozialistischen Gewaltherrschaft in Braunschweig durch den vom NSDAP-Minister Dietrich Klagges ins Amt beförderten Rektor Paul Horrmann unliebsame Personen bis Mitte des Jahres 1936 aus der Hochschule vertrieben. Der Rektor teilte dem braunschweigischen Minister für Volksbildung bereits unter dem Datum des 29. Juni 1936 mit: „Juden oder jüdisch Versippte werden an der Technischen Hochschule nicht beschäftigt".[1] Aus rassischen oder politischen Gründen wurden nach dem 30. Januar 1933[2] fünfzig Personen aus dem Dienst an der TH Braunschweig gedrängt[3]. Hieraus ergeben sich zwei Fragen, die zunächst kurz erläutert werden sollen: 1.) wer ist jüdisch und 2.) welche Voraussetzungen ermöglichten bereits Mitte des Jahres 1936 die Mitteilung, die Hochschule sei judenfrei.

Die Frage nach dem „wer ist Jude", ist nicht einfach zu beantworten.[4] Entsprechend der orthodoxen jüdischen Tradition ist jedes Kind einer jüdischen Mutter jüdisch. Dabei ist das Wort „Jude" abgeleitet von dem Namen „Juda", nach der Thora (Teil der hebräischen Bibel, enthält neben Geboten die fünf Bücher Moses, die für Christen ein Teil des alten Testaments sind) einer der zwölf Söhne Jacobs. Nach liberaler jüdischer Tradition kann auch das Kind eines jüdischen Vaters und einer nichtjüdischen Mutter jüdisch sein – vorausgesetzt, die Eltern geben zu erkennen, das Kind jüdisch erziehen zu wollen. Außerdem ist jeder, der gemäß einer Reihe fester Regeln und Rituale zum Judentum konvertiert, ein Jude. „Jüdisch sein" hat damit religiöse und historisch-kulturelle Komponenten. Die Nationalsozialisten dagegen klassifizierten im „Gesetz zum Schutz des Deutschen Blutes und der Deutschen Ehre vom 14. November 1935" jüdische Bürger nach ihrer Abstammung zu „Juden" und bestimmten bisweilen einfach Personen zu „Juden", obwohl diese beispielsweise römisch-katholisch waren (siehe weiter unten: Hedwig Wolfson, die Frau von Michael Wolfson).

Die Frage nach den Gründen der raschen Verdrängung politisch und rassisch unliebsamer Personen an der TH Braunschweig lässt sich mit der im Freistaat Braunschweig ab 1930 herrschenden politischen Verhältnissen begründen (siehe Tabelle I). Als Ergebnis der Herbstwahlen im Jahre 1930 wurden Ernst Zörner (NSDAP-Mitglied) zum Landtagspräsidenten, das NSDAP-Mitglied Anton Franzen als Minister für Inneres und Volksbildung und als Staatsminister Werner Küchenthal (DNVP) gewählt. Franzen musste nur ein Jahr später wegen einer Meineidsaffäre zurücktreten, als neuer Minister für Inneres und Volksbildung wurde Dietrich Klagges berufen. Bereits ab September 1930 setzte im Freistaat Braunschweig, und damit auch an der TH Braunschweig, ein Verdrängungskampf der Nationalsozialisten von politisch und rassisch unliebsamen Personen ein. Dies verstärkte sich mit der Amtsübernahme von Klagges als Minister für Inneres und Volksbildung in erheblichen Maße und führte an der TH Braunschweig zur Beseitigung der Hochschulautonomie: Dietrich Klag-

---

1   TU-Braunschweig-Archiv, A I 143, Folio 210.

2   Datum der Bildung einer Regierungskoalition in Berlin unter der Führung von Adolf Hitler als Reichskanzler, oft fälschlicherweise als „Machtübernahme" bezeichnet.

3   Eine ausführliche Darstellung findet sich in: Michael Wettern und Daniel Weßelhöft, Opfer Nationalsozialistischer Verfolgung an der der Technischen Hochschule Braunschweig 1930-1945, Hildesheim, 2010.

4   Anne Frank Haus Amsterdam (Hrsg.), Alle Juden sind ... 50 Fragen zum Antisemitismus, Mülheim an der Ruhr 2008, Seite 10-17.

ges setzte Paul Horrmann, Professor der Pharmazeutischen Chemie und als einziger Ordinarius bereits seit 1932 Mitglied der NSDAP, 1933 als neuen Rektor an die Spitze der TH Braunschweig. Klagges hatte sich als Mittelschulkonrektor im preußischen Staatsdienst in Benneckenstein/Harz öffentlich für die NSDAP betätigt und war deswegen durch Entscheidung der Dienststrafkammer in Erfurt vom 11. November 1930 ohne Pension entlassen worden. Seit dem 1. Januar 1931 war er als Regierungsrat im braunschweigischen Volksministerium und ab dem 15. September 1931 dann als Minister für Inneres und Volksbildung im Freistaat Braunschweig tätig.[5] Die „Braunschweiger Hochschulkonflikte"[6] sowie 1933 die Ernennung des Nationalsozialisten Horrmann, zunächst nicht gewählt, sondern vom braunschweigischen NS-Minister Klagges in das Amt als Rektor eingesetzt, und insbesondere die Vorstellung des neuen Hochschulsenats am 1. Mai 1933 auf den Stufen des Hauptgebäudes der Universität durch Klagges (siehe Abb. 1) bedeuten insgesamt die konsequente Einführung des nationalsozialistischen „Führer-Prinzips" in die Hochschulpolitik an der TH Braunschweig (Klagges: „…der Rektor der Technischen Hochschule … ist Beauftragter des Ministers und untersteht diesem…der Minister übt das Disziplinarrecht aus, nicht Rektor noch Senat der Hochschule").[7]

Abb. 1: Vorstellung des von Dietrich Klagges (in NSDAP-Uniform, auf der obersten Treppenstufe) ernannten Senats der TH Braunschweig am Vorabend des 1. Mai 1933 auf den Stufen des Hauptgebäudes der TH Braunschweig in der Pockelsstrasse, am Rednerpult der gerade ernannte NSDAP-Rektor Paul Horrmann.

5   Michael Schlüter und Dieter Miosga, Zulassung ist zurückgenommen. Das Schicksal der Juristen im Bezirk Braunschweig von 1933 – 1945, Braunschweig 2006, Seite 21.

6   Dietrich Lachmund, Nazis wollten Hitler 1932 zum Professor machen. Studienrat Dr. Roloffs Versuch, die Hintergründe des Hochschulkonfliktes in Braunschweig aufzudecken, Braunschweiger Zeitung, 11. Februar 1960, Seite 20.

7   Einzelheiten dazu siehe: Ernst-August Roloff, Bürgertum und Nationalsozialismus 1930-1933. Braunschweigs Weg ins Dritte Reich, Braunschweig 1980, Reprint von 1961, Seite 122 ff.; Claudia Bei der Wieden, Vom Seminar zur NS-Lehrerbildungsanstalt. Die Braunschweiger Lehrerausbildung 1918 bis 1945, Köln, 1996, Seite 82-85; Ernst-August Roloff, Wie braun war Braunschweig? Hitler und der Freistaat Braunschweig, Braunschweiger Zeitung Spezial Nr. 3, 2003, Seite 28-29.

Während die Nationalsozialisten unliebsame Personen bereits von der Hochschule verdrängt hatten und das Braunschweiger Sondergericht seit dem 8. April 1933 als Instanz politischer Strafjustiz Gegner der Nationalsozialisten aburteilte[8], nahmen führende Kreise der Stadt noch unbeschwert an dem Braunschweiger Bühnenball (BraBüBa) im Hofjäger (Wolfenbütteler Strasse 28) teil.[9]

Tabelle I: Politisch relevante Vorgänge Braunschweigs 1930-1933

14.09.1930	Koalitions-Regierung im Freistaat Braunschweig gebildet aus Deutsch-Nationale-Volkspartei (DNVP), Deutsche-Volkspartei (DVP), Zentrum, Welfen-partei (WP) und Nationalsozialistische Deutsche Arbeiterpartei (NSDAP) Landtagspräsident: Ernst Zörner (NSDAP) Staatsminister: Werner Küchenthal (DNVP) Minister für Inneres und Volksbildung: Anton Franzen (NSDAP)
15.09.1931	Dietrich Klagges (NSDAP) wird Nachfolger von Franzen
04.02.1933	„Braunschweiger-Bühnen-Ball" im Hofjäger (Nellie Bruell lernt Kurt Otto Friedrichs kennen)
14.02.1933	Geändertes Staatsbeamtengesetz: Entlassungswelle von leitenden Beamten in Verwaltung, Polizei und Justiz
04.04.1933	Nach den Ergebnissen der Reichstagswahl vom 6. März wird der Landtag neu gebildet; *Vorläufiges Gesetz zur Gleichschaltung der Länder mit dem Reich* Beginn der Gleichschaltung u.a. der TH Braunschweig
06.04.1933	Prof. Dr. T. Geiger flüchtet nach Dänemark
08.04.1933	Erstmals arbeitet das Sondergericht in Braunschweig
29.04.1933	Einige DNVP-Abgeordnete treten der NSDAP bei, DVP löst sich auf: Klagges an Hitler: *„Erstes rein nationalsozialistisches Parlament in Deutschland"*
06.05.1933	Dietrich Klagges wird Ministerpräsident
13.06.1933	Letzte Landtagssitzung im Freistaat Braunschweig
04.07.1933	Rieseberg-Morde (darunter auch der Lehramtsstudent Gustav Schmidt)

Arten der Verdrängung von der TH Braunschweig

Studierende wie Hochschullehrer wurden von den Nationalsozialisten auf unterschiedliche Weise drangsaliert und von der Hochschule verjagt. Studierenden wurde der Zugang zur Hochschule erschwert, indem Studienvergünstigungen nach 1933 verstärkt nur denen gewährt wurden, die Regimetreue und ´Einsatz´ für die NSDAP gezeigt hatten. Zwar galt das Reifezeugnis weiter als grundlegende Voraussetzung, jedoch regelten nach 1933 in wachsendem Maße die politischen Vorgaben die

---

8   Hans-Ulrich Ludewig und Dietrich Kuessner, „Es sei also jeder gewarnt" Das Sondergericht Braunschweig 1933-1945, Braunschweig 2000, Seite 22, 56-57.

9   Hedda Kalshoven, Ich denk so viel an Euch. Ein deutsch-holländischer Briefwechsel 1920-1949, München 1995. Als Beispiele sollen Briefe der in Braunschweig lebenden Mutter (Elisabeth Gebensleben-von Alten, Seite 100, 107, 124, 199) und Großmutter (Minna von Alten-Rauch, Seite 181) an die in Holland lebende Tochter/Enkelin Irmgard Brester-Gebensleben angeführt werden. Der Briefwechsel wurde von Hedda Kalshoven, Tochter von Irmgard Brester-Gebensleben, veröffentlicht.

Studiumszulassungen.[10] So musste ab 1937 zur Immatrikulation an der TH Braunschweig ein Ahnen-nachweis vorgelegt werden.[11]

Gegenwärtig sind nur wenige Beispiele von Entlassungen von Studierenden aus der TH Braun-schweig bekannt. Diese ereigneten sich alle vor 1933. Einige Studierende konnten zwar 1931 noch ih-re erste Prüfung für das Lehramt ablegen, wurden dann jedoch aus unterschiedlichen Gründen nicht in den braunschweigischen Schuldienst übernommen.

Dazu zählten:[12]
Berking, Gustav
Ebeling, Grete
Ebeling, Hermann
Gehrmann, Else
Grönewald, Heinrich
Kindemann, Alice
Löhr, Hans
Meyer, Otto
Roloff, Kate
Thies, Rose
Winschewski, Bernhard

In der als „Braunschweiger-Hochschulkonflikt" bezeichneten Auseinandersetzung um die Hoch-schulautonomie der TH Braunschweig wurde der bulgarische Architekturstudent Georg Stojanoff der Hochschule verwiesen. Den Antrag des Hochschulsenats die Studenten Kurt Blankenburg, Heinrich Bosse und Gustav Schmidt wegen ihres an den Rektor gerichteten offenen Briefes der Hochschule zu verweisen, lehnte das Hochschulkonzil in seiner Sitzung vom 29. Januar 1932 ab, es sprach diesen Studierenden stattdessen eine Verwarnung aus. Im gleichen Zusammenhang wurde der Pädagogikstu-dent und Aktivist des Nationalsozialistischen-Studentenbundes, Edgar Gille, per Senatsbeschluss von der Hochschule ausgeschlossen. Dem umgehend gestellten Antrag von Gille auf Wiederaufnahme in die Hochschule entsprach das Konzil einstimmig bereits nur wenige Monte später.[13]

Schmidt, Gustav[14]

Gustav Schmidt wurde am 9. Oktober 1908 in Holzwickede als Sohn eines Präparandenlehrers gebo-ren. Er studierte Pädagogik und gehörte zum Kreis der Studierenden um Professor Adolf Jensen. Ge-meinsam mit Hans Löhr hatte er 1928 die „Sozialistische Studentengruppe" an der TH Braunschweig

---

10 Claudia Bei der Wieden (wie Anm. 7) Seite 151-174.
11 Aufnahmebestimmungen, Vorlesungsverzeichnis 1937 (TU-Braunschweig-Archiv, Z I 1.13.).
12 Hildegard Feidel-Mertz und Hermann Schnorbach, Lehrer in der Emigration, Weinheim 1981, Seite 227-237; Michael Wettern und Daniel Weßelhöft (wie Anm. 3), Seite 186-188; Günter Wiemann, Hans Löhr und Hans Koch – Politische Wanderungen, Braunschweig 2011, Seite 47, 68-70.
13 TU-Braunschweig-Archiv, 01:4:10, Sitzungsprotokoll – 29.1.1932; Sitzungsprotokoll – 15.7.1932.
14 Alfred Oehl, Der Massenmord in Rieseberg 1933, Braunschweig 1981, Seite 54-58; Claudia Schüler, Die Kulturwissenschaftliche Abteilung 1927-1933, in: Walter Kertz (Hrsg.) Technische Universität Braun-schweig, Hildesheim 1995, Seite 427; Frank Ehrhardt, Topographie der Erinnerung, Braunschweig 2004, Seite 20, 31-32.

Gustav Schmidt[15]
Ermordet am 4. Juli 1933 in Rieseberg

Im Gebäude der AOK
inhaftierte und folterte die SA
ab März 1933 etwa 250 Gegner.

Sie töteten hier
BENNO EHLERS, PAUL KRIOSKO
ALFRED MÜLLER, ALFRED PERKAMPUS
FRITZ FISCHER, WILHELM KIRCHHOFF

Von hier verschleppten sie 10 Gewerkschafter
und ermordeten sie am 4.7.1933 in Rieseberg

Zum Gedenken[16]
Inhaftiert, gefoltert, getötet,
ermordet am 4. Juli 1933 in Rieseberg

Gedenkstein für die
Riesebergopfer
Pappelhofweg, Rieseberg

Gedenkstein für die Opfer am Tatort Pappelhof
Das Relief entstand 1983 zum 50. Jahrestag der Morde in Zusammenarbeit
mit Studierenden der Hochschule für Bildende Kunst Braunschweig und
Gewerkschaftlern. Im Juli 2005 wurde die Reliefwand mit Unterstützung des
DGB restauriert und neu als freistehende Skulptur errichtet.

Abb. 2: Gustav Schmidt

ins Leben gerufen, deren Satzung der Senat der Hochschule in seiner Sitzung am 10. Januar 1929 nach Abänderung des Paragraphen 2 genehmigte[17]. Seine Verlobte, Herta Wöhldecke, und er waren eng mit Heinrich Rodenstein und dessen Frau Marta befreundet. Aus Rache für den angeblich von Kommunisten erschossenen SS-Mann Gerhard Landmann verschleppten Nazis den Studenten in das Gebäude der Allgemeinen Ortskrankenkasse, das von der SA besetzt dieser als Hauptquartier und Folterstätte diente.[18] Der Leiter des Landespolizeiamtes, der SS-Gruppenführer Friederich Jeckeln,

---

15   Alfred Oehl (wie Anm. 14), Seite 63-64; www.vernetztes-gedaechtnis.de/ bioschmidt.htm.

16   Die Gedenkplatte ist im Gehwegpflaster vor dem Gebäude der Allgemeinen Ortskrankenkasse, Am Fallersleber Tore 3, Braunschweig, eingelassen.

17   TU-Braunschweig-Archiv, 01:4.4, Senatsprotokollbuch 4, 01.01.1920 bis 26.07.1933; Hochschulführer der Technischen Universität Braunschweig 1931-1932, Seite 106.

18   Siehe Abbildung 3; zum Wüten des Nazi-Terrors im März 1933 gegen Mitglieder des Stahlhelms im Gebäude der AOK, verbunden mit Massenverhaftungen von 200 Stahlhelmern und 1150 anderen Personen, siehe den kompletten zeitgenössischen Bericht von Mathilde Römling (AIZ, Heft 1. April 1933, Seite 262).

wählte aus den von der Folter schwer gezeichneten Häftlingen zehn Opfer aus, die, auf einen Last-kraftwagen getrieben, nach Rieseberg, Landkreis Helmstedt, transportiert und dort nach weiteren bestialischen Folterungen am 4. Juli 1933 durch ein SS-Kommando ermordet wurden.[19] Diese ersten Massenopfer der nationalsozialistischen Gewaltherrschaft wurden am Rand des Rieseberger-Friedhofs verscharrt.[20]

Weitere Opfer von Studierenden bis 1945 können nicht ausgeschlossen werden. Da die Matrikel-bücher für „ordentliche Studierende" ab Sommersemester 1926 bis einschließlich Sommersemester 1944 dem Archiv der TU Braunschweig jedoch fehlen, lassen sie sich nicht nachweisen.

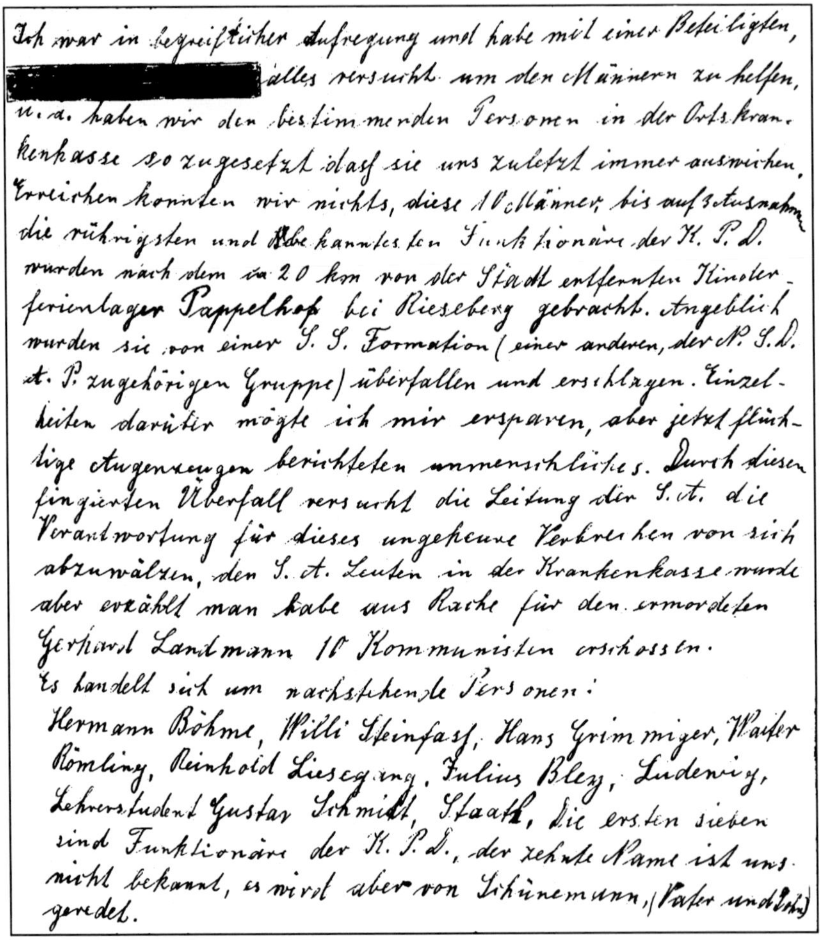

Abb. 3: Auszug aus den Schilderungen von Mathilde Römling über die Greueltaten der Nazi im Gebäude der All-gemeinen Ortskrankenkasse sowie den Morden im Pappelhof, Rieseberg, am 4. Juli 1933 (Arbeiter Illustrierte Zeitung, Das Illustrierte Volksblatt – Prag, Ausgabe vom 7. September 1933, S. 596-597)

---

19 Reinhard Bein, Widerstand im Nationalsozialismus – Braunschweig 1930-1945, Braunschweig 1985, Seite 100 ff.; Werner Sohn, Im Spiegel der Nachkriegsprozesse – Die Errichtung der NS-Herrschaft im Freistaat Braunschweig, Braunschweig 2003, Seite 155 ff.

20 Reinhard Bein, Im deutschen Land marschieren wir – Freistaat Braunschweig 1930-1945, Braunschweig oh-ne Jahresangabe, Seite 66.

Entlassungen bediensteter Mitarbeiter der Hochschule erfolgten aus sehr unterschiedlichen Gründen. Einerseits bemühten sich die Nationalsozialisten bereits ab 1930, die Hochschule von politisch Andersdenkenden zu säubern.[21] Dies betraf insbesondere die verschiedenen Richtungen der Lehrerausbildung. Von 1927-1937 war die Ausbildung der Volksschullehrer eine eigenständige Abteilung der TH, der ab 1930 das Promotionsrecht zum *Dr. cult.* verliehen worden war. Ab 1933 war die Ausbildung der Mittelschullehrer und zwischen 1929 – 1933 auch die der Berufsschullehrer in die Technische Hochschule integriert. Die Lehrerbildung war inhaltlich von hohem Niveau und personell durch Berufungen der später berühmten Professoren Theodor Geiger und Adolf Jensen sehr angesehen. Aber Dietrich Klagges, ehemaliger Mittelschulkonrektor, verfolgte als Volksbildungsminister eigene hochschulpolitische Ziele, die in Opposition zu der akademisierten Lehrerbildung standen. Diesen Vorstellungen hatten die Bürgerlichen in der Koalitionsregierung nichts entgegen zusetzten. Im Gegenteil, politisch uneinig und in vollständiger Überschätzung des eigenen Einflusses begünstigten sie in unverantwortlicher Weise die nationalsozialistischen Bemühungen. Mit seinem Vorhaben, die universitäre Lehrerausbildung der TH Braunschweig als Muster für das gesamte Reich zu etablieren, konnte sich Klagges jedoch nicht durchsetzen. Reichserziehungsminister Bernhard Rust drückte seine Auffassung durch und richtete eine eigene Hochschule ein, die „Bernhard-Rust-Hochschule für Lehrerbildung", und zwar in dem für die Technische Hochschule von Emil Herzig, Professor für Architektur an der TH Braunschweig und Mitglied der NSDAP bereits seit November 1931, geplanten Gebäude. 1937 wurde die „Bernhard-Rust-Hochschule für Lehrerbildung" unter großen Pomp der Nationalsozialisten eingeweiht, sie sollte zukünftig Lehrer ausbilden, die nicht zu wissenschaftlichem Denken[22], sondern zu nationalsozialistischem Handeln befähigt werden sollten. Die Ausgliederung der Lehrerausbildung aus der TH Braunschweig in eine eigenständige Hochschule blieb für die TH selbstverständlich nicht ohne Auswirkungen. Einige freie Lehrstühle konnten an der TH durch Umwidmung dem Ausbau der naturwissenschaftlich-technischen Fächer dienen.[23] Zusätzlich förderte das NS-Regime Mitte der dreißiger Jahre besonders die Bereiche Geopolitik und Luftfahrt, auch trat es erfolgreich für den Erhalt der Pharmazie an der TH ein. Unter dem Rektorat von Herzig (1936-1943) agierten einige Hochschullehrer als Mittler zwischen landesplanerischen und nationalsozialistischen Interessen. Damit stabilisierten sie die eigenen Betätigungsfelder und erweiterten diese um Planungen des späteren VW-Werks und der Salzgitteraner Hütte. Da alle Aktivitäten insgesamt den durch die Ausgliederung der Lehrerausbildung bedingten Verlust an Studenten ausglichen, war die Frage der Existenzberechtigung der ansonsten auf etwa 275 Studenten zusammengeschrumpften TH gebannt.

21 Uwe Sandfuchs, Die Eingliederung der Lehrerausbildung in die Technische Hochschule Braunschweig, in: Walter Kertz (Hrsg.) Projektberichte zur Geschichte der *Carolo-Wilhelmina*, Heft 3, Braunschweig 1987, Seite 143-150.

22 Wie Prof. Dr. E.A Roloff d.Ä. dies bereits im Sommersemester 1927 mit einer akademisch-universitären Lehrerausbildung, der Integration von als bewahrenswert erachteten Elementen der traditionellen Ausbildung mit neuer Theorie und Praxis, vor der Einrichtung der schwer erkämpften Lehrerausbildung an der TH Braunschweig gefordert hatte (Uwe Sandfuchs, Universitäre Lehrerausbildung in der Weimarer Republik und im Dritten Reich, Bad Heilbrunn 1978, Seite 235-247). Nach seinen Kalkulationen sollte diese Art der Ausbildung auch noch deutlich preiswerter als eine nicht-akademische Lehrerbildung sein (Ernst August Roloff, Was kostet die akademische Lehrerbildung in Braunschweig?, Schulblatt für Braunschweig und Anhalt, 1. Januar 1932, Seite 8-12); siehe auch: Christian Zöllner, Neue Wege an der Kant-Hochschule in Braunschweig, Braunschweigisches Jahrbuch, Band 53, Braunschweig 1972, Seite 278-332; Gerhard Himmelmann, Fünfzig Jahre wissenschaftliche Lehrerbildung in Braunschweig, Braunschweig 1995.

23 Claudia Schüler, in: Walter Kertz, (wie Anm. 14), Seite 428; Klaus E. Pollmann, in: Walter Kertz (wie Anm. 14), Seite 457.

Formen der Entlassungen

Vor diesem politischen Hintergrund erfolgte die personelle nationalsozialistische Umstrukturierung an der TH Braunschweig. Personen in einem zeitlich befristeten Arbeitsverhältnis an der Hochschule, wie dies für alle Assistenten und Hilfsassistenten sowie Lektoren üblicherweise zutraf, wurden durch die Nationalsozialisten im einfachsten Fall durch Nichtverlängerung der Arbeitsverträge entlassen.

Bedienstete in einem festen Arbeitsverhältnis mit der Hochschule wurden auf unterschiedlichen Wegen von der Hochschule entfernt. Welche das waren, zeigt das Beispiel der Universität Köln. Dort wurde aus folgenden Gründen relegiert: Körperverletzung, fahrlässige Tötung, Abtreibung, Devisenvergehen, Betrugsdelikte (inkl. Untreue und Urkundenfälschung), Erpressung, Anstiftung zur Abgabe falscher eidesstattlicher Erklärungen, Sittlichkeitsdelikte/Exhibitionismus, Homosexualität, Hochverrat und „Heimtücke".[24]

In einzelnen Fällen wurde an der TH Braunschweig die Entlassung von Mitgliedern durch Klagges, dem braunschweigischen Innen- und Volksbildungsminister, auf Grund des Runderlasses vom 28. Oktober 1933[25], persönlich verfügt (Adolf F. Jensen, Carl Mühlenpfordt).

Personen zwangsweise in den Ruhestand zu entlassen, war eine weitere Variante der Nationalsozialisten, sich missliebiger TH-Angehöriger zu entledigen (A.H. Karl Bode, V. Kurt E. Eisenmann, Karl T. Fries, Friedrich L. Meyenberg, Otto H.T. Schmitz).

Unter ausdrücklichem Verweis auf ihre jüdische Abstammung (Nellie H. Bruell, Egon Leo Lederer, Friedrich L. Meyenberg) oder die jüdische Abstammung ihrer Lebenspartner (Kurt O. Friedrichs, Carl August Kellner) wurden Betroffene unter Berufung auf das „Gesetz zur Wiederherstellung des Berufsbeamtentums" vom 7. April 1933 aus dem Amt gedrängt. Der „Nicht-Jude" Kurt Friedrichs beispielsweise trennte sich nicht von seiner jüdischen Lebenspartnerin Nellie Bruell, sondern ging gemeinsam mit ihr ins Exil.

Ein weiterer häufiger Entlassungsgrund war eine unterstellte „politische Unzuverlässigkeit" (Heinrich Borchert, Theodor J. Geiger, Ilse Rüder, Franz Schlösser, Karl Schuhmacher, Kurt Strüver, Walter Strüver, Wilhelm Voß).

In verschiedenen Fällen entzogen sich Betroffene den Anfeindungen durch „freiwilligen Verzicht" auf Weiterbeschäftigung oder Vertragsverlängerung (Felix Kann, Curt K.F. Koßwig, Wilhelm Paulsen, Herbert Schachian, Alf(red) J. Schroeder).

Einigen Betroffenen entzog die Hochschule nach erfolgreicher Flucht ins Ausland[26] anschließend die akademischen Titel (Karl Cartal, Siegfried R. Hilpert, Theodor A. Koenig, Robert F. Lachmann, Ernst Simon). Diese Personen hatten neben dem Verlust ihrer beruflichen Existenz obendrein den Verlust ihrer deutschen Staatsbürgerschaft durch die erzwungene Ausbürgung zu ertragen. Nicht in jedem Fall erhielten die Betroffenen daraufhin die Staatsbürgerschaft des Gastlandes, sondern blieben staatenlos (Karl Cartal). Die NS-Logik der Aberkennung akademischer Grade war sehr simpel. Wer

---

24 Margit Szöllösi-Janze und Andreas Freitäger, Doktorgrad entzogen, Köln 2005, Seite 46.

25 Dieser übertrug dem Rektor die Rechte des Senates und schaltete damit den Senat aus, der Rektor bediente sich stattdessen Informationen durch NS-Dozenten- und Studentenschaft; vordergründig zur Sicherung einer einheitlichen Führung der Hochschule geschaffen, führte der Runderlass zur NS-Gleichschaltung der Hochschule.

26 Zur Bedeutung der Zäsur in der Entwicklung einzelner Wissenschaften durch die politische und/oder rassische Verfolgung der faschistischen Repression in den Jahren 1933 bis 1945 siehe das Beispiel der deutschsprachigen Sprachwissenschaften [Utz Maas, Verfolgung und Auswanderung deutschsprachiger Sprachforscher 1933-1945, Osnabrück 1966]. Die vielfältigen Wege des erzwungenen Exodus der Juden aus Deutschland in weltweit über neunzig Länder können im Begleitbuch zur Ausstellung „Stiftung Jüdisches Museum Berlin und Stiftung Haus der Geschichte der Bundesrepublik Deutschland, Heimat und Exil – Emigration der Deutschen Juden nach 1933, Frankfurt am Main 2006", nachgelesen werden.

Deutschland verlassen hatte, schädigte deutsche Belange – wer deutsche Belange schädigte, wurde ausgebürgert – wer ausgebürgert war, hatte keinen Anspruch mehr auf einen akademischen Titel, also wurde dieser aberkannt.[27]

Die TH Braunschweig sprach aber auch Persönlichkeiten aus Wirtschaft und Politik akademische Titel ab, denen sie diese zuvor in Ehrung ihrer Verdienste übertragen hatte (Siegfried Arndt, Max Meyer, Ernst Simon, Arthur Delfosse, Leo Otto Probst). Im Fall des ehemaligen Reichsministers und sozialdemokratischen preußischen Staatsministers Karl Severing diskutierte der Senat der Hochschule wiederholt, die diesem 1930 auf Vorschlag der Kulturwissenschaftlichen Abteilung ausgesprochene Ehrendoktorwürde zu entziehen. Zu einer Aberkennung der Ehrendoktorwürde ist es in diesem Fall aber nicht gekommen.

Anderen, nach angeblichen Devisenvergehen als Straftäter stigmatisiert, wurde im Anschluss an die Strafverfahren der akademische Titel durch die Hochschule entzogen (Robert F. Lachmann).

Hugo Kanter muss 1938 seine Verfolgung durch die Nationalsozialisten als so unerträglich empfunden haben, dass er einen Suizid als einzig denkbaren Ausweg erachtete.

Den in den Jahren 1930 bis 1933 als Lektor für russische Sprache an der TH Braunschweig tätigen jüdischen Michael Wolfson, mit einer Christin verheiratet und deshalb nach nationalsozialistischen Vorstellungen in einer „privilegierten Mischehe" lebend, brachten die Nationalsozialisten am 24.8.1943 im KZ Auschwitz um. Er hinterließ eine 1927 in Braunschweig geborene Tochter.

Folgende Personen verließen die TH Braunschweig „freiwillig" oder wurden mit dem ausdrücklichen Hinweis auf ihre nicht-arische Abstammung von der Universität entlassen (Tab. II).

Tabelle II: Aus „rassischen" Gründen von der TH Braunschweig Entlassene

Bruell, Nellie	Privat-Assistentin bei Riekel, Promotion bei Geiger geplant
Kann, Felix	Privatdozent, Baurat in Wismar
Kanter, Hugo	Syndikus der Handelskammer, Lehrauftrag
Lederer, Eugen	Assistent und Privatdozent, Chemie/Pharmazie
Meyenberg, Friedrich	a.o. Prof. für Fabrikorganisation, Fabrikbetrieb und Betriebswirtschaftslehre
Schachian, Herbert	Lehrauftrag, Honorarprofessor
Schroeder, Alf(red)	Privatdozent, persönlicher Assistent bei Meyenberg
Sievers, Joachim	Hilfsassistent bei Fries, Chemie
Wolfson, Michael	Lektor für russische Sprache

Auf die Darstellung der Lebenswege von Nellie Bruell und ihrem späteren Ehemann, dem Mathematiker Professor Dr. Karl Otto Friedrichs, soll an dieser Stelle verzichtet werden. Diese sind ausführlich in den anderen Kapiteln dieses Buches geschildert.

Hier sollen, exemplarisch für die sehr unterschiedlichen Lebenswege rassisch Verfolgter, an vier ausgewählten Beispielen die Schicksale nationalsozialistischer Opfer der TH Braunschweig skizziert werden.

---

27 Peter Chroust, Vortrag über Doktorgradentziehungen an der Uni Gießen, in: Mitteilungen des Oberhessischen Geschichtsvereins Gießen. 90. Band, 2005, S.308 f; Peter Chroust, Die Bürokratische Verfolgung, Gießen 2006, Seite 143 (Gesetz über die Führung akademischer Grade, 7. Juni 1939).

Kanter, Hugo[28]

* 27.09.1871, Breslau, als Sohn jüdischer Eltern,
Vater: Markus K., Kaufmann, Mutter: Friederike
† 17.11.1938 (Suizid), Berlin

Studium der Wirtschaftswissenschaften in Freiburg, München, Breslau,
Berlin und Heidelberg

Seit 1897 als Geschäftsführer des Verbandes der Deutschen Textil-
Veredelungsindustrie in Düsseldorf tätig

1901 Promotion zum Dr. phil. an der Universität Heidelberg

Ab 1902 in Braunschweig als Assistent, später als volkswirtschaftlicher Beirat der ortsansässigen Handelskammer beschäftigt

1908-1922 Lehrauftrag und Dozent für kaufmännisches und gewerbliches Verrechnungswesen an der TH Braunschweig

27.09.1911: Heirat mit Clara Marianne Wilhelmine Mathilde Schultz

Während des Ersten Weltkrieges in der Kriegwirtschaft eingesetzt als: Geschäftsführer der Zentralen-einkaufsgesellschaft der Dosenverteilungsstelle, Mitglied des Weißblechüberwachungsausschusses, Mitarbeit im Kriegsernährungsamt, leitend tätig in der Gemüsekonserven-Kriegsgesellschaft

Nach dem Ersten Weltkrieg: Geschäftsführer und Vorstandsmitglied des Vereins Deutscher Konservenfabrikanten

Ab 1924 publizistisch tätig, hervorzuheben ist die „Kaufmännische Berufskunde" (veröffentlicht 1928)

1922-1933 außerplanmäßiger, außerordentlicher Professor mit einem Lehrauftrag für Privat-wirtschaftslehre, Abteilung für Mathematik und Physik, TH Braunschweig

1924-1933 Syndikus der Handelskammer im Freistaat Braunschweig

Aus Anlass seiner 25jährigen Tätigkeit für die Handelskammer veröffentlichen die „Mitteilungen der Handelskammer für den Freistaat Braunschweig" eine Würdigung des „Syndikus Professor Dr. Hugo Kanter".[29] Sie hebt darin hervor, dass sich Dr. Kanter neben seiner pädagogischen Tätigkeit von er-

---

28 Richard Moderhack, Brunsvicensia Judaica, Braunschweig, 1966, Seite 126; Bettina Gundler unter Mitwir-
    kung von Claudia Schüler, Catalogus Professorum der Technischen Universität Carolo-Wilhelmina zu
    Braunschweig, Teil 2: Lehrkräfte 1877-1945, Braunschweig 1991, Seite 126-127; Anikó Szabó, Vertreibung
    Rückkehr Wiedergutmachung, Göttingen 2000, Seite 589-590; Uwe Lammers, Syndikus Hugo Kanter „...
    einer der klügsten und stets ein anständiger Mensch", Braunschweig 2004, Seite 9-11.
29 25 Jahre Handelskammer, Mitteilungen der Handelskammer für den Freistaat Braunschweig, Nr. 1, 1. Januar
    1930.

heblichem Umfang als Gründungsmitglied eines Textilverbandes zur Förderung des Textileinzelhandels verdient gemacht hat und weist auf den besonderen Erfolg hin, den Kanter in der Bekämpfung des unlauteren Wettbewerbs erzielen konnte. Es sei „in erster Linie seinem Einsatz zu zuschreiben, dass ernstliche Missstände auf diesem Gebiet in Braunschweig im allgemeinen hintangehalten und sich zwischen den Firmen gelegentlich ergebende Gegensätze gütlich ausgeglichen werden konnten". „Besonders hervorzuheben ist endlich die Tätigkeit als Geschäftsführer des ´Vereins Deutscher Konservenfabrikanten´, des `Vereins der Konservenfabrikanten Braunschweigs und Umgebung´ sowie als Mitbegründer des `Schutzverbandes der deutschen Konservenindustrie´".

Verheiratet mit der Protestantin Marianne Schultz

Mit Wirkung zum 1.8.1933 Entziehung des am 31.7.1908 erteilten Lehrauftrages nach § 4 BBG[30] und Zwangspensionierung unter Zahlung von 75% der niedrigst berechneten Pension.

Frau Kanter gibt 1946 an, ihr Mann sei 1933 nur deswegen der Verhaftung und wahrscheinlichen Verschleppung ins Volksfreundhaus entkommen, weil das Ehepaar, nachdem SA-Männer ihren Mann aus seinem Amtszimmer vertrieben hatten – zuvor hatte er unterschreiben müssen, es nie mehr zu betreten – sich von Freunden sofort ein Auto lieh, heimlich Braunschweig verließ, um überstürzt nach Ueberlingen (Schweiz) zu flüchten. Der zuvor vielfach geehrte und in hohem Ansehen stehende Hugo Kanter litt nach Aussage seiner Frau vom Augenblick seiner Amtsvertreibung unter schweren seelischen Störungen, die sich als große Aufregung oder tiefe Depression äußerten.

In Ueberlingen legte sich das Gefühl absoluter persönlicher Unsicherheit des vorherigen Syndikus jedoch nicht und das Paar wechselte 1938 nach Berlin in der Hoffnung, in der Anonymität Berlins Linderung für Herrn Kanters erschütterte Gesundheit zu finden, jedoch ohne Erfolg. Herr Kanter überträgt seine zwei Grundstücke seiner Frau, um das Vermögen vor dem Zugriff der Nazis zu retten. Vermutlich aus Angst vor weiterer Verfolgung durch die Nazis vergiftet sich Hugo Kanter, der herbei gerufene Arzt erklärt, nichts für den Nichtarier tun zu können. Frau Kanter veranlasst den Transport ihres Mannes in die Bavariaklinik, eine jüdische Privatklinik in der Münchenerstrasse. Da der Chefarzt der Klinik verhaftet wurde, kümmern sich Hilfsärzte um Hugo Kanter, jedoch erfolglos: nach vier Tagen verstirbt Hugo Kanter im Krankenhaus am 17. November 1938, ohne sein Bewusstsein wieder erlangt zu haben.

Marianne Kanter wird 1950 eine „Sonderbeihilfe für Verfolgte der nationalsozialistischen Gewaltherrschaft" zuerkannt, von der sie bis zu ihrem Lebensende ihren Unterhalt bestreiten konnte.

---

30 TU-Braunschweig-Archiv, A I 143, Folio 200.

Lederer, Egon Leo[31]

* 7.4.1884, Podersam/Böhmen

Eltern: Benjamin (Sohn des Jakob Lederer aus Teutschrust und der Susanne geb. Lang) und Sofie Lederer (Tochter des Joel Adler aus Neuberg Bezirk Asch und der Rachel, geb. Adler aus Reichsgrün)

† 13.04.1947, Zandvoort/Niederlande

1904-1908 Studium der Chemie, Deutsche Universität Prag
15.5.1906: römisch-katholische Taufe, Prag
1908 Promotion, Universität Prag
1908-1911 Assistent am physikalischen Institut der Universität Czernowitz, zugleich Supplement (wissenschaftliche Hilfskraft) an der griech.-orient. staatlichen Oberrealschule in Czernowitz

1910: Heirat mit Dr. med. Valerie Pick (zu dem Zeitpunkt tätig als Sekundärärztin am Staatsbeamten-kurhaus in Karlsbad)

1911 „provisorischer" Gymnasiallehrer am deutschen Staatsgymnasium in Prag-Kgl. Weinberge, 1913 Anstellung an gleicher Einrichtung und Verleihung des Titels „k.k. Professor" im Lehramt

26.07.1914-12.11.1918: Teilnahme am Ersten Weltkrieg als Reserveoffizier im österreichischen Heer, verwundet (Beckendurchschuss)

1922-1924: „Chemische Fabriken Victri-Krewel AG"/Altona, Elbe
Oktober 1925 – Januar 1926: infolge einer Unfalls ohne Beschäftigung
09.03.1926 Hilfslehrer an der „Realschule vor dem Lübeckertore", Hamburg
19.08.1926 Lehrer am „Israelitisches Lyzeum", Hamburg

01.04.1927 Lehrer an der „Helene Lange-Oberrealschule", Hamburg

20.06.1926: Ausgetreten aus dem tschechoslowakischen Staatsverband
23.11.1927: Einbürgerung in Deutschland von Eugen Leo Lederer sowie seiner Ehefrau Valerie Karolin, geb. Pick, und der ehelichen Kinder Norbert Josef, geb. am 07.10.1915 in Königl. Weinberge, sowie Ewald, geb. am 15.11.1922 in Altona, durch Erwerb der Staatsangehörigkeit der Freien und Hansestadt Hamburg

10.10.1927: Antrag auf Führen des Titels eines Doktors der Philosophie durch den Senat der Stadt Hamburg genehmigt, „dem weitergehenden Antrag auf Anerkennung des österreichischen Professorentitels kann nicht entsprochen werden".

1908-1926: 24 wissenschaftliche Veröffentlichungen, darunter:
- Berliner Analysenkommission Deutschlands erklärt die von Lederer entwickelte Technik der Probenentnahme zur Bestimmung des „Biochemischen Sauerstoffbedarfs" zur Standardmethode

---

31 Bettina Gundler unter Mitwirkung von Claudia Schüler (wie Anm. 28), Seite 153; Anikó Szabó (wie Anm. 28), Seite 602.

- Neuherausgabe des Standardwerkes, Handbuch, „Chemie und Technologie der Fette und Oele"
- Vorlesungen im Auftrag der Handelskammer Hamburg für junge Kaufleute

04.01.1928: Festanstellung durch die Oberschulbehörde Hamburg
14.11.1930: Ernennung zum Studienrat durch die Oberschulbehörde Hamburg

22.04.1932: Genehmigung zur Habilitation an der TH Braunschweig durch die Oberschulbehörde „unter Fortführung der unterrichtlichen Tätigkeit an der 'Helene Lange-Oberrealschule', Hamburg. Er [Dr. Eugen Lederer] ist damit einverstanden, dass der Unterricht –soweit es die Interessen der Schule zulassen- so verteilt wird, dass am Sonnabend unterrichtsfrei ist, um die Lehrtätigkeit in Braunschweig ausüben zu können."

1932: Habilitation, TH Braunschweig, *venia legendi* für „Chemie und Technologie der Fette und Oele", „auf Grund der vorliegenden wissenschaftlichen Arbeiten wurde von der Vorlage einer eigenen Habilitationsschrift der Abhaltung eines Probevortrages und einer Prüfung (Habilitationskolloquium) abgesehen. Die Antrittsvorlesung soll anfangs Oktober stattfinden."

1932 – 1933: Assistent und Privatdozent für Chemie, Abteilung für Chemie und Pharmazie, TH-BS

6.5.1933: Zulassung als Privatdozent aufgrund jüdischer Abstammung nach § 6 des Gesetzes zur Wiederherstellung des Berufsbeamtentums vom 7. April 1933 mit sofortiger Wirkung zurückgenommen und mit Wirkung mit Ablauf des 30. Juni d.J. in den Ruhestand versetzt[32]

1934: Anträge auf Anrechnung der Kriegsdienstzeit bei der Berechnung des Ruhegehaltes werden nach langwierigem Schriftverkehr und nur teilweise anerkannt: Erhöhung des zunächst festgesetzten jährlichen Ruhegehalts von RM 5442,80 auf RM 5975,56 ab dem 01.11.1934 (Lederer kann weder ein Soldbuch beibringen [was österreichische Offiziere nach seiner Aussage auch gar nicht besaßen], noch die Teilnahme an einer Schlacht, einem Gefecht, einem Stellungskampf, einer Belagerung oder mindestens zweimonatigem Aufenthalt im Kriegsgebiet belegen)

1937: Das Hamburgische Staatsamt hat keine Bedenken gegen den Antrag des „jüdische Studienrats a.D. Dr. Leo Lederer", sich vorübergehend in England aufzuhalten; nach mündlicher Mitteilung des Antragstellers ist die beantragte Reise nach England von ihm nicht durchgeführt worden (15. Mai 1938).

27. Dezember 1938: Mitteilung der Schulverwaltung an die Polizeibehörde Hamburg, Abteilung Einwohnermeldebüro: „Der Studienrat i/R. Dr. E. Leo Lederer –Jude- geb. am 4.8.84, wohnhaft Rothenbaumchaussee 161, will, wie hier bekannt geworden ist, auswandern. Es wird umgefällige umgehende Benachrichtigung ersucht, sobald er sich nach dem Auslande abmeldet".

1939: Emigration in die Niederlande

Schutzhaftlager-Amersfoort (Prov. Utrecht), Durchgangslager-Westerbork (Prov. Drenthe) (1. August 1942 – 20. April 1943), KZ-Theresienstadt (20. April 1943 – 20. Juni 1945), ab dem 21. Juni 1945 wieder in den Niederlanden.

---

32 TU-Braunschweig-Archiv, A I 143, Folio 194.

1946: Erfolgreicher Antrag auf Wiedergutmachung und Gewährung eines Ruhegehaltes, ohne Anerkennung eines Rechtsanspruchs, das ihm zugestanden hätte, wenn er bis zum 30. April 1945 in der zuletzt von ihm bekleideten Stelle im Dienst geblieben wäre. Nach dem Tod erhält Frau Lederer, wohnhaft in Hamburg 13, Rothenbaumchaussee 161, unter Anerkennung eines Rechtsanspruchs das mit der Vergütung des Personalamtes gewährte Witwengeld. Den Antrag, dass ihr verstorbener Ehemann beim Verbleib im Dienst bis zum 08. Mai 1945 noch befördert worden wäre, und sich daraus für sie ein erhöhtes Witwengeld berechnete, lehnt der Senat der Freien und Hansestadt Hamburg ab (16. Juni 1953).

Meyenberg, Friedrich Ludwig[33]

* 22.10.1875, Hannover
Vater: Arzt, Geheimer Medizinalrat, 1909 in Hannover gest.
Mutter: geb. Jüdell
† 02.10.1949, Frankfurt/Main (auf einer Durchreise)

Gymnisium bis 1894
1894-1898 Maschinenbaustudium, TH Hannover und Berlin 01.11.1898-31.03.1900: planmäßiger Assistent am Institut für technische Physik, Universität Göttingen

01.04.1900-15.04.1925: tätig in der Privatindustrie, zunächst als Konstruktionsingenieur bei der Gasmotoren-Fabrik Deutz, als Offert- und Versuchsingenieur bei der Maschinenbau A.G. Balcke, als Oberingenieur bei Max Jüdel & Co. in Braunschweig, dann technischer Direktor bei den Waffen-Werken Oberspree Kornbusch & Co., Leiter der Betriebsverwaltung bei der Knorrbremse A.G. Berlin-Lichtenberg, technischer Direktor der Riebe Kugellager- und Werkzeugfabriken Berlin-Weißensee, Leiter der Abteilung der Innenorganisation der Deutschen Werke A.G. Berlin

Heirat: 20.9.1902, Lucy Kracke; drei Kinder

1925 Habilitation an der TH Berlin/Charlottenburg
01.10.1925-31.03.1926: Privatdozent für „Abrechnungswesen in Maschinenfabriken"
an der TH Berlin/Charlottenburg

15.04.1912-13.03.1915: Lehrbeauftragter an der TH Braunschweig

01.04.1926-31.10.1933: außerordentlicher Professor für Fabrikorganisation, Fabrikbetrieb und Betriebswirtschaftslehre, Abteilung für Maschinenbau, TH Braunschweig

Ab 1927 gemeinsam mit Otto Schmitz Leiter des Instituts für Betriebswirtschaft, TH Braunschweig

Am 28.07.1933 zum 1.11.1933 nach § 3 BBG wegen seiner jüdischen Abstammung in den Ruhestand versetzt[34]. Da keine zehnjährige Dienstzeit vorlag, erhielt er kein Ruhegehalt, ein entsprechender Antrag wurde am 2.7.1934 angelehnt.

---

33 TU-Braunschweig-Archiv, B7 M:8; Bettina Gundler unter Mitwirkung von Claudia Schüler (wie Anm. 28), Seite 174; Anikó Szabó (wie Anm. 28), Seite 613-614.

08.09.1933: Der Rektor der TH Braunschweig, Horrmann, stellt folgende Bescheinigung aus: Herrn Professor Dipl.-Ing. Friedrich Meyenberg wird hiermit auf Wunsch bescheinigt, dass seine Versetzung in den Ruhestand zum 1. November 1933 ohne Pension einzig und allein seiner jüdischen Abstammung wegen erfolgt und nicht etwa wegen irgendwelcher Verfehlungen gegen die Gesetze oder politischer Betätigung in der Vergangenheit.[35]

Emigration der Familie nach England
Seit 1935 Industrietätigkeit, Sheffield

Mitglied des „British Intelligence Objectives Subcommittee"

Eine Entscheidung auf ein Mitte 1947 an Meyenberg gerichtetes Rückberufungsschreiben der TH Braunschweig behielt sich dieser zunächst vor. Schließlich teilte der Kultusminister der Hochschulleitung mit, emigrierte Professoren, die eine amerikanische oder britische Staatsangehörigkeit angenommen hätten, kämen für eine Rückberufung nicht mehr in Frage.[36]

Friedrich Meyenberg stellt erfolgreich einen Antrag auf Wiedergutmachung.

Wolfson[37] (Wolfsohn[38]), Michael

Michael Wolfson.

* 3.12.1892 Lugansk, Krim/Russland; Geburtsregister Nr. 28/1891 des Kreisrabbiners von Slawjanoserbsk; Vater: Israel David Mendel Wolfson, Buchhalter in Simferopol; Mutter: Rebeka Wolfson, geb. Jechijelewna[39]

† 24.08.1943 ermordet im KZ-Auschwitz

Aufgewachsen in Russland; dort Besuch eines achtklassigen Gymnasiums, dieses mit „gutem Reifezeugnis" absolviert[40].

---

34 TU-Braunschweig-Archiv, A I 143, Folio 197.

35 TU-Braunschweig-Archiv, B7, M:8.

36 TU-Braunschweig-Archiv, Senatsprotokoll vom 23.10.1947.

37 Schreibweise laut Eintragung in „Bundesarchiv Ergänzungskarten der Volkszählung vom 17. Januar 1939; Fragebogen zur Einstellung als Lektor an der TH Braunschweig" sowie nach Korrektur in der „Meldekartei der Stadt Braunschweig"; Bettina Gundler unter Mitwirkung von Claudia Schüler (wie Anm. 28), S. 284-285.

38 Schreibweise laut Eintragung in „The Central Database of Shoah Victims' Names (www.yadvashem.org)" sowie in Richard Moderhack (Fußnote 28), Seite 226.

39 Sowohl in der Meldekarte der Stadt Braunschweig als auch im Matrikel-Buch der Technische Universität Braunschweig, Universitäts-Archiv (01:1:3, Wintersemester 1900/1901 bis Wintersemester 1924/1925, Eintrag vom 20. Mai 1914 für das Sommersemester 1914, Lfd. 96) ist ursprünglich als Geburtsdatum der 20.11.1892 eingetragen. Diese Eintragung wurde in der Meldekarte korrigiert in 3.12.1892. Das nach dem in Russland der Voroktoberrevolution gültige Datum des julianischen Kalenders (20.11.1892) entspricht nach dem gregorianischen Kalender dem um 13 Tage versetzten Datum 3.12.1892; andere Quellen führen als Geburtsdatum den 3.12.1891 an (The Central Database of Shoah Victim's Names; Bundesarchiv Ergänzungskarten der Volkszählung vom 17.01.1939; Fragebogen zur Einstellung als Lektor an der TH Braunschweig; NdsLA-HStA-H, Nds. 110 W, Acc. 14/99 Nr. 116275, Folio 47; NdsLA-StA-WF, 12 Neu 16 Nr. 98).

40 NdsLA-StA-WF, 12 Neu 16 Nr. 98, eigene Angabe von Michael Wolfson.

1911-1914: Studium der Architektur an der TH Braunschweig

Sprachlehrer (u.a. 10 Jahre Berlitz-Schule, Ruhfäutchenplatz, Braunschweig)

Übersetzer (Handelsfirmen; russische Kurzgeschichten, die im Feuilleton Braunschweiger Zeitungen erschienen).

13.10.1927: Geburt der Tochter Wera.

02.07.1930-30.06.1933 Lektor für russische Sprache an der TH Braunschweig

Entziehung des Lehrauftrages mit Wirkung vom 1.8.1933 ohne Bewilligung eines Ruhegehaltes.

- Inkassant verschiedener Firmen
- Bürogehilfe und Kontaktbote
- Zwangsverpflichtet bei der Firma Karl Hansen, Hoch- und Tiefbau, Steintorwall 2

Die Familie ist in den folgenden Jahren steigenden Repressionen ausgesetzt:[41]

- Hedwig Wolfson wird als Verkäuferin aus dem Warenhaus Karl Stöber[42], Schuhstrasse, fristlos entlassen, da ihr Mann Jude ist; eine Weiterbeschäftigung kann der Belegschaft nicht zugemutet werden; Antwort auf ihre Beschwerde: „lassen Sie sich scheiden"
- Leben in ständiger Angst
- Das amerikanische Konsulat erteilt eine nur niedrige Wartenummer, es findet sich kein Affidavit-Geber
- In ihrer seelischen Not wendet sich Frau Wolfson an die Mission der evangelischen Kirche, diese stellt der Familie eine eventuelle Verschickung nach England in Aussicht
- Der Krieg macht dieser letzten Hoffnung ein Ende
- Hedwig Wolfson wird auf die Liste auszuweisender Juden gesetzt, wogegen sie protestiert und deswegen den Pass abgeben muss; dieser wird ihr mit dem zusätzlichen Vornamen „Sarah" zurück gegeben – so wird die römisch-katholische Hedwig Wolfson zur Jüdin erklärt[43]
- Immer wieder wird ihr gesagt, durch Scheidung sich und das Kind vor Ausweisung schützen zu können – immer wieder erklärt sie, dazu keinen Grund zu haben
- Seelisch zermürbt, ohne erkennbaren Ausweg, und unter dem Gewicht der Drohung, die Familie in getrennte Lager zu deportieren, stimmt Frau Wolfson, aus Angst die Tochter zu verlieren, mit eben dieser Begründung einer Scheidung zu – was abgelehnt wird
- Michael Wolfson bespricht sich mit dem Vorstand der jüdischen Gemeinde, Herrn Jondorf (dieser wird später mit seiner Ehefrau deportiert[44]), beide geben vor Gericht als Scheidungsgrund an, die Ehe sei vollständig zerrüttet, worauf diese am 14.3.1942 geschieden wird
- Das Paar lebt weiter in der gemeinsamen Wohnung
- Tochter Wera beginnt am 1. April 1942 eine kaufmännische Lehre bei der Firma Carl Zeumer, *Magazin zum Pfau* (Pelze, Hüte, Mützen), Braunschweig.

---

41 NdsLA-HStA-H, Nds. 110 W, Acc. 14/99 Nr. 116275, Folio 1, 30-33.

42 Das „Kaufhaus Frank" wechselte nach der Reichsprogromnacht (die Nacht vom 9. auf den 10.11.1938) den Besitzer, danach firmierte es als „Kaufhaus Stöber" [Ernst-August Roloff, Schicksale jüdischer Mitbürger im Bereich der Pauligemeinde unter der Naziherrschaft, in: Dietrich Kuessner (Hrsg.) „Kristallnacht" und Antisemitismus im Braunschweiger Land, Braunschweig 1988, Seite 43].

43 „Judesein war für die Nazis kein objektiver Tatbestand, sondern eine willkürliche Festlegung" (Ernst-August Roloff (wie Anm. 42), Seite 38.

44 Richard Moderhack (wie Anm. 28), Seite 181.

- Im Frühjahr 1943 wird Michael Wolfson in das „Judenhaus", Hagenbrücke 6/7, eingewiesen (Eigentümerin: Betty Moise, Inhaberin eines Textilgeschäftes, diese emigrierte 1939 nach England[45])
- Frau Wolfson versorgt auch dort ihren Mann, reinigt die Wohnung und sorgt in jeder Weise für ihn – abends, nach der Arbeit – treffen sie sich mit dem dort lebenden jüdischen Ehepaar Wolf.

Am 7. Mai 1943 wird Michael Wolfson zur Gestapo vorgeladen und dort verhaftet; an diesem Tag sehen Mutter und Tochter den Mann, den Vater das letzte Mal. Alle Nachforschungen von Frau Wolfson über den Verbleib des Verhafteten bleiben erfolglos.[46]

Im September 1943 teilt die Gestapo Frau Wolfson mit: Michael Wolfson verstarb am 24.08.1943 in Auschwitz um 9 Uhr 20 Minuten

Tochter Wera schließt ihre Lehre erfolgreich bei der Firma Carl Zeumer am 15. Februar 1945 mit dem Kaufmannsgehilfenbrief ab. Im Anschluss an die Ausbildung folgt sie ihrer Mutter. Das Arbeitszeugnis bescheinigt ihr: „Besonders schätzenswert waren Weras Fleiß, Gewissenhaftigkeit und Eifer. Ihre stets gleich bleibende Freundlichkeit und Höflichkeit machten sie zu einer bei allen beliebten Mitarbeiterin."[47]

Die Gesundheit von Frau Wolfson ist zutiefst erschüttert. Sie erleidet 1943 einen Nervenzusammenbruch, 1944 erkrankt sie an Scharlach, 1945 an Typhus und muss sich 1946 einer schweren Operation unterziehen.[48]

Im April 1947 reicht Frau Wolfson einen Antrag an das Landgericht Braunschweig auf Wiederherstellung der zwangsweise geschiedenen Ehe ein. Die Oberstaatsanwaltschaft (6HS.9/47) lehnt den Antrag mit der Begründung ab, ein Antrag dieser Art könne weder aus rassenmäßigen, politischen oder religiösen Gründen gestellt werden. Jedoch könne im Wege der Härtemilderungsklage ein Ausgleich unbillig erlittenen Schadens begehrt werden.[49]

14.1.1957 Der Erbschein für Hedwig Wolfson wird auf Beschluss des Amtsgericht 31, Braunschweig, eingezogen, da die Ehe durch rechtskräftiges Urteil des Landgerichts Braunschweig vom 14.3.1942 geschieden wurde und die Genannte somit nicht gesetzliche Miterbin nach dem Verstorbenen Michael Wolfson sein kann.[50]

24.1.1957 Anordnung der Landesjustizverwaltung der Freien und Hansestadt Hamburg (346 E-1 1/4/3) auf Grund des § 1 Absatz 1 des Gesetzes über die Anerkennung freier Ehen rassisch und politisch Verfolgter vom 23.6.1950 (Bundesgesetzblatt S. 226) in Verbindung mit dem Änderungsgesetz vom 7.3.1956 (Bundesgesetzblatt I, S. 104):

Der freien Verbindung der Hedwig Wolfson mit ihrem früheren Ehemann, dem Lektor und Sprachlehrer Michael Wolfson, werden die Rechtswirkungen einer gesetzlichen Ehe zuerkannt. Als Tag der Eheschließung gilt der 3.3.1942.[51]

---

45 Entstehung der „Judenhäuser", http://www.vernetztes-gedaechtnis.de/judenhaeuser1.htm.
46 NdsLA-HStA-H, Nds. 110 W, Acc. 14/99 Nr. 116275, Folio E73.
47 NdsLA-HStA-H, Nds. 110 W, Acc. 14/99 Nr. 116275, Folio E II/10-11.
48 NdsLA-HStA-H, Nds. 110 W, Acc. 14/99 Nr. 116275, Folio 29.
49 NdsLA-HStA-H, Nds. 110 W, Acc. 14/99 Nr. 116275, Folio 29.
50 NdsLA-HStA-H, Nds. 110 W, Acc. 14/99 Nr. 116275, Folio 41.
51 NdsLA-HStA-H, Nds. 110 W, Acc. 14/99 Nr. 116275, Folio 46.

20.2.1957 das Standesamt Braunschweig registriert die Ehe mit Wirkung vom 3.3.1942 als wieder geschlossen und führt unter Vermerk an: auf Anordnung der Landesjustizverwaltung in Hamburg vom 24.1.1957.[52]

Das Braunschweiger Amtsgericht 31 führt am 21.3.1957 einen Beschluss herbei, in dem der Einzug des Erbscheins vom 10.1.1956 als ungerechtfertigt beurteilt wird und an seiner Stelle ein neuer zu erteilen ist.[53]

Mutter und Tochter erhalten Renten und Wiedergutmachungsleistungen nach dem Bundesentschädigungsgesetz.[54]

Hedwig Wolfson: „Solang ich lebe, werde ich den Tod meines Mannes nicht verwinden. Meine Gesundheit ist schwer erschüttert, aber unsere Vera lebt ihr junges Leben"[55].

Hedwig Wolfson überlebt ihren im KZ Auschwitz in seinem 51. Lebensjahr ermordeten Mann um etwa 28 Jahre, sie stirbt am 26.6.1971[56].

„Stolpersteine für Braunschweig e.V."
Steinverlegung durch den Kölner Künstler Gunter
Demnig am 24. Mai 2008 vor dem Hauseingang
der letzten frei gewählten Wohnung der Familie
Wolfson, Neue Strasse 22, Braunschweig.

Die Tochter von Michael Wolfson, Vera Brozek, dankt in Ihrem Schreiben vom 21. Juli 2008 allen Beteiligten für die Anbringung des Erinnerungssteins vor dem früheren Wohnhaus der Familie, einer Gedenkstätte für ihren Vater. Sie bittet mit dem Verweis auf ihr Alter („nun bald 81 Jahre alt"), zukünftig von der TU Braunschweig keine weitere Post zu erhalten, da sie diese Sendungen krankheitsbedingt gar nicht oder erst mit großer Verzögerung erreichen.[57]

Entziehung der Doktorwürde

Die TH Braunschweig vertrieb während der nationalsozialistischen Gewaltherrschaft nicht nur Angehörige, sondern entzog auch Personen akademische Titel. Als Begründung diente in einigen Fällen das Argument, als Nicht-Arier seien sie unwürdig, einen akademischen Titel einer deutschen Univer-

---

52 NdsLA-HStA-H, Nds. 110 W, Acc. 14/99 Nr. 116275, Folio 47 und 50; Standesamt der Stadt Braunschweig.
53 NdsLA-HStA-H, Nds. 110 W, Acc. 14/99 Nr. 116275, z.B.: Folio 50.
54 NdsLA-HStA-H, Nds. 110 W, Acc. 14/99 Nr. 116275, z.B.: Folio 3,4,13,-18,20-24.
55 NdsLA-HStA-H, Nds. 110 W, Acc. 14/99 Nr. 116275, Folio 33.
56 NdsLA-HStA-H, Nds. 110 W, Acc. 14/99 Nr. 116275, Folio 16.
57 Schreiben an Dr. Peter Albrecht vom 21. Juli 2008.

sität zu führen. Anderen wurden nach geglückter Flucht ins Ausland oder angeblichen Devisenvergehen die Titel entzogen. Dies betraf an der TH Braunschweig die folgenden Persönlichkeiten, auch
wenn ihnen die Hochschule zuvor den Titel eines „Doktor-Ingenieur ehrenhalber" in Anerkennung
Ihrer Verdienste verliehen hatte.

Tabelle III: Aberkannte Doktortitel

Arndt, Siegfried	Geboren am 22.4.1879, Handelsgerichtsrat, Kaufmann Am 12.03.1930 zum Dr.-Ing. E.h. ernannt Entziehung der Ehrendoktorwürde am 30.10.1941, „weil Jude"
Robert Lachmann	Exportkaufmann, am 31.10.1941 Entzug des am 2.6.1911 an der TH-Braunschweig erworbenen Dr.Ing.-Titel wegen Devisenvergehen. Auf eigenen Antrag vom 6.12.1945 räumt das MWK aus „Billigkeitsgrün-den" am 9.2.1948 ein, den Dr.-Ing. Titel wieder führen zu können
Meyer, Hans Sigmund	Geboren am 11.09.1873, Vorstandsmitglied Hansa-Lloyd-Werke AG, Bremen; Senator in Bremen Am 07.04.1925 zum Dr.-Ing. E.h. ernannt Gestorben am 27.02.1935
Meyer, Max	Geboren am 13.12.1870 in Hannover, Generaldirektor der Maschinen- und Fahrzeugfabriken AG, Alfeld-Delligsen Am 10.06.1921 zum Dr.-Ing. E.h. ernannt, Entziehung der Ehrendoktor-würde am 30.10.1941, „weil Jude"
Simon, Ernst	Geboren am 16.5.1872 in Essen-Werden, Direktor und Mitinhaber der Fir-ma W. Döllken & Co., Essen-Werden/Ruhr Am 21.02.1929 zum Dr.-Ing. E.h. ernannt. 5.12.1940 Aberkennung der deutschen Staatsangehörigkeit, da als Aufent-haltsort Kalifornien/USA festgestellt worden war, 30.10.1941 Entzug der Ehrendoktorwürde, „weil Jude"

Anerkennung erlittenen Unrechts

Eine Ahndung des Unrechts, das den Mitgliedern der TH Braunschweig zugefügt wurde, hat es nicht
gegeben. Die angebliche Vergangenheitsbewältigung ist – wie in vielen Bereichen der Bundesrepublik Deutschland[58] – auch an der TH Braunschweig ein reiner Mythos geblieben.[59]

In den verschiedenen Phasen der Entnazifizierungen und der späteren Amnestien hat man in der
Bundesrepublik recht schnell Abstand von strafrechtlichen Verfolgungen genommen, das gilt auch für
die Hochschulen. Wer die Entnazifizierungen bis 1948 unbeschadet überstanden hatte, der brauchte
sich danach kaum mehr Sorgen um strafrechtliche Konsequenzen seines Handelns zu machen. In
Westdeutschland wurden Täter nahezu ausschließlich wegen NS-Tötungsverbrechen verurteilt.[60] Dies

---

58   Siehe das Beispiel jüdischer Tierärzte: Georg Möller, Jüdische Tierärzte im Deutschen Reich in der Zeit von
     1918 bis 1945, Berlin 2002, Seite 288.
59   Joachim Perels, Der Mythos von der Vergangenheitsbewältigung, Die Zeit, 2006, Nr. 5.
60   Frank Bajohr und Dieter Pohl, Der Holocaust als offenes Geheimnis. Die Deutschen, die NS-Führung und die
     Alliierten, München 2006, Seite 124.

machen auch die Gerichtsverfahren gegen Dietrich Klagges deutlich, in denen er als ranghöchster Nationalsozialist (NSDAP-Mitgliedsnummer 7646) vor einem deutschen Gericht abgeurteilt wurde.[61]

Klagges hatte als Braunschweiger Innenminister die Freiheit von Forschung und Lehre der TH Braunschweig aufgehoben; unter seiner NS-Herrschaft kam es zu unzähligen Terrorakten und Morden. Er wurde am 12. April 1945 von amerikanischen Truppen verhaftet und noch im gleichen Jahr wegen Zugehörigkeit zur SS (SS-Nr. 154006[62]) zu sechs Jahren Gefängnis verurteilt. Das Braunschweiger Landgericht sprach gegen Klagges 1950, unter Berufung auf das Kontrollratsgesetz Nr. 10, eine lebenslange Haftstrafe aus: Klagges war für schuldig befunden worden, in mehr als 100 Fällen Verbrechen gegen die Menschlichkeit in Tateinheit mit Landfriedensbruch, fahrlässiger Tötung, Nötigung, Freiheitsberaubung, Missbrauch der Amtsgewalt, Begünstigung und Körperverletzung mit tödlichem Ausgang begangen zu haben.[63] Die Verhandlungen erfolgten unter großer Anteilnahme der Bevölkerung.[64]

In dem von Klagges angestrebten Revisionsverfahren hob der Bundesgerichtshof das erstinstanzliche Urteil auf, da aufgrund des Kontrollgesetzes Nr. 13, das am 1. Januar 1950 in Kraft trat, die deutschen Justizbehörden von nun an alle Naziverbrechen allein nach den Vorschriften des deutschen Strafrechts verfolgen mussten.[65] Damit konnte das alliierte Kontrollratsgesetz Nr. 10 nicht mehr angewendet und somit eine Verurteilung wegen Verbrechen gegen die Menschlichkeit von deutschen Gerichten nicht ausgesprochen werden. Das Gericht verhängte 1952 eine Zuchthausstrafe von nur 15 Jahren gegen Klagges. Während seiner Zeit in der Haftanstalt Lingen, während der er die Privilegien eines Vorzugshäftlings genossen haben soll[66], veröffentlichte Klagges unter dem Pseudonym Rudolf Berg[67] mehrere politische Schriften in der einschlägig bekannten Göttinger Verlagsanstalt. Aus der Zelle heraus versuchte er eine neue, eine „im Geist nationalsozialistische Partei" zu gründen.[68] Offensiv verteidigte er im Schlusswort des Revisionsverfahrens sein Handeln während des NS-Regimes unter anderem mit den Worten: „Diese Sache, das große und starke, freie und sozialgerechte Reich der Deutschen war mir immer heilig, ist es noch und wird mir immer heilig bleiben. In dieser Zeit, in der es von allen Seiten besudelt und verleumdet wird, bekenne ich mich zu ihm, stärker und inniger als jemals zuvor".[69] Ein Gutachter stellte dazu fest, dass es Klagges immer noch an jeder „tieferen Einsicht in seine strafbaren Handlungen" mangele.[70]

1957 wurde Klagges nach dem so genannten „Paroleverfahren" acht Jahre vor Ablauf seiner Haftzeit freigelassen. Nach einem langjährigen Rechtsstreit sprach das Bundesverwaltungsgericht in West-Berlin dem Ex-Nazi im Juli 1970 einen Rentenanspruch sowie deswegen eine Nachzahlung von 100.000,- DM zu. Klagges lebte bis zu seinem Tod 1971 in Bad Harzburg. Der Öffentlichkeit, insbe-

---

61 Zur Aufarbeitung von NS-Massenverbrechen mit einer auf Straftaten in einer demokratischen Gesellschaft ausgerichteten Strafgesetzgebung durch bundesrepublikanische Gerichte siehe u.a. Martin Jander, Es waren Täter, nicht Gehilfen, die tageszeitung, 31. März 2007; Zur Debatte über Grenzen strafrechtlicher Vergangenheitsbewältigung siehe http://www.fritz-bauer-institut.de/texte.htm#Debatte; Thomas Horstmann und Heike Litzinger, An den Grenzen des Rechts, Frankfurt 2006.

62 Ernst Klee, Das Personenlexikon zum Dritten Reich, Frankfurt am Main 2005, Seite 312.

63 Wolfgang Kraushaar, Die Protest Chronik, Frankfurt am Main 1996, Seite 208, 684, 1720; Werner Sohn (wie Anm. 19), Seite 133-154.

64 Peter Ausmeier, Klagges – Verbrecher im Hintergrund, Braunschweig 1950, Seite 3, 30.

65 Hans Christoph Schaefer, Die historische Bewertung der NS-Prozesse, siehe unter http://www.fritz-bauer-institut.de/texte.htm#Debatte, 2007.

66 Wolfgang Kraushaar (wie Anm. 63), Seite 1720.

67 Wolfgang Kraushaar (wie Anm. 63), Seite 1192.

68 Ernst Klee (wie Anm. 62), Seite 4.

69 Rudolf Berg, Angeklagter oder Ankläger? Das Schlusswort im Klagges-Prozess, Göttingen 1954, Seite 72.

70 wie Anm. 66.

sondere jedoch den Hinterbliebenen der Opfer und den unter seinem Regime gefolterten Überlebenden, war das Revisionsurteil unverständlich.

Dagegen konnten die Opfer nationalsozialistischer Verfolgungen verschiedentlich erst nach erheblichem Aufwand Leistungen nach dem Bundesentschädigungsgesetz durchsetzen. In einigen Fällen mussten sie sich mit zynischen Argumenten der Gegenseite auseinandersetzen. Frau Wolfson wurde zunächst der Erbschein mit dem Hinweis verweigert, ihre Ehe mit dem im KZ-Auschwitz ermordeten Michael Wolfson sei durch das rechtskräftige Urteil des Landgerichts Braunschweig vom 8. Januar 1942 geschieden worden und sie somit nicht dessen gesetzliche Erbin. So erhielt Kurt Friedrichs zunächst die Antwort, durch seinen damaligen „freiwilligen Verzicht" auf seine beamtete Stelle als Professor an der Technischen Hochschule Braunschweig habe er die Folgen selbst zu tragen.

„Das war, als ob sich ein leerer Raum um einen bildete."

Über Vertreibung und Exil deutschsprachiger Hochschullehrer 1933 bis 1945

Rainer Nicolaysen

Die bereits zu Beginn der NS-Herrschaft im Frühjahr 1933 einsetzenden Massenentlassungen von Hochschullehrern und die folgenden Emigrationswellen bedeuteten eine tiefe und irreversible Zäsur für die Universitäten und Technischen Hochschulen in Deutschland; sie markierten vor allem auch einen Bruch im Lebensweg eines jeden Betroffenen. Die Emigration von etwa 2.000 Wissenschaftlerinnen und Wissenschaftlern aus Deutschland und Österreich gilt als „der größte intellektuelle Exodus in der neueren Geschichte".[1] Unter ihnen finden sich nicht weniger als 24 damalige oder spätere Nobelpreisträger wie Albert Einstein und Max Born, James Frank und Otto Stern, Fritz Haber und Wolfgang Pauli.[2] Zu den Emigranten zählten weitere Gelehrte von Weltrang wie Martin Buber, Max Horkheimer, Sigmund Freud, Karl Mannheim, Ernst Cassirer, Erwin Panofsky, Theodor Geiger und Karl Löwith, um nur sie zu nennen. Weltberühmte Einrichtungen wie die mathematischen und physikalischen Institute an der Universität Göttingen verloren einen Großteil ihrer Wissenschaftler; ganze Disziplinen – wie etwa die Kunstgeschichte – verloren ihren bisherigen Schwerpunkt in Deutschland.[3] Überproportional waren die modernen Fächer von den Entlassungen betroffen – sie hatten in der Weimarer Republik eine Blütezeit erlebt und waren häufig von Gelehrten jüdischer Herkunft sowie der jungen Demokratie verpflichteten Wissenschaftlern repräsentiert worden. Besonders auffällig ist die weit über dem Durchschnitt liegende Zahl der Vertreibungen in den Sozialwissenschaften, aber auch in modernen Teildisziplinen anderer Fächer. Ganze theoretische Schulen und Forschungsparadigmen wurden ausgegrenzt.[4]

Doch all die Zahlen und illustren Namen vermitteln nur einen ausschnitthaften Eindruck von dem Substanzverlust, der deutsche und von 1938 an auch österreichische Hochschulen kennzeichnete. Sie lenken bisweilen auch den Blick eher ab von den vielen unbekannteren Wissenschaftlerinnen und Wissenschaftlern, die nach 1933 um ihre Existenz rangen. Viele schufen sich in einem Akt der Selbstbehauptung eine neue Zukunft; nicht wenige entfalteten im Zufluchtsland mindestens in ihrem engeren Umfeld erhebliche Wirkung. Letztlich erschließt erst jede einzelne Biographie – wie wir heute über Nellie H. Friedrichs, Kurt Otto Friedrichs und andere gehört haben – die lebensgeschichtliche Dimension hinter den abstrakten Daten und lässt auch die Entwicklungen an einer einzelnen Institution – wie der damaligen Technischen Hochschule in Braunschweig – anschaulicher hervortreten.

---

1   Einleitung zum Kapitel Wissenschaftsemigration. In: Handbuch der deutschsprachigen Emigration 1933-1945. Hg. von Claus-Dieter Krohn, Patrik von zur Mühlen, Gerhard Paul und Lutz Winckler, unter redaktioneller Mitarbeit von Elisabeth Kohlhaas in Zusammenarbeit mit der Gesellschaft für Exilforschung. Darmstadt 1998, Sp. 681-690, hier Sp. 683.

2   Vgl. Horst Möller: Exodus der Kultur. Schriftsteller, Wissenschaftler und Künstler in der Emigration nach 1933. München 1984, S. 70.

3   Vgl. Michael Grüttner: Wissenschaft. In: Enzyklopädie des Nationalsozialismus. Hg. von Wolfgang Benz, Hermann Graml und Hermann Weiß. 5., aktualisierte und erweiterte Auflage. München 2007, S. 143-165, hier S. 146.

4   Vgl. die Artikel zur Wissenschaftsemigration in den einzelnen Fächern, in: Krohn u.a. (Hg.), Handbuch der deutschsprachigen Emigration 1933-1945 (wie Anm. 1), Sp. 681-922.

Im Folgenden möchte ich gleichwohl versuchen, die auf der heutigen Veranstaltung sehr konkret vorgestellte Braunschweiger Situation in einen größeren Kontext einzuordnen und einen knappen Überblick über die Flut der Entlassungen an deutschen Hochschulen in der NS-Zeit zu geben. Dabei sollen folgende vier Aspekte berührt werden: 1.) die rechtlichen – d. h. hier: die scheinlegalen – Grundlagen der Vertreibungen und deren verschiedene Phasen; 2.) die Zahl der vertriebenen und emigrierten Hochschullehrer sowie deren durchaus unterschiedliche Verteilung auf die einzelnen Hochschulen; 3.) die Reaktionen auf die Entlassungswellen innerhalb der Hochschulen; 4.) die Emigrationswege in den Jahren seit 1933 sowie Remigrations-Überlegungen nach 1945.

Rechtliche Grundlagen

Grundlage der Massenvertreibung war bekanntlich das „Gesetz zur Wiederherstellung des Berufsbeamtentums" (BBG) vom 7. April 1933, mit dem sogenannte „nichtarische" und „politisch unerwünschte" Mitglieder des Lehrkörpers entlassen oder zwangsweise in den Ruhestand versetzt wurden.[5] Nach § 3 BBG waren alle Beamten, die „nicht arischer Abstammung" waren, zu entlassen oder in den Ruhestand zu versetzen. Als „nichtarisch" galt – unabhängig von der eigenen Religionszugehörigkeit – bereits derjenige, der von einem jüdischen Großelternteil abstammte.[6] Ausnahmeregelungen bezogen sich vor allem auf ehemalige „Frontkämpfer" aus dem Weltkrieg sowie auf Personen, die bereits vor dem 1. August 1914 planmäßige Beamte gewesen waren. § 4 BBG ermöglichte zudem die Entlassung von Beamten, „die nach ihrer bisherigen politischen Betätigung nicht die Gewähr dafür bieten, dass sie jederzeit rückhaltlos für den nationalen Staat eintreten"; er richtete sich insbesondere gegen Sozialdemokraten, zum Teil auch gegen Angehörige der Deutschen Staatspartei und des Zentrums. Sofern Entlassungen nach den beiden genannten Paragraphen nicht rasch durchgeführt werden konnten – sei es wegen besagter Ausnahmeregelungen, sei es wegen unzureichender „Beweismittel" – ließ sich stets § 6 BBG anwenden. Ihm gemäß konnte jeder Beamte „zur Vereinfachung der Verwaltung" in den Ruhestand versetzt werden. Zwar durfte, laut Gesetzestext, in einem solchen Fall die Stelle nicht wiederbesetzt werden, doch wurde diese Bestimmung in der Praxis nicht selten ignoriert. Von Bedeutung war schließlich die Durchführungsverordnung vom 6. Mai 1933, mit welcher der Geltungsbereich des BBG sinngemäß auf alle Arbeiter und Angestellten im öffentlichen Dienst ausgedehnt wurde,[7] womit fortan auch alle nicht beamteten Hochschullehrer bis hin zu Lehrbeauftragten von dem Gesetz betroffen waren. Auf diese Weise war ein Instrumentarium geschaffen, das eine umfassende „Säuberung" des öffentlichen Dienstes ermöglichte. Die erste große – und insgesamt mit Abstand größte – Entlassungswelle an den Hochschulen erfolgte noch im Sommersemester 1933.

Eine weitere Zäsur markiert das im Rahmen der „Nürnberger Gesetze" erlassene Reichsbürgergesetz vom 15. September 1935, mit dem die Ausnahmeregelungen des Berufsbeamtengesetzes endgültig fortfielen.[8] Damit wurden die letzten als „Juden" geltenden Hochschullehrer von deutschen Uni-

---

5   Reichsgesetzblatt I 1933, S. 175 f.

6   In der 1. Durchführungsverordnung zum BBG vom 11. April 1933 hieß es unter Nr. 2 zu § 3 Abs. 1 BBG: „Als nicht arisch gilt, wer von nicht arischen, insbesondere jüdischen Eltern oder Großeltern abstammt. Es genügt, wenn ein Elternteil oder ein Großelternteil nicht arisch ist. Dies ist insbesondere dann anzunehmen, wenn ein Elternteil oder ein Großelternteil der jüdischen Religion angehört hat." Reichsgesetzblatt I 1933, S. 195.

7   Ziffer 3 zu § 3 der 3. Durchführungsverordnung zum BBG vom 6. Mai 1933, Reichsgesetzblatt I 1933, S. 245.

8   Reichsgesetzblatt I 1935, S. 1146 sowie die 1. Verordnung zum RBG vom 14.11.1935, Reichsgesetzblatt I 1935, S. 1333 f.

versitäten vertrieben. Eine dritte Phase setzte 1937 ein, als im Zuge des „Flaggenerlasses", welcher „jüdisch versippten" Beamten das Hissen der Reichsflagge verbot, Hochschullehrer entlassen wurden, die eine „nichtarische" Ehefrau hatten. Die „Säuberungsaktionen" wurden bis zum Beginn des Zweiten Weltkriegs, zum Teil auch noch darüber hinaus fortgeführt, bis nur noch letzte vereinzelte so genannte „Mischlinge II. Grades" oder „nichtarisch versippte" Hochschullehrer im Amt verblieben waren.[9]

Die Zahl der vertriebenen und emigrierten Hochschullehrer

Obgleich seit den 1980er Jahren nach und nach die Geschichte der Hochschulen im „Dritten Reich" erforscht wurde,[10] ist es schwierig, verlässliche Daten über die Gesamtzahl der vertriebenen Hochschullehrer zu ermitteln. Eine umfassende Untersuchung, die alle 23 Universitäten und elf Technischen Hochschulen, die es 1933 in Deutschland gegeben hat, einbezieht, steht noch aus. Wegweisend war zwar schon die 1937 erschienene Pionierstudie des amerikanischen Soziologen Edward Y. Hartshorne, welche die nationalsozialistische Entlassungspolitik an deutschen Hochschulen in den Jahren 1933 bis 1936 zu dokumentieren sucht.[11] Allerdings differieren die seither in Handbüchern, Lexika und Monographien publizierten Angaben zur Gesamtvertreibung ganz erheblich – die Entlassungsquote schwankt in der Literatur zwischen 15 und 39 Prozent des Lehrkörpers. Dem haben erst Michael Grüttner und Sven Kinas in einer 2007 erschienenen Studie[12] fundierte Daten entgegengesetzt, indem sie die Entlassungen an fünfzehn der 23 Universitäten akribisch erfasst haben: anhand von Kriterien, die erstmals auch einen Vergleich der Universitäten untereinander zulassen. Grundlage ihrer Daten ist der Lehrkörper der deutschen Universitäten im Wintersemester 1932/33, wobei alle Statusgruppen vom Ordinarius bis zum Lehrbeauftragten einbezogen werden.[13] Berücksichtigt werden sowohl Entlassungen und „entlassungsähnliche" Fälle als auch „freiwillige" Rücktritte mit politischem Hintergrund. Zu Recht wird auf alle Betroffenen der Begriff der Vertreibung angewendet.

Aufgrund umfangreicher Archiv- und Literaturrecherche und unter Hochrechnung ihrer Ergebnisse auf alle 23 deutschen Universitäten, kommen die Autoren zu dem Schluss, in der NS-Zeit seien 18,6

---

9 Vgl. dazu Michael Grüttner/Sven Kinas: Die Vertreibung von Wissenschaftlern aus den deutschen Universitäten 1933-1945. In: Vierteljahrshefte für Zeitgeschichte 55 (2007), S. 123-186, hier S. 137 f.

10 Vgl. allein aus den letzten Jahren zum Beispiel: Henrik Eberle: Die Martin-Luther-Universität in der Zeit des Nationalsozialismus 1933-1945. Halle 2002; „Kämpferische Wissenschaft". Studien zur Universität Jena im Nationalsozialismus. Hg. von Uwe Hoßfeld. Köln/Weimar/Wien 2003; Ulrich Kalkmann: Die Technische Hochschule Aachen im Dritten Reich (1933-1945). Mainz 2003; Die Universität Heidelberg im Nationalsozialismus. Hg. von Wolfgang U. Eckart, Volker Sellin und Eike Wolgast. Heidelberg 2006; Uni-Formierung des Geistes. Universität Kiel und der Nationalsozialismus. Bd. 2. Hg. von Hans-Werner Prahl, Hans-Christian Petersen und Sönke Zankel. Kiel 2007 [Bd. 1 erschien bereits 1995]; Thomas Becker (Hg.): Zwischen Diktatur und Neubeginn. Die Universität Bonn im „Dritten Reich" und in der Nachkriegszeit. Göttingen und Bonn 2008. Hinzu kommen Studien zu einzelnen Fakultäten oder Fächern in der NS-Zeit sowie jetzt ausführliche Abschnitte in Gesamtdarstellungen zur Geschichte einzelner Hochschulen.

11 Edward Yarnall Hartshorne, Jr.: The German Universities and National Socialism. Cambridge/Massachusetts 1937.

12 Grüttner/Kinas, Vertreibung (wie Anm. 9); vgl. unter Einbeziehung der Vertreibung von Studierenden auch: Michael Grüttner: Die „Säuberung" der Universitäten. Entlassungen und Relegationen aus rassistischen und politischen Gründen. In: Joachim Scholtyseck/Christoph Studt (Hg.): Universitäten und Studenten im Dritten Reich. Bejahung, Anpassung, Widerstand. XIX. Königswinterer Tagung vom 17. – 19. Februar 2006. Münster 2008, S. 23-39.

13 Ausgeklammert wurden aber nichthabilitierte Assistenten, da über sie in der Regel nicht genügend Informationen überliefert sind.

Prozent des Lehrkörpers an deutschen Universitäten entlassen worden. Ergänzt um diejenigen Hochschullehrer, die unter politischem Druck selbst kündigten, erhöht sich die Quote auf 19,3 Prozent.[14] Bei den Hochschullehrerinnen, die damals lediglich 1,2 Prozent des Lehrkörpers deutscher Universitäten ausmachten, lag die Vertreibungsquote mit 43,8 Prozent weit höher.[15]

Etwa vier Fünftel aller Vertriebenen waren Opfer der nationalsozialistischen Rassenideologie: 71,7 Prozent wurden als „Nichtarier" entlassen, weitere 8,8 Prozent wegen ihrer „nichtarischen" Ehefrau.[16] 62,2 Prozent der Entlassenen, mithin knapp zwei Drittel, emigrierten[17] und konnten auf diese Weise ihr Leben retten. Auch die bisher nicht geklärte Frage, wie viele der entlassenen Wissenschaftler Opfer nationalsozialistischer Vernichtungspolitik geworden sind, haben Grüttner und Kinas beleuchtet und dabei nicht nur mit 4,2 Prozent der vertriebenen Hochschullehrer eine Zahl angegeben,[18] sondern auch in Kurzbiographien die einzelnen Leidenswege der Getöteten zu dokumentieren vermocht. Ähnlich hoch liegt die Suizid-Rate mit vier Prozent.[19]

Von den Vertreibungen waren die deutschen Universitäten in sehr unterschiedlichem Maße betroffen. Am höchsten lag die Quote an den Universitäten Frankfurt am Main und Berlin, die mit 36,5 bzw. 34,9 Prozent mehr als ein Drittel ihres Lehrkörpers verloren. Überdurchschnittlich viele Entlassungen gab es auch in Heidelberg, Hamburg, Göttingen und Köln. Demgegenüber waren in Bonn 12,9 Prozent, in Münster 11,9, in Marburg 10,8 und in Tübingen nicht mehr als 4,0 Prozent der Lehrenden betroffen.[20] Dabei dokumentiert die Statistik nicht Unterschiede in der Vertreibungspraxis der Universitäten – entlassen wurden *alle* „Nichtarier" –, sondern verweist auf die unterschiedliche Personalpolitik *vor* Machtübernahme der Nationalsozialisten. Eine höhere Entlassungsquote ist mithin ein Indiz für eine, zumindest vergleichsweise, größere Liberalität der betreffenden Universität in der Weimarer Republik. Eine geringe Quote, wie im Falle der deutschnationalen Hochburg Tübingen, zeigt, dass Gelehrte jüdischer Herkunft dort schon vor 1933 kaum eine Chance besaßen.

Eine detailliert-vergleichende Untersuchung, wie sie Grüttner und Kinas für die Universitäten veröffentlicht haben, liegt für die Technischen Hochschulen noch nicht vor. Ein auffälliger Unterschied lässt sich indes schon aus Hartshornes früherer Studie ableiten: Die Entlassungsquote an den Technischen Hochschulen war deutlich geringer als an den Universitäten. Bis zum Jahr 1936 setzt Hartshorne den Anteil der Entlassenen am Lehrkörper der Universitäten mit 16,6 Prozent an, den entsprechenden Anteil am Lehrkörper der Technischen Hochschulen mit 10,7 Prozent.[21] Vor diesem Hintergrund erweist sich die Zahl der aus Braunschweig vertriebenen Hochschullehrer als deutlich über dem reichsweiten Durchschnitt der Technischen Hochschulen liegend.

In ihrer Dissertation über vertriebene Hochschullehrer der Universität Göttingen sowie der Technischen Hochschulen Braunschweig und Hannover gibt Anikó Szabó für Braunschweig 25 vertriebene Hochschullehrer an, eine Zahl, die noch drei vertriebene Assistenten und drei Lektoren bewusst unberücksichtigt lässt. Bei einem Lehrkörper, der 98 Personen umfasste, handelt es sich mithin um 26 Prozent Vertriebene.[22] Dagegen gab es etwa an der Technischen Hochschule in Hannover bei einem

14 Grüttner/Kinas, Vertreibung (wie Anm. 9), S. 141.

15 Ebd., S. 141 f.

16 Ebd., S. 148.

17 Ebd., S. 143.

18 Ebd.

19 Ebd.

20 Ebd., S. 140.

21 Hartshorne, German Universities (wie Anm. 11), S. 95.

22 Anikó Szabó: Vertreibung, Rückkehr, Wiedergutmachung. Göttinger Hochschullehrer im Schatten des Nationalsozialismus. Mit einer biographischen Dokumentation der entlassenen und verfolgten Hochschullehrer: Universität Göttingen – TH Braunschweig – TH Hannover – Tierärztliche Hochschule Hannover (Veröffentlichungen des Arbeitskreises Geschichte des Landes Niedersachsen [nach 1945], Bd. 15). Göttingen 2000,

Lehrkörper von 93 Personen nicht mehr als fünf Entlassungen, womit die dortige Quote bei knapp über fünf Prozent lag.[23]

Szabós Ergebnisse für Braunschweig verweisen auf einige Spezifika: So nimmt sie in ihre Auflistung auch Hochschullehrer auf, die bereits in den Jahren 1930 bis 1932 ihre Stellen oder Lehraufträge verloren haben, und lenkt die Aufmerksamkeit damit auf die besondere Situation Braunschweigs: Da die NSDAP hier schon seit Herbst 1930 mit der DVP und der DNVP eine Regierungskoalition bildete und den Innenminister stellte, der zugleich als Minister für Volksbildung amtierte – zunächst Anton Franzen und ab September 1931 der ambitionierte Dietrich Klagges –, begannen die Eingriffe der Nationalsozialisten an der Technischen Hochschule in Braunschweig früher als andernorts.

Betroffen waren zunächst die Reformpädagogen, die unter der Ägide der vorherigen Braunschweiger SPD-Regierung seit 1927/28 zur Etablierung der Lehrerausbildung an die Hochschule geholt worden waren.[24] Diese Integration der Lehrerausbildung war ein für die soziale Öffnung der deutschen Hochschulen fundamentaler Schritt gewesen, gewissermaßen ein Bekenntnis zur Demokratie von Weimar, das außer in Braunschweig nur in Thüringen (1922), Sachsen (1923) und Hamburg (1926) geleistet wurde. Abgesehen von den der SPD zugehörigen oder ihr nahe stehenden Reformpädagogen, die in der Hochschule allerdings nur über geringen Rückhalt verfügten, gerieten dann auch jene Hochschullehrer ins Visier der Nationalsozialisten, die vor 1933 versucht hatten, die Hochschulautonomie gegen den NS-Volksbildungsminister zu verteidigen: insbesondere der seit 1932 als Rektor amtierende Botaniker Gustav Gassner und der Architektur-Professor Carl Mühlenpfordt.[25] Insgesamt wurden in Braunschweig 13 Hochschullehrer aufgrund des § 4 BBG, mithin als politische Gegner, entlassen.[26] Anders als an anderen deutschen Hochschulen überstieg deren Zahl diejenige der aus „rassischen" Gründen Vertriebenen.

Zu Letzteren zählten in Braunschweig mit Friedrich Meyenberg (Maschinenbau) und Hugo Kanter (Privatwirtschaftslehre) ein beamteter und ein nicht beamteter außerordentlicher Professor, ein Honorarprofessor – Herbert Schachian (Wirtschaftsrecht) – sowie die Privatdozenten Alfred Schroeder (Betriebswissenschaft), Felix Kann (Statik) und Eugen Leo Lederer (Chemie). Hinzu kamen der Assistent Joachim Sievers (Chemie), der Lektor Michael Wolfson (Russisch) und Nellie Friedrichs (damals: Bruell), deren Assistentenstelle bei Theodor Geiger mit dessen Entlassung zum 1. Oktober 1933 endete. Wegen ihrer „nichtarischen" Ehefrauen verloren später der Honorarprofessor für Gas- und Wasserversorgung Carl August Kellner und der Privatdozent Ludwig Zacharias (Maschinenbau) ihre Stellung. Die als „Nichtarier" Entlassenen – in Braunschweig zumeist christlicher Konfession – konnten sich nur durch Emigration in Sicherheit bringen. Der nichtemigrierte Michael Wolfson wurde in Auschwitz ermordet; zwei Braunschweiger Hochschullehrer, Hugo Kanter und Wilhelm Moog, ordentlicher Professor für Philosophie, setzten ihrem Leben durch Suizid ein Ende.[27]

S. 35 f. Vgl. auch: Klaus Erich Pollmann: Die nationalsozialistische Hochschulpolitik und ihre Wirkungen in Braunschweig. In: Technische Universität Braunschweig. Vom Collegium Carolinum zur Technischen Universität 1745-1995. Hg. im Auftrag des Präsidenten von Walter Kertz. Hildesheim/Zürich/New York 1995, S. 443-465. Pollmann gibt hier (S. 451) 24 hauptamtliche Lehrkräfte an, die vertrieben worden seien, und kommt, niedriger als Szabó, auf einen Prozentsatz von 18,8 Prozent.

23 Szabó, Vertreibung (wie Anm. 22), S. 40.

24 Vgl. Claudia Bei der Wieden: Vom Seminar zur NS-Lehrerbildungsanstalt. Die Braunschweiger Lehrerausbildung 1918 bis 1945 (Beiträge zur Historischen Bildungsforschung, Bd. 16). Köln/Weimar/Wien 1996.

25 Vgl. Pollmann, Nationalsozialistische Hochschulpolitik (wie Anm. 22), S. 445-450; Szabó, Vertreibung (wie Anm. 22), S. 37-39.

26 Ebd., S. 44.

27 Vgl. dazu die Kurzbiographien in ebd.; sowie jetzt: Michael Wettern und Daniel Weßelhöft: Opfer nationalsozialistischer Verfolgung an der Technischen Hochschule Braunschweig 1930 bis 1945. (Veröffentlichun-

Die Reaktionen auf die Entlassungswellen innerhalb der Hochschulen

Innerhalb weniger Monate des Jahres 1933 veränderte sich das Gesicht aller deutschen Hochschulen grundlegend.[28] Doch trotz der dramatischen Entwicklungen blieben öffentliche Protesthandlungen aus. Die massiven Eingriffe in den Lehrkörper riefen keine Solidarität der verbliebenen Hochschullehrer mit ihren entlassenen und diskriminierten Kollegen hervor – ein Befund, der durch alle Einzelstudien zur Geschichte deutscher Universitäten in der NS-Zeit in beklemmender Weise bestätigt wird.[29] Hans-Ulrich Wehler hat dieses Verhalten zusammenfassend beschrieben als „ein grenzenloses moralisches Debakel der Mehrheit, die nicht nur die Vertreibung der Zunftgenossen hinnahm, sondern auch unverzichtbare wissenschaftliche Normen, ethische Prinzipien und den vielbeschworenen Korporationsgeist schnöde verriet. Ein vernichtenderes Urteil über diese politische Mentalität des Schweigens ist kaum denkbar."[30]

Die Professorenschaft war 1933 nicht geschlossen zu den Nationalsozialisten übergelaufen. Doch die Affinität zu vielen programmatischen NS-Forderungen war ausgeprägt, und die Anpassungsbereitschaft an die Vorgaben des Regimes, sei es aus Überzeugung, sei es aus Opportunismus, erwies sich als groß und auch anhaltend. Erklärte Nationalsozialisten gab es zunächst wenige, aber einverstanden mit der „nationalen Revolution" waren die meisten. Übereinstimmend ersehnte man das Ende des „Parteienstaates" und die Rückkehr zu autoritärem Regierungsstil, die radikale Revision von Versailles und den Aufstieg Deutschlands zur militärischen Großmacht.

Die Zerstörung der Weimarer Republik war von der großen Mehrheit der deutschen Gelehrten mitbetrieben worden,[31] und ihr tatsächliches Ende wurde trotz nur diffuser Vorstellungen einer zukünftigen nationalsozialistischen Politik ohne Zweifel begrüßt. Mit der Würzburger Erklärung des Verbandes der Deutschen Hochschulen vom 22. April 1933, weitgehend formuliert von Eduard Spranger, dienten sich die Hochschullehrer dem neuen Regime pathetisch an: „Die Wiedergeburt des

---

gen der Technischen Universität Carolo-Wilhelmina zu Braunschweig, Bd. 5). Hildesheim/Zürich/New York 2010. Vgl. auch den Beitrag von Michael Wettern in diesem Band.

28 Hier kann kein Überblick über die Geschichte der Hochschulen in der NS-Zeit gegeben werden; vgl. dazu am ausführlichsten: Helmut Heiber: Universität unterm Hakenkreuz. Teil I sowie Teil II, Band 1 und 2. München/London/New York/Paris 1991-1994; als ersten Überblick zum Thema: Margit Szöllösi-Janze: „Wir Wissenschaftler bauen mit" – Universitäten und Wissenschaften im Dritten Reich. In: Der Nationalsozialismus und die deutsche Gesellschaft. Einführung und Überblick. Hg. von Bernd Sösemann. Stuttgart/München 2002, S. 155-171; Michael Grüttner: Die deutschen Universitäten unter dem Hakenkreuz. In: Zwischen Autonomie und Anpassung. Universitäten in den Diktaturen des 20. Jahrhunderts. Hg. von John Connelly und Michael Grüttner. Paderborn/München/Wien/Zürich 2003, S. 67-100; als guten Forschungsüberblick Frank Sparing/Wolfgang Woelk: Forschungsergebnisse und -desiderate der deutschen Universitätsgeschichtsschreibung. Impulse einer Tagung. In: Universitäten und Hochschulen im Nationalsozialismus und in der frühen Nachkriegszeit. Hg. von Karen Bayer, Frank Sparing und Wolfgang Woelk (Hg.). Stuttgart 2004, S. 7-32.

29 Vgl. z. B. mit weiteren Verweisen: Rainer Nicolaysen: Geistige Elite im Dienste des „Führers". Die Universität zwischen Selbstgleichschaltung und Selbstbehauptung. In: Hamburg im „Dritten Reich". Hg. von der Forschungsstelle für Zeitgeschichte in Hamburg. Göttingen 2005, S. 336-356.

30 Hans-Ulrich Wehler: Deutsche Gesellschaftsgeschichte. Vierter Band: Vom Beginn des Ersten Weltkriegs bis zur Gründung der beiden deutschen Staaten 1914-1949. München 2003, S. 825.

31 Zur antirepublikanischen Grundhaltung der Professoren-Mehrheit vgl. Fritz K. Ringer: Die Gelehrten. Der Niedergang der deutschen Mandarine 1890-1933. Stuttgart 1983 [engl. 1969]; Alice Gallin: Midwives to Nazism. University professors in Weimar Germany 1925-1933. Macon/Georgia 1986; vgl. exemplarisch zum Lehrkörper einer Universität: Barbara Vogel: Anpassung und Widerstand. Das Verhältnis Hamburger Hochschullehrer zum Staat 1919 bis 1945. In: Hochschulalltag im „Dritten Reich". Die Hamburger Universität 1933-1945. Hg. von Eckart Krause, Ludwig Huber und Holger Fischer. (Hamburger Beiträge zur Wissenschaftsgeschichte, Bd. 3). 3 Teile. Berlin/Hamburg 1991, Teil 1, S. 3-83.

Deutschen Volkes und der Aufstieg des neuen Deutschen Reiches bedeutet für die Hochschulen unseres Vaterlandes Erfüllung ihrer Sehnsucht und Bestätigung ihrer stets glühend empfundenen Hoffnungen. Wie sie das Reich Bismarcks im geistigen Sinne mitbegründet, es im Weltkrieg und gegen undeutsche Bedrohung der Nachkriegszeit verteidigt haben, so folgen jetzt ihre Professoren und Studenten den Führern, die der ehrwürdige Herr Reichspräsident eingesetzt hat, mit Vertrauen und Begeisterung. [...] Nach dem Fortfall unseliger Klassengegensätze ist für die Hochschulen wieder die Stunde gekommen, ihren Geist aus der tiefen Einheit der deutschen Volksseele heraus zu entfalten und das vielgestaltige Ringen dieser durch Not und fremdes Diktat unterdrückten Seele bewußt auf die Aufgaben der Gegenwart hinzulenken."[32] Bereits am 3. März 1933 hatten 300 Professoren einen Aufruf zur Unterstützung Hitlers unterschrieben, und am 12. März 1933, eine Woche nach der Reichstagswahl, waren es bereits 700 Professoren, die sich zu „Adolf Hitler und zum nationalsozialistischen Staat" bekannt hatten.[33] Zu Beginn des Sommersemesters 1933 huldigten dann auch die einzelnen deutschen Hochschulen in einem Akt der Selbstgleichschaltung Hitler als ihrem „Führer". An der Technischen Hochschule Braunschweig fand eine entsprechende „nationale Kundgebung", eine öffentliche Unterwerfung der Institution unter den NS-Staat, am 30. April statt.[34]

Derlei Bekundungen waren mehr als Lippenbekenntnisse, sie entsprachen vielmehr, wie Hartmut Titze treffend formuliert hat, „einer teils enthusiastischen, teils moderaten bis skeptischen, aufs Ganze gesehen weit überwiegenden inneren Bereitschaft zum Mitmachen".[35] Bei der ebenso raschen wie radikalen Wandlung der deutschen Hochschulen im Jahre 1933 spielte diese Bereitschaft zur vorauseilenden Anpassung der Professoren neben den administrativen Eingriffen von oben und dem massiven Druck nationalsozialistischer Studenten, die im Frühjahr 1933 in Braunschweig wie andernorts als Motor der Gleichschaltung dienten,[36] eine maßgebliche Rolle.

Der Vollzug des Berufsbeamtengesetzes erfolgte zumeist eilfertig und fast ohne Widerspruch. Die Flut von Entlassungen der häufig langjährigen Kollegen wurde befriedigt oder indifferent hingenommen, zuweilen auch unter dem Aspekt der Verbesserung eigener Karrierechancen begrüßt. In den Senatssitzungen der Hochschulen wurden die Entlassungen von Kollegen bekannt gegeben, die gerade selbst noch jenen Gremien angehört hatten. Aber keine Bedenken artikulierten sich; allenfalls wurde im Einzelfall das „Ausscheiden" einer fachlichen Kapazität bedauert. Doch nach dem Motto „Wo gehobelt wird, da fallen Späne" wurden auch diese Fälle hingenommen. Hochschullehrer, die die Entwicklung mit Abscheu und Sorge betrachteten, wussten sich in derart kleiner Minderheit, dass sie eine öffentliche Solidarisierung mit den Verfemten für aussichtslos hielten. Insgesamt verlief die Ausgrenzung der von der NS-Rassenideologie zu „Nichtariern" erklärten sowie der politisch missliebigen Hochschullehrer erschreckend reibungslos. Für die Verfolgten wurde dieses Verhalten der Korporation und vieler einzelner Kollegen zu einem ernüchternden, wenn nicht traumatischen Erlebnis.

---

32 Die Würzburger Erklärung ist abgedruckt bei Bruno W. Reimann: Einleitung. Deutsche Universität und Nationalsozialismus. „Selbst-Gleichschaltung", Selbstpolitisierung – Probleme der Vergangenheitsbewältigung. In: Frontabschnitt Hochschule. Die Gießener Universität im Nationalsozialismus. Mit Beiträgen von Hans-Jürgen Bohles u. a. Gießen 1982, S. 7-35, hier S. 21; vgl. auch die Interpretation bei Grüttner, Universitäten unter dem Hakenkreuz (wie Anm. 28), S. 74 f.

33 Vgl. Helmut Heiber: Universität unterm Hakenkreuz. Teil II: Die Kapitulation der Hohen Schulen. Das Jahr 1933 und seine Themen, Bd. 1. München/London/New York/Paris 1992, S. 18 f.; Wehler, Gesellschaftsgeschichte, Vierter Band (wie Anm. 30), S. 823.

34 Vgl. Pollmann, Nationalsozialistische Hochschulpolitik (wie Anm. 22), S. 443, sowie die Berichterstattung in der Braunschweigischen Landeszeitung vom 1. Mai 1933.

35 Hartmut Tietze: Hochschulen. In: Handbuch der deutschen Bildungsgeschichte. Bd. V: 1918-1945 – Die Weimarer Republik und die nationalsozialistische Diktatur. Hg. von Dieter Langewiesche und Heinz-Elmar Tenorth. München 1989, S. 209-240, hier S. 224.

36 Vgl. Michael Grüttner: Studenten im Dritten Reich. Paderborn/München/Wien/Zürich 1995.

In Windeseile war der deutsche Rechtsstaat ad absurdum geführt worden. „Recht ist, was dem Führer dient", hieß es schon im Februar 1933 in einer der neuen Verordnungen. Der Philosoph Ernst Cassirer, der im Amtsjahr 1929/30 Rektor der Hamburgischen Universität und damit einer der ersten jüdischen Rektoren in Deutschland gewesen war, erklärte daraufhin gegenüber seiner Frau: „Wenn morgen nicht alle Rechtsgelehrten Deutschlands sich wie ein Mann erheben und gegen diesen Paragraphen protestieren, ist Deutschland verloren."[37] Es erhob sich keine Stimme. Bereits am 12. März 1933 verließ Ernst Cassirer als erster Emigrant der Hamburger Universität die Hansestadt. Am 5. April, zwei Tage vor dem Berufsbeamtengesetz, bat der Philosoph um die Enthebung von allen Dienstpflichten und erläuterte bald darauf seinen Schritt: „Ich denke von der Bedeutung und Würde des akademischen Lehramtes zu hoch, als daß ich dieses Amt ausüben könnte zu einer Zeit, in der mir, als Juden, die Mitarbeit an der deutschen Kulturarbeit bestritten oder in der sie mir, durch gesetzliche Maßnahmen, in irgend einer Hinsicht geschmälert oder verkürzt wird. [...] So muß ich fortan das Band als gelöst ansehen, das mich bisher mit der Philosophischen Fakultät der Universität Hamburg verknüpft hat. Was diese Lösung für mich bedeutet, darüber wird es keiner Worte bedürfen."[38]

Albert Einstein fasste seine Empfindungen in einem Brief an den Physiker-Kollegen und Freund Max Born, datiert vom 30. Mai 1933, zusammen: „Ich glaube, Du weißt, daß ich nie besonders günstig über die Deutschen dachte (in moralischer und politischer Beziehung). Ich muß aber gestehen, daß sie mich doch einigermaßen überrascht haben durch den Grad ihrer Brutalität und – Feigheit."[39] Aus der Sicht des Jahres 1969 kommentierte der aus dem Exil nach Westdeutschland zurückgekehrte Born: „Einsteins hartes Urteil über ‚die Deutschen' wäre damals wohl von uns allen, die von Hitler vertrieben waren, unterschrieben worden, und wohl auch von unseren Freunden in anderen Ländern. Dabei war das, was wir damals (1933) erlebten, doch nur ein Kinderspiel gegenüber dem, was später geschah."[40]

An die rasante Veränderung ihres Umfelds im Frühjahr 1933 erinnerte sich die als Jüdin ausgegrenzte und im selben Jahr aus Deutschland geflüchtete Hannah Arendt 1964 in einem Fernsehinterview mit Günter Gaus: „Was damals in der Welle von Gleichschaltung, die ja ziemlich freiwillig war, jedenfalls noch nicht unter dem Druck des Terrors vorging: das war, als ob sich ein leerer Raum um einen bildete." Diese Gleichschaltung, so betonte Arendt, sei nicht bei all ihren Bekannten und Freunden, jedoch gerade unter Intellektuellen die Regel gewesen. Das habe sie nie vergessen: „Das Schlimme war doch, daß die dann wirklich daran glaubten! Für kurze Zeit, manche für sehr kurze Zeit. Aber das heißt doch: Zu Hitler fiel ihnen was ein. Und zum Teil ungeheuer interessante Dinge. Ganz phantastisch interessante und komplizierte! Und hoch über dem Niveau schwebende Dinge! Das habe ich als grotesk empfunden. Sie gingen ihren eigenen Einfällen in die Falle, würde ich heute sagen."[41]

---

37 Vgl. Toni Cassirer: Mein Leben mit Ernst Cassirer. Hamburg 2003, S. 195.

38 Ernst Cassirer an Albrecht von Wrochem, den zuständigen Referenten in der Hochschulbehörde, 27.4.1933; zitiert nach ebd., S. 207 f.; zu Cassirer in seiner Zeit an der Hamburger Universität vgl. zuletzt: Rainer Nicolaysen: Plädoyer eines Demokraten. Ernst Cassirer und die Hamburgische Universität 1919 bis 1933. In: Philosophie und Gestalt der Europäischen Universität. Akten der Internationalen Fachtagung Budapest, vom 6.-9. November 2003. Hg. von István M. Fehér und Peter L. Oesterreich. Stuttgart/Bad Cannstatt 2008 (Schellingiana, Bd. 18), S. 290-335.

39 Albert Einstein an Max Born, 30.5.1933. In: Albert Einstein – Hedwig und Max Born. Briefwechsel 1916-1955. Kommentiert von Max Born. Geleitwort von Bertrand Russell; Vorwort von Werner Heisenberg. Frankfurt am Main/Berlin 1986, S. 159 f., Zitat S. 160.

40 Ebd., S. 162.

41 Fernsehgespräch mit Günter Gaus. In: Hannah Arendt: Ich will verstehen. Selbstauskünfte zu Leben und Werk. Mit einer vollständigen Bibliographie. Hg. von Ursula Ludz. München/Zürich 1996, S. 44-70, Zitat S. 56 f.

Aus dem französischen Exil urteilte 1938 der vertriebene Heidelberger Statistik-Dozent Emil Julius Gumbel über die deutschen Hochschulen und ihre Mitglieder: „Gegenüber diesem gewaltsamen Einbruch in ihr geistiges und materielles Leben haben die deutschen Professoren im ganzen keinen Charakter gezeigt. Kein Wort des Protestes gegen die Absetzung so vieler verdienter Lehrer wurde laut. Die Würde der akademischen Korporation zerflatterte. Die Idee der Universität zerging vor der Frage nach der Pensionsberechtigung.“[42]

Auch der Braunschweiger Rektor Gustav Gassner musste bereits im März und April 1933 realisieren, wie rasch die zuvor noch weitgehend vorhandene korporative Geschlossenheit gegenüber dem NS-Minister Klagges zusammenbrach. Unter massivem Druck des NS-Studentenbundes und der nationalsozialistischen Presse hatte Gassner am 31. März seinen Rücktritt erklärt und war tags darauf „unter dem dringenden Verdacht, vorbereitend an hochverräterischen Unternehmungen mitgewirkt zu haben“, für zehn Tage inhaftiert worden. Bereits am 5. April beschloss der noch vorhandene Rest-Senat der Technischen Hochschule seinen geschlossenen Rücktritt und verband dies mit einem „Bekenntnis zum nationalen Deutschland und seiner Regierung“. Zwei Tage später wurde der Direktor des Pharmazeutischen Instituts Paul Horrmann, das einzige NSDAP-Mitglied unter den Ordinarien, als neuer Rektor eingesetzt. Bei einer immerhin noch versuchten Solidarisierungsaktion für Gassner erwiesen sich die meisten Kollegen als „Umfaller“ und verorteten sich damit schon in der „neuen Zeit“.[43]

Über Emigrationswege und Remigrations-Überlegungen

Etwa zwei Drittel der aus ihren Positionen vertriebenen Hochschullehrer emigrierten – vor allem für die aus „rassischen“ Gründen Entlassenen ein geradezu notwendiger Schritt.[44] Gleichwohl sind die etwa 2.000 emigrierten Wissenschaftlerinnen und Wissenschaftler im Rahmen einer insgesamt ca. 500.000 Menschen umfassenden deutschsprachigen Emigration nach 1933 nicht zu Unrecht als vergleichsweise privilegierte Gruppe bezeichnet worden. Es darf aber nicht übersehen werden, wie dramatisch Flucht, Exil, Ungewissheit und Existenzangst für jeden Einzelnen gewesen sein mögen. Freudig empfangen wurden im Ausland allenfalls jene Gelehrten, die zu den Spitzenkräften ihres Faches zählten oder über persönliche Verbindungen ins Aufnahmeland verfügten. Grundsätzlich aber waren emigrierte Wissenschaftler zunächst zusätzliche Konkurrenz auf einem ohnehin umkämpften Arbeitsmarkt. Häufig waren mehrere Durchgangsstationen zu meistern, bevor eine feste Hochschul- oder sonstige Anstellung im Ausland gelang. Grundsätzlich mussten auch Hochschullehrer bereit sein, mit ihren Familien weltweit dorthin zu gehen, wo sich eine Existenzmöglichkeit bot: deutsche und später auch österreichische Wissenschaftler emigrierten in alle Kontinente, sei es nach Brasilien oder China, nach Neuseeland oder Ägypten. Die von der Technischen Hochschule Braunschweig Vertriebenen fanden Zuflucht in den USA und Großbritannien, in der Schweiz und den Niederlanden, in Dänemark und in Schweden, in der Türkei und in Venezuela.

---

42 Emil Julius Gumbel (Hg.): Freie Wissenschaft. Ein Sammelbuch aus der deutschen Emigration. Straßburg 1938, S. 27; zu Gumbel vgl. Christian Jansen: Emil Julius Gumbel. Portrait eines Zivilisten. Heidelberg 1991.

43 Vgl. Pollmann, Nationalsozialistische Hochschulpolitik (wie Anm. 22), S. 450.

44 Zur Emigration von Wissenschaftlern vgl. neben den Artikeln im genannten Handbuch der deutschsprachigen Emigration (wie Anm. 1) und den dortigen bibliographischen Hinweisen vor allem die Eintragungen in: Biographisches Handbuch der deutschsprachigen Emigration nach 1933. Hg. vom Institut für Zeitgeschichte München und von der Research Foundation for Jewish Immigration, Inc., New York, unter der Gesamtleitung von Werner Röder und Herbert A. Strauss. Bd. I-III. München/New York/London/Paris 1980-1983.

Die Möglichkeiten eines Wissenschaftlers im Exil hingen von etlichen Faktoren ab: etwa vom vertretenen Fach, vom wissenschaftlichen Renommee, vom finanziellen Hintergrund, von Sprachkenntnissen, vom Alter, von familiären Umständen, von bereits geknüpften Kontakten, vom Gesundheitszustand und nicht zuletzt von einer psychischen Disposition, die es erlaubte, mit der Tatsache der Diskriminierung und Vertreibung weiterzuleben und neue Perspektiven aufzubauen. Von großer Bedeutung war in dieser Situation, dass die von den Kollegen in Deutschland ausgebliebene Solidarität von der internationalen Wissenschaftsgemeinschaft durchaus geleistet wurde. Bereits im Mai 1933 hatte sich in London der „Academic Assistance Council" – ab 1936: „Society for the Protection of Science and Learning" – konstituiert, eine Hilfsorganisation für vertriebene Wissenschaftler, deren finanzielle Mittel auf dem Wege der Selbstbesteuerung britischer Gelehrter aufgebracht wurden.[45] Kurz darauf folgte in New York die Gründung des „Emergency Committee in Aid of Displaced German (später: Foreign) Scholars", das, unterstützt durch diverse US-amerikanische Stiftungen, eine gezielte Rettungspolitik für Wissenschaftler zu betreiben verstand. Kurt Otto Friedrichs wurde nach seiner Emigration in die USA vom Emergency Committee gefördert; andere Braunschweiger Vertriebene hatten ebenfalls Kontakt zur New Yorker Institution: Friedrich Meyenberg, Eugen Leo Lederer, Joachim Sievers und auch Theodor Geiger.[46] Neben der Arbeit der beiden Hilfsorganisationen war vor allem die Unterstützung der finanzkräftigen und international vernetzten Rockefeller Foundation von entscheidender Bedeutung bei der Platzierung vertriebener Wissenschaftler vor allem in den USA, aber auch in anderen Ländern.

Die USA waren bezogen auf die Wissenschaftsemigration das mit Abstand wichtigste Exilland; zwei Drittel der emigrierten Wissenschaftler, ca. 1.300 Personen, fanden dort direkt oder nach Zwischenstationen in anderen Ländern Aufnahme.[47] Dies war eine immense Leistung gerade auch angesichts der damals in den Vereinigten Staaten prekären Arbeitsmarkt-Situation. Das wichtigste Exilland in Europa war Großbritannien; eine Sonderstellung nahm zudem die Türkei ein, die – im Bestreben, ihre Universitätsstrukturen systematisch westlichen Mustern anzugleichen – mehr als 300 vertriebenen Wissenschaftlern und Experten eine Zukunft bot. Die zum Teil erhebliche Wirkung, die die Gelehrten in den Zufluchtsländern entfalteten, ist bislang erst ansatzweise erforscht.

Abschließend soll noch ein kurzer Blick auf die Frage einer möglichen Remigration nach 1945 geworfen werden.[48] Von den etwa 2.000 emigrierten Wissenschaftlern kehrten bisherigen Schätzungen zufolge nicht mehr als 250 Hochschullehrer zurück.[49] Wenige Vertriebene fassten eine Zukunft in Deutschland ernstlich ins Auge; wenige wurden von ihrer alten Wirkungsstätte überhaupt um Rückkehr gebeten. Etliche Emigranten hatten für sich und ihre Familien – zum Teil nach Überwindung er-

45   Vgl. Gerhard Hirschfeld: „The defence of learning and science". Der Academic Assistance Council in Großbritannien und die wissenschaftliche Emigration aus Nazi-Deutschland. In: Exilforschung. Ein internationales Jahrbuch. Bd. 6: Vertreibung der Wissenschaften und andere Themen. München 1988, S. 28-43.

46   Die entsprechenden Listen sind abrufbar auf der website der New York Public Library, in der die Akten des Emergency Committee archiviert werden: http://www.nypl.org/research/chss/spe/rbk/faids/emergency.pdf

47   Vgl. Einleitung zum Kapitel Wissenschaftsemigration. In: Krohn u.a. (Hg.), Handbuch der deutschsprachigen Emigration 1933-1945 (wie Anm. 1), Sp. 685.

48   Vgl. als Überblick zur Remigration: Marita Krauss: Heimkehr in ein fremdes Land. Geschichte der Remigration nach 1945. München 2001; vgl. zuletzt: „Auch in Deutschland waren wir nicht mehr wirklich zu Hause". Die Remigration vertriebener Juden nach Deutschland. Hg. von Irmela von der Lühe, Axel Schildt und Stefanie Schüler-Springorum. (Hamburger Beiträge zur Geschichte der deutschen Juden, Bd. 32). Göttingen 2008; sowie als „Fallstudie" zu einer Universität: Rainer Nicolaysen: Die Frage der Rückkehr. Zur Remigration Hamburger Hochschullehrer nach 1945. In: Zeitschrift des Vereins für Hamburgische Geschichte 94 (2008), S. 117-151.

49   Claus-Dieter Krohn: Einleitung. Remigranten in der westdeutschen Nachkriegsgesellschaft. In: Ders./Patrik von zur Mühlen (Hg.): Rückkehr und Aufbau nach 1945. Deutsche Remigranten im öffentlichen Leben Nachkriegsdeutschlands. Marburg 1997, S. 7-21, hier S. 10.

heblicher Schwierigkeiten – im Aufnahmeland ein neues Zuhause gefunden, verbunden mit einer festen Anstellung, integriert in einem neuen sozialen Umfeld. Andere dachten schon aus Alters- oder gesundheitlichen Gründen nicht mehr an einen erneuten Umzug. Vor allem aber gab es nach den eigenen Erfahrungen im „Dritten Reich" und der genaueren Kenntnis des Holocausts eine naheliegende Skepsis gegenüber dem Nachkriegsdeutschland, dessen Entwicklung überdies nicht voraussehbar war. Konkret bedeutete schon ein Besuch in Deutschland eine schmerzhafte Auseinandersetzung mit der eigenen Vertreibungs- und Verfolgungsgeschichte sowie Begegnungen mit Menschen, die sich nur schwer ertragen ließen.

Mit offenen Armen empfangen wurde niemand, und eine kollektive Remigration war unerwünscht. Abgesehen von den fundamentalen Alltagsproblemen der direkten Nachkriegszeit, dem Lebensmittel-, Energie- und Wohnungsmangel, sowie den bisweilen rigide angewandten Einreiseregelungen der Alliierten, stießen Exilanten in weiten Teilen der deutschen Bevölkerung auf massive Ablehnung. Weit verbreitet war eine Aufrechnungsmentalität und Abwehrhaltung, in der für Fragen nach der eigenen Verantwortung und dem Leid der Anderen, der Emigranten, kein Platz war.[50] In den 1950er Jahren folgte der Polemik eine zunehmende Tabuisierung des Themas Emigration. Rückkehrer wurden dabei zu unfreiwilligen Störfaktoren. Wer nicht erneut ausgegrenzt werden wollte, schwieg besser von erzwungener Vertreibung, schwierigem Exil, ermordeten Familienangehörigen und Fremdheitsgefühlen in der westdeutschen Nachkriegsgesellschaft.

Für die Vertreter deutscher Hochschulen war es nach 1945 offenbar weitaus leichter, die nichtemigrierten, d. h. nicht aus „rassischen" Gründen Vertriebenen mindestens formal zu rehabilitieren oder wieder in den Lehrkörper aufzunehmen. Von den emigrierten Wissenschaftlern kehrten in Braunschweig nur Gustav Gassner und Helmut Bracken an die Hochschule zurück; bezeichnender Weise handelte es sich um zwei Professoren, die nach eher kurzem Exil schon seit 1939 bzw. 1934 wieder in Deutschland gelebt hatten. Von den anderen emigrierten Braunschweiger Hochschullehrern kam niemand für eine dauerhafte Tätigkeit an die ehemalige Wirkungsstätte zurück.[51]

Auch insgesamt entschloss sich nur eine kleine Gruppe emigrierter Wissenschaftler zur Rückkehr an eine deutsche Hochschule. Oft kamen die Gelehrten trotz starker Zweifel und erst nach mehreren Besuchen, Gastvorträgen und Gastprofessuren zurück, trugen dann aber ihrerseits zu einem bedeutenden Wissens- und Kulturtransfer bei und beförderten nicht selten eine Wiederanknüpfung internationaler Kontakte. Vor Anfeindungen waren Emigranten und Remigranten indes nicht geschützt. Dies erfuhr in den Jahren 1953 bis 1955 auch Kurt Otto Friedrichs, als im Niedersächsischen Kultusministerium um seine „Wiedergutmachung" gestritten wurde.[52] Wie sich in den 1950er und 1960er Jahren zeigte, blieb die Frage der Rehabilitierung der Vertriebenen und vor allem ihre Rückkehr voller Brisanz: Für die in Deutschland Gebliebenen bedeutete sie potenziell immer auch eine Konfrontation mit dem Versagen der deutschen Universitäten und dem eigenen Verhalten im „Dritten Reich". Zu einer solchen Auseinandersetzung aber waren auch nach 1945 nur wenige deutsche Professoren bereit oder in der Lage.

---

50 Vgl. dazu besonders prägnant: Hannah Arendt: Besuch in Deutschland [amerik. 1950]. Mit einem Vorwort von Henryk M. Broder und einem Portrait von Ingeborg Nordmann. Berlin 1993.

51 Vgl. Szabó, Vertreibung (wie Anm. 22), S. 99.

52 Zunächst wollte ein Sachbearbeiter keine „gesetzliche Vermutung" für eine Verfolgungs- und Unterdrückungsmaßnahme erkennen, schließlich sei Friedrichs auf eigenen Wunsch aus der Technischen Hochschule Braunschweig ausgeschieden. Auch habe er keine „rassische" Verfolgung fürchten müssen, da er nicht mit einer Jüdin verheiratet gewesen sei und seit dem Reichsbürgergesetz vom September 1935 auch keine Jüdin, also auch nicht Nellie Bruell, hätte heiraten können. Dieser ganz im NS-Denken verhafteten Auslegung widersprach erst ein hinzugezogener zweiter Sachbearbeiter, der Friedrichs' kompromisslose oppositionelle Haltung gegenüber den Nationalsozialisten würdigte, woraufhin diesem im Juni 1955 eine „Wiedergutmachung" zugesprochen wurde. Vgl. dazu Szabó, Vertreibung (wie Anm. 22), S. 320-322.

Epilog

Es dauerte Jahrzehnte, bis die Geschichte der deutschen Hochschulen im „Dritten Reich" wissenschaftlich erschlossen wurde. Erst nach einem Generationswechsel und in einer neu verfassten Universität begann in den 1980er Jahren die systematische Erforschung der Universitäten in der NS-Zeit und auch der Vertreibung von Hochschullehrern ab 1933. Viele der damals Ausgeschlossenen und Entrechteten haben diese Bemühungen nicht mehr erlebt. Doch auch für die Folge-Generationen – und das Selbstverständnis der Universitäten – bleibt die Beschäftigung mit diesem Thema von zentraler Bedeutung, wie nicht zuletzt diese Braunschweiger Veranstaltung zum 100. Geburtstag von Nellie H. Friedrichs eindrucksvoll bezeugt.

Braunschweiger Beiträge zur Kulturgeschichte

Herausgegeben von Gerd Biegel und Angela Klein

Band 1   Hein Retter: Reformpädagogik und Protestantismus im Übergang zur Demokratie. Studien zur Pädagogik Peter Petersens. 2007.

Band 2   Gerd Biegel / Angela Klein / Peter Albrecht / Thomas Sonar (Hrsg.): Jüdisches Leben und akademisches Milieu in Braunschweig. Nellie und Kurt Otto Friedrichs. Wissenschaftliche Leistungen und illegale Liebe in bewegter Zeit. 2012.

www.peterlang.de